오직복음

오직 복음

초판 발행	2025년 4월 25일
지은이	곽요셉
펴낸곳	도서출판 새세대
발행인	곽요셉
편집 및 디자인	주식회사 유케이애드
이메일	churchgrowth@hanmail.net
홈페이지	www.newgenacademy.org
출판등록	2009년 12월 18일 제20009-000055호
주소	경기도 성남시 분당구 정자동 210-1
전화	031)713-9191 팩스 031)714-9064

ISBN 979-11-88604-17-3 (03230)

잘못된 책은 구입처에서 교환해 드립니다.
책값은 뒤표지에 있습니다.

오직 복음

곽요셉 지음

도서출판 새세대

서문

기독교는 종교가 아닌 복음입니다. 이 근본적인 차이를 이해하는 것이 갈라디아서의 핵심입니다. 종교는 인간의 행위와 선행을 통해 신에게 나아가는 길을 가르치지만, 복음은 인간의 행위가 아닌 하나님께서 행하신 은혜를 강조합니다. 갈라디아서는 복음의 진수를 가장 명확하게 진술한 하나님의 말씀으로, 오직 복음의 은혜와 믿음으로 구원받음을 선포합니다. 복음의 본질이 선명하게 나타난 십자가의 사건을 '다른 복음'으로 만드는, 복음을 가감하고 왜곡시키며 변질시키는 행위에 대해 경고합니다. 성경은 예수님께서 우리의 죄를 대속하시기 위해 십자가에서 죽으셨다는 복음을 말씀합니다. 의인이나 거룩한 자를 위함이 아니라, 미천한 죄인을 위한 것이 복음입니다.

하나님은 모세를 통해 율법을 주셨고, 예수님을 통해 복음을 주셨습니다. 율법의 목적은 하나님의 뜻을 알게 하며, 우리가 하나님의 뜻에 순종하는 사람인지 아닌지를 보여줍니다.

율법은 우리를 겸손케 하고, 예수 그리스도께로 인도하는 역할을 합니다. 율법의 행위와 믿음의 행위는 나무와 열매의 비유로 설명할 수 있는데, 믿음은 나무처럼 열매를 맺게 하는 것입니다. 우리는 율법 아래 매이고 갇혔으나, 오직 십자가의 복음을 믿음으로 자유롭게 됩니다. 십자가의 복음에 나타난 가장 명료한 계시는 죄 사함과 하나님의 의입니다. 오직 예수 그리스도의 십자가의 은혜를 믿음으로 죄 사함을 받고, 이 복음 안에서 하나님의 의로 칭의를 얻고, 하나님의 자녀가 되는 권세를 누리게 되는 것입니다.

예수님은 세상의 개선이나 유토피아를 약속하지 않으셨습니다. 처음부터 끝까지 하나님의 나라, 천국 복음을 선포하셨습니다. 예수 그리스도 안에서 성령을 통하여 변화되어야 합니다. 성경은 환경의 변화나 세상의 개혁을 약속하지 않고, 하나님의 뜻에 합당한 변화를 말씀합니다. 이러한 변화를 상징하는 세례는 예수님을 나의 구주로 영접하고, 그분과 전적인 순종의 관계를 맺는 것입니다. 이는 그리스도와 연합된 관계로, 예수 그리스도와 함께 죽었다가 살아난 것을 의미합니다. 하나님의 말씀은 사람의 변화를 강조하고 약속합니다. 이 변화는 세상을 향한 것이 아니라, 하나님을 향한 변화입니다.

모든 거듭난 그리스도인은 복음의 증인으로 소명을 받았습니다. 비록 어둡고 패역한 세상에 살며 어려운 일을 겪고 있지만, 그 가운데 복음의 능력이 나타납니다. 복음이 추상화되지 않고 살아 역사하는 것을 체험했기에 이 복음을 전하지 않을 수 없습니다. 성령 충만하여 복음 안에 있을 때, 하나님께서 완전하게 자신을 계시하신 예수 그리스도를 발견하게 됩니다. 거듭난 그리스도인은 오직 예수 그리스도 안에서 그리스도의 계시를 따라 세상을 보고, 자신을 보며, 모든 일을 대해야 합니다. 그럴 때 지혜와 능력을 얻고, 소망의 사람으로 살 수 있습니다.

삶의 일부분이 아닌 삶 전체로 성령을 따라 행하고, 성령으로 살아가는 것이 복음의 길입니다. 오직 십자가의 복음을 믿음으로 하나님의 자녀로 복된 삶을 살고, 영생을 누리며 살아가는 것이 참된 그리스도인의 모습입니다. 이 책의 내용을 깊이 묵상하며 갈라디아서를 통해 주시는 하나님의 말씀을 듣고 믿어 순종함으로 오직 복음을 담대히 선포하는 복음의 증인으로 승리할 수 있기를 바랍니다.

차 례

01.
오직 복음

사람들에게서 난 것도 아니요 사람으로 말미암은 것도 아니요 오직 예수 그리스도와 그를 죽은 자 가운데서 살리신 하나님 아버지로 말미암아 사도 된 바울은 함께 있는 모든 형제와 더불어 갈라디아 여러 교회들에게 우리 하나님 아버지와 주 예수 그리스도로부터 은혜와 평강이 있기를 원하노라 그리스도께서 하나님 곧 우리 아버지의 뜻을 따라 이 악한 세대에서 우리를 건지시려고 우리 죄를 대속하기 위하여 자기 몸을 주셨으니 영광이 그에게 세세토록 있을지어다 아멘 **_갈라디아서 1:1-5**

01.

오직 복음

선교사 존 시먼즈는 미국인 선교사의 아들로 인도에서 태어나 그곳에서 성장했습니다. 윌리엄 캐리가 세운 신학교에서 신학 박사 학위도 받았고, 인도에서 20여 년간 선교사로 헌신적인 인생을 살다가 미국으로 돌아와 에즈베리 신학교에서 선교학 교수로 봉직했습니다. 그가 인도 선교 현장에서 경험했던 중요한 사건을 소개합니다.

어느 주일 아침에 한 사람이 그에게 와서 퉁명스럽게 말했습니다. “저는 당신을 도저히 이해할 수가 없습니다. 인도는 많은 종교의 발상지이며 굉장히 종교적인 나라인데, 왜 당신은 또 다른 종교를 전해서 혼란만 가중시키는 것입니까?” 시먼즈 선교사는 깊이 생각한 후에 이렇게 대답했습니다. “친구여, 나는 종교에는 전혀 관심이 없습니다. 나는 오직 복음에만 깊은 관심이 있습니다. 그 둘 사이에는 큰 차이가 있습니다.”

성도 여러분, 복음과 종교의 큰 차이를 명백히 분별해서 알고 증거하며 살아가십니까? 깊이 생각해야 합니다.

복음이 종교가 아닌 이유

오늘날 세상 사람들은 기독교를 많은 종교 중 하나로 생각합니다. 심지어 교인조차도 기독교를 종교들 가운데 하나라고 말합니다. 참으로 불행한 일입니다. 기독교는 종교가 아닙니다. 기독교는 복음입니다. 이걸 항상 인식하고 고백하며 오늘을 살아가야 합니다. 종교는 인간의 행위를 중시하고 선행을 강조함으로써 삶을 통해서 신에게 나아갈 수 있다고 가르칩니다. 이성적 차원에서는 설득력이 있습니다. 반면에, 복음은 인간의 행위가 아니라 하나님의 행위를 강조합니다. 그 행위를 우리는 은혜라고 부릅니다. 내가 한 행위가 아니라, 복음은 오직 하나님께서 행하신 행위인 은혜를 선포합니다. 그 은혜를 믿음으로 구원받습니다. 은혜는 선물입니다. 이것은 이성적 차원에서는 분별할 수가 없습니다. 이해되지 않습니다. 오직 영적 차원에서만 깨달아지고, 믿어지고, 영접할 수 있습니다. 그래서 종교와는 전혀 다릅니다.

또한 종교는 인간에 의해 만들어졌습니다. 그래서 각각의 종교에는 창시자가 있고, 앞으로 또 어떤 종교가 생겨난다면 거기에도 창시자가 있을 것입니다. 종교는 깨달음을 통해서 인간이 신께 나아가는 길을 제시합니다. 반면에 복음은 하나님께서 만드신 것입니다. 인간에 의해 만들어진 것이 아닙니다. 하나님께서 인간이 되셨음을 선포합니다. 인간이 하나님께 나아가기 전에, 하나님께서 인간에게 다가오십니다. 삼위일체 하나님의 존재와 역사 속에 복음이 선포되고 나타납니다. 종교와는 완전히 다릅니다.

그리고 종교는 인간의 의를 높입니다. 그래서 법을 잘 지키고, 많은 공로를 쌓아야 합니다. 그래야 신에게로 나아가며, 신으로부터 복을 받을 수 있습니다. 반면에 복음은 구원의 기준이 인간의 의가 아닙니다. 하나님의 의입니다. 오직 십자가의 복음을 믿고, 부활신앙을 가져야 합니다. 그리고 하나님의 의를 받고 영생을 소유하여, 예수 그리스도 안에서 동행하는 삶을 살아가는 것입니다. 성도 여러분, 종교와 복음의 차이는 명백합니다. 종교와 복음은 깊은 차원에서 보면 정반대입니다. 하나님의 자녀는 복음을 알고, 복음에 붙들리고, 복음의 생각에 이끌립니다. 그리고 구별된 인생을 살아가는 사람임을 항상 기뻐하고 인식하며 살아가야 합니다.

예수님께서 전파하신 복음은 세상의 모든 문제에 대한 궁극적인 해결책입니다. 이 사실을 분명히 알아야 합니다. 복음 안에 하나님의 지혜와 능력이 나타나 있습니다. 세상 사람들은 물론이고, 그리스도인도 부지불식간에 세상이 좀 더 나아지기를 바랍니다. 어떤 방법으로 그렇게 할 수 있을 것이라고 생각합니까? 세상의 문제를 제거하거나 해결하는 방식으로 세상이 좀 더 나아지기를 바랍니다. 그래서 세상이 개선되고 개혁되어야 좋은 세상이 된다고 말합니다. 또 그렇게 말하는 정치인과 지도자를 선택합니다. 그런데 한 번도 그렇게 된 적이 없습니다. 이러한 방식은 임시방편일 뿐입니다. 정치, 경제, 문화, 종교, 교육, 사회 등 모든 분야에 문제가 있다는 것을 우리가 잘 압니다. 그런 문제들을 제거해서, 개선하고 개혁해서 세상이 변한다는 것은 추상적인 이야기일 뿐입니다. 이성적으로는 끌릴지 모르지만, 경험적으로는 불가능합니다. 왜 그렇습니까? 사람이 문제이기 때문입니다. 수많은 문제를 사람이 만들었습니다. 전쟁, 폭력, 불평등, 불의, 불경건과 같은 것은 모두 사람이 만든 것입니다. 그러므로 사람이 변하지 않았는데, 어떤 식의 개혁과 개선으로 세상이 변한다는 말입니까? 더 이상 속아서는 안 됩니다. 사람들은 죄 가운데 있습니다. 그리고 죄의 결과로 인한 탐심과 정욕, 불의와 이기심, 부패한 생각으로는 어림도 없는 것입니다.

성도 여러분, 오직 하나님의 복음만이 사람을 변화시킵니다. 이것이 성경의 선포입니다. 종교로는 안 됩니다. 불가능합니다. 옛사람이 새사람 되고, 지옥 갈 사람이 천국 가게 되며, 나 같은 죄인이 하나님의 자녀가 된 것이 복음입니다. 이것이 복음의 선포이고, 교회의 선포입니다. 어떻게 이런 일이 벌어지는 것입니까? 오직 복음을 믿음으로 이러한 놀라운 구원의 역사가 나에게 나타납니다. 내가 변화됩니다. 복음 외에는 다른 길이 없습니다. 믿음 외에는 다른 길이 없습니다. 아무리 선행과 공로를 내세우고, 남을 위하여 무소유의 삶을 살고, 자기를 내어줄지라도 어림도 없는 이야기입니다. 그래서 인간의 의를 주장하는 종교에는 구원이 없는 것입니다. 하나님의 자녀가 될 수 없고, 천국에 들어가지 못하며, 창조주 하나님 앞에 나아가지 못합니다. 이런 이유 때문에 복음은 항상 세상과 종교로부터 무시와 조롱과 박해를 당했습니다. 왜 하나님이 살아 계시는데 복음이 땅에 떨어지고, 복음의 권세가 사라지며, 복음의 능력이 나타나지 않는 것입니까? 원래 그런 것입니다. 종교와 세상이 주도하는 한, 항상 그럴 수밖에 없다는 사실을 알아야 합니다.

복음이 변질되며 나타난 현상

안타깝게도 하나님의 위대한 복음은 초대교회 이후로부터 지금까지, 그리고 주가 오시는 그날까지 축소되고, 박해받으며, 왜곡되고, 변질될 것입니다. 그것을 성경이 말씀해 줍니다. 그래서 신약성경의 여러 서신서에 거짓 선지자들과 거짓 교사들이 나타나고, 교회가 거듭나지 않은 교인들로 가득 차면서 복음이 변질되고 왜곡되는 사건이 자세히 기록됩니다. 오늘도 진행 중이라는 걸 알아야 합니다. 왜 그렇습니까? 사탄의 역사가 있기 때문입니다. 간단히 말씀드리면, 사탄이 복음을 종교로 변질시키기 때문입니다. 그러함에도 분별력이 없어서 자꾸 끌려갑니다. 이것이 교회의 위기이고 타락입니다. 교회가 행위와 선행 중심으로 인간의 의를 나타내는 모습으로 변질됩니다. 하지만 하나님의 자녀는 항상 성경으로 돌아와야 합니다. 성경만이 복음이 무엇인지를 명백하게 우리에게 알려줍니다.

특별히 갈라디아서가 그렇습니다. 갈라디아서는 복음이 무엇인지, 복음의 진수를 가장 명확하게 진술한 하나님의 말씀입니다. 그래서 종교개혁자들은 갈라디아서에 집중했습니다. 그리고 나아가서 말했습니다. “성경으로 돌아가자! 오직 은혜, 오직 믿음으로 돌아가자!” 왜 그렇습니까? 오직 복음의 은혜와 믿음으로 말미암아 구원받기 때문입니다. 이걸 잊어서는 안 됩니다. 당시 가톨릭이 기독교임을 자처했지만, 복음으로 시작한 그 교회가 종교로 전락했습니다. 그래서 하나님의 심판 속에 종교개혁자들을 통해 오직 복음이 전파되고, 그 복음 위에 개신교인 기독교가 시작되었습니다. 그런데 불행하게도 또다시 기독교라는 이름 속에서 복음이 종교로 변질되고 있습니다.

하나님의 사람 마르틴 루터는 청년기에 갈라디아서를 깊

이 묵상하고, 복음의 영광에 직면하게 됩니다. 그래서 갈라디아서 주석을 썼습니다. 그리고 은퇴하시기 전 말년에 한 번 더 갈라디아서 주석을 씁니다. 목회자들과 교인들이 복음을 선포하거나 증언하지 않는 것에 애통하는 마음으로 다시 갈라디아서 주석을 기록한 것입니다. 두 권의 주석으로 번역한 한글책은 무려 1,300쪽이나 됩니다. 그런데도 신학교에서 갈라디아서를 깊이 있게 가르치지 않습니다. 목회자가 되었음에도 갈라디아서를 연구하지도 않고 또 마르틴 루터의 갈라디아서 주석을 읽어 본 사람이 거의 없습니다. 그만큼 복음이 변질되어 가고 있는 것입니다. 그는 이 저서를 통해 오직 십자가의 복음, 십자가의 영광만을 선포했습니다. 깊이 생각해야 합니다.

한 사람이 다이아몬드 전문가 친구와 함께 다이아몬드를 구입하러 갔습니다. 그는 자신이 보기에는 다 진짜 같은데, 어떻게 가짜와 진짜를 구별할 수 있는지가 궁금했습니다. 그래서 친구를 따라갔고, 그에게 물었습니다. "어떻게 구별하는 거야?" 친구는 말없이 행동으로 보여주는데, 자신의 손가락에 끼고 있는 다이아몬드 반지를 자세히 보고난 후에 다른 것들을 하나씩 선별하는 것이었습니다. 다 고른 다음에 이렇게 말했습니다. "내 손에 있는 이 다이아몬드는 가장 순수한 다이아몬드야. 이 진짜 다이아몬드를 자주 보지 않으면 내 눈은 쉽게 분별력을 잃어버리게 되지. 진짜를 알고 보는 것이 나의 눈에 분별력과 결단력을 주는 거야."

성도 여러분, 참 복음의 말씀을 항상 묵상하지 않고, 참 진리 안에 거하지 않는다면, 부지불식간에 종교인이 되고 맙니다. 복음을 축소하고, 왜곡하며, 망각하고 살아가는 자신을 발견하게 될 것입니다. 그래서 복음으로 돌아와야 합니다. 특별히 갈라디아서를 항상 읽으시기 바랍니다. 오늘 본문 갈라디아서 1장 4절에 복음의 정의와 진수를 명확하게 한 절로 암기하고 묵상하기 쉽게 성령께서 기록하셨습니다. 귀를 열고, 마음 문을 열고 들으시기 바랍니다. "그리스도께서 하나님 곧 우리 아버지의 뜻을 따라 이 악한 세대에서 우리를 건지시려고 우리 죄를 대속하기 위하여 자기 몸을 주셨으니." 이것이 위대한 복음이요, 하나님의 뜻이며, 예수님께서 행하신 일입니다. 여기에 초점을 맞추며, 이 십자가의 복음을 붙들고 무엇이 진짜 진리이고 또 무엇이 가짜 진리인지를 분별하며 오늘을 살아가야 합니다. 이 말씀을 깊이 상고해야 합니다.

자기 몸을 주셨으니

먼저 성경은 말씀합니다. "우리 죄를 대속하기 위하여 자기 몸을 주셨으니." 십자가의 복음을 말합니다. 십자가 사건입니다. 예수님께서 행하신 일이 이것입니다. 이 사건이 복음입니다. 어떤 가르침이 아닙니다. 이 사건이 궁극적인 복음의 메시지입니다. 이것이 하나님의 뜻이고, 위대한 복음입니다. 이 속에서 복음은 부와 건강과 성공을 약속하지 않습니다. 명백하지 않습니까? 자아실현, 만사형통, 세상의 변화, 환경의 변화를 언급한 적이 없습니다. 그런 위험과 유혹에 빠져서는 안 됩니다. "우리 죄를 대속하기 위하여 자기 몸을 주셨으니." 이것이 참 복음입니다.

"자기 몸을 주셨으니." 무슨 말입니까? 예수님 자신을 말합니다. 무엇을 가르쳤다는 것이 아닙니다. 그것은 부분적인 복음입니다. 예수님 자신을 주셨다는 것, 십자가에 죽으셨다는 것이 진짜 복음입니다. 그런데 복음을 믿으면서 어떻게 내 소원이 이루어져야 하고, 번영해야 하고, 성공해야 하고, 모든 것이 잘되어야 하는 것으로 생각할 수 있습니까? 이러한 소설을 쓰면 안 됩니다. 하나님께서 예수님을 십자가에 죽으시도록 내어주셨습니다. 하나님께서 보내셨습니다. 이것이 복음의 시작입니다. 이 모든 것을 우리는 은혜라고 합니다. 하나님께서 계획하셔서 예수님을 보내셨고, 예수님이 이 땅에 오셔서 십자가에 죽으셨습니다. 이 모든 것이 은혜입니다. 여기에 무슨 인간의 행위가 있고, 공로가 있고, 도덕적인 삶이 있습니까? 전혀 아닙니다. 물타기를 하면 안 됩니다. '오직 은혜'라는 것은 오직 하나님의 행위를 말합니다. 은혜를 알고 믿음으로 하나님의 자녀로 변화되는 것입니다. 인간의 행위나 보상이 아닙니다. 그래서 믿음의 사람들은 그 은혜를 알 때 반드시 질문하게 됩니다. 하나님은 왜 이렇게 하신 것입니까? 왜 나 같은 죄인을 위하여 독생자를 주시고, 십자가에 죽게 하신 것입니까? 이 질문이 없으면 이상한 사람입니다. 하나님께서 뭐가 답답하셔서 이런 일을 행하신 것입니까? 왜 하신 것입니까? 성경의 답은 간단명료합니다. "하나님은 사랑이시라." 아가페적인 사랑, 거룩한 사랑을 말씀합니다.

그런데 우리는 교회 안에서 사랑을 말하지만, 하나님의 사랑을 여전히 인간적이고 세속적인 사랑으로 변질시키고 있습니다. 이것은 복음을 파괴하는 일입니다. 하나님이 거룩한 사랑으로 인해서 하신 일을 은혜라고 합니다. 어떤 방식입니까?

인간은 상상할 수도 없는 방식입니다. 하나님이 인간이 되시는 방식입니다. 그것도 말구유에 오시는 방식입니다. 또 동정녀 마리아에게 탄생하시는 방식입니다. 인간이신 하나님이 십자가에 죽으시는 방식입니다. 이것이 복음입니다. 어느 종교에 이와 비슷한 내용이라도 있습니까? 꿈도 못 꾸는 것입니다. 모든 종교는 가르침뿐입니다. 한 인간이 각성해서 깨달았다는 것입니다. 그것으로는 하나님께 나아가지 못합니다. 구원받지 못합니다. 그러므로 십자가의 사건과 십자가의 복음은 하나님께서 우리에게 주신 모든 문제의 궁극적인 해결책입니다. 하나님의 자녀는 이 사실을 알고 기뻐하며, 십자가의 복음을 묵상하고, 복음의 진리 안에 거하며 오늘을 살아가야 합니다. 성도 여러분, 독실한 종교인이거나 높은 수준의 지식을 가진 철학자라고 해도 이 사실을 깨닫지 못합니다. 믿지 못합니다. 이것은 이성을 넘어서 영적인 차원의 기적이기 때문입니다. 오직 거듭난 그리스도인이며 하나님의 자녀만이 이 사실을 기뻐하고 찬양하며, 영접하고 증언하는 것입니다. 그리고 완전히 구별된 인생을 살아갑니다.

성경은 우리의 죄를 대속하시기 위하여 예수님께서 십자가에 죽으셨다고 말씀합니다. 의인을 위하여 죽으신 것이 아닙니다. 거룩한 자를 위해서 죽으신 것도 아닙니다. 미천한 죄인을 위한 것이 복음입니다. 그래서 구원받은 자는 내가 누구인지를 알기에 항상 감사하고 기쁜 것입니다. 어떤 상황에서도 복음 앞에서는 항상 기뻐하고 찬양하며 감사합니다. 본문에서 "우리 죄"라는 것은 보편적인 인류의 죄를 뜻합니다. 이처럼 하나님 앞에 모두가 죄인입니다. 거룩하신 하나님 앞에 아무리 인간의 공로가 많고, 남을 위해 목숨을 내어놓아도 죄인은 죄인인 것입니다. 하나님의 의가 없습니다.

구체적으로는 하나님께서 십계명을 주셨습니다. 율법과 하나님의 경륜 속에 모두가 죄의 권세 아래 갇혀버렸습니다. 다 죄인입니다. 십계명을 아무도 온전하게 지키지 못합니다. 한 번은 지킬 수 있어도, 지속하지 못합니다. 십계명의 핵심이 무엇입니까? 이런저런 것들을 하지 말라는 것이 아닙니다. 그 속의 메시지는 이중계명입니다. 온 마음을 다해 하나님을 사랑하고, 이웃을 내 몸과 같이 사랑하라는 것입니다. 그런데 이 계명을 몇 번이나, 얼마나 지킬 수 있습니까? 주가 부르시는 그날까지 이 계명이 살아 있으면, 그 율법 아래 모두가 죄인이 됩니다. 위선도 소용없습니다. 그냥 죄인인 것입니다. 그 죄를 대속하시기 위하여 예수님께서 이 땅에 오셨습니다. 은혜의 방편이 없으면 심판의 대상이 되고, 진노의 대상이 되기 때문입니다.

악한 세대에서 건지시려고

우리는 사탄의 역사를 추상화하곤 합니다. 그러나 사탄은 죄에 대하여 두 가지로 실제 역사합니다. 첫째는 죄에 대하여 무지와 무감각 속에 살아가게 합니다. 우리가 예수 믿기 전에는 죄가 무엇인지를 몰랐습니다. 때로 윤리적인 삶을 살면 나는 괜찮은 사람, 착한 사람이라고 착각했습니다. 자신이 의인이라고 생각했습니다. 특히 죄인을 보면 더 그렇게 생각합니다. 위선자들을 보면서 분노하고, 자기는 좀 괜찮은 사람이라고 생각합니다. 이 모든 것이 사탄의 역사입니다. 두 번째는 더 참혹합니다. 죄의식에 빠져 살게 만듭니다. 그래서 비참한 인생을 살아가게 됩니다. 아주 교활한 방식으로 인간을 미혹하며, 죄의 권세 아래 가두어 둡니다. 성도 여러분, 죄의 문제가 해결되지 않으면 화평이 없습니다. 평강이 없습니다. 이 세상의 모든 문제는 죄의 문제입니다. 전쟁, 폭력, 기근, 재난 등등 수많은 위협과 질병은 모두가 죄의 결과입니다. 죄의 문제를 해결하지 않고서 이런 문제를 해결했다고 하는 사람은 이상한 사람입니다. 이성적으로는 옳을지 모르지만, 헛소리입니다. 죄의 문제에 대한 해결이 없이는 화평이란 없습니다. 오직 십자가의 복음 안에서만 죄의 문제가 해결됩니다. 그 복음을 믿음으로 죄 사함을 받고, 하나님의 의를 얻으며, 영생을 소유하게 되고, 하나님과 화평한 관계를 맺게 됩니다. 그 후에 이웃과의 화평이 이루어집니다. 하나님과의 화평이 있어야, 어두운 세상 속에서 담대한 인생을 살아가게 됩니다. 복음이 능력입니다.

어떤 사람이 한 마을을 향해 가다가 공동묘지를 지나게 되었습니다. 그 공동묘지에서 어떤 어린아이가 막 뛰어노는데, 얼굴 표정이 너무나 밝은 것입니다. 그래서 "너 무섭지도 않니?" 하고 물었더니, 전혀 안 무섭다고 대답합니다. 그게 이상해서 "어떻게 안 무섭니? 어른들도 공동묘지에서는 무서워하는데?"라고 되묻자, 그 아이는 이렇게 말합니다. "우리 아빠가 여기 묘지 주인이에요." 그러니까 안 무서운 것입니다. 하나님과 화평한 사람은 아무리 세상에 어두움과 폭력이 가득하다고 하더라도, 그 속에서 담대한 인생을 살아갑니다. 왜 그렇습니까? 복음을 믿으니까 가능합니다. 복음의 소망 속에 하나님께서 아낌없이 독생자를 주셔서 그 복음을 믿게 하셨음을 알기에, 믿음으로 담대한 인생을 살아가게 됩니다.

오늘 성경은 진술합니다. “이 악한 세대에서 우리를 건지시려고.” 이 말씀을 항상 기억해야 합니다. 이것이 주께서 전하신 복음입니다. 성경에 기록된 하나님의 말씀입니다. ‘이 악한 세대’가 세상임을 말씀합니다. 세상은 어둠이라고 성경은 선포합니다. 왜 그렇습니까? 이 세상의 모든 지식과 세계관, 가치관 속에는 하나님이 없기 때문입니다. 무신론입니다. 창조주 하나님을 망각합니다. 하나님을 경외하지 않고, 하나님의 말씀에 순종하지도 않고, 하나님의 이름을 업신여깁니다. 하나님께서 보시기에 악한 세대입니다. 하나님의 자녀는 이 진리 안에 거하며 오늘을 살아가게 됩니다. 그래서 건지시려고 구원을 말씀하십니다. 무엇으로부터 구원하시는 것입니까? ‘악한 세상으로부터’입니다. 이 세상에서 번영하고, 유명해지고, 성공하는 것과 같은 이야기가 아닙니다. 악한 세상에서 구원하시려는 것입니다.

좀 더 신학적이고 성경적인 통찰력을 가지고 말하면, 죄와 악한 세상, 사탄과 율법, 그리고 사망으로부터 구원받는 것입니다. 죄 사함과 영생을 얻고, 천국 백성이 되며, 성령의 사람으로 또 참 자유인으로 살아가게 됩니다. 이것이 구원입니다. 우리가 누리는 복입니다. 그러면 하나님은 이 구원을 어떤 방식으로 이루십니까? '오직 믿음으로'입니다. 종교에는 이런 것이 없습니다. 오직 믿음으로, 복음을 믿음으로 가능해집니다. 믿음으로 그리스도와 연합하고, 그리스도를 본받고 따르며, 그리스도의 증인으로 살아가게 됩니다.

성도 여러분, 종교가 말하는 행위 중심과 자기 의 중심, 많은 선행과 공로를 쌓는 것을 중심으로 한 것이 이성적인 것 같지만, 이것은 타락한 이성입니다. 하나님의 방식은 '오직 믿음으로'입니다. 이런 차원에서 우리는 분명히 알아야 합니다. 인간의 의가 극대화되고, 종교가 만연하고, 세상의 권세가 나타나면 좋은 세상이 될 것 같지만, 그렇지 않습니다. 그 속에는 위선과 교만, 그리고 불신앙뿐입니다. 더 악한 세상이 될 것입니다. 추상적으로는 인간의 의가 높아질수록, 도덕적 윤리가 높을수록 좋은 세상이 될 것 같지만, 그 속에서는 오히려 하나님을 무시하고, 경외하지 않으며, 복음을 배척하게 됩니다. 위선만 남고, 불신앙에 빠져 죄의 노예가 됩니다. 이걸 잊어서는 안 됩니다. 그래서 오늘 본문은 말씀합니다. "그리스도께서 하나님 곧 우리 아버지의 뜻을 따라." 이 또한 복음입니다. 하나님 아버지의 기쁘신 뜻을 따라 복음이 왔고, 복음 안에서 우리는 부르심을 받았습니다. 예수님은 하나님의 기쁘신 뜻을 따라 이 세상에 오셨고, 고난을 받으셨으며, 십자가에 죽으시고 부활하셨으며, 승천하셔서 하나님 우편에 앉아 계십니다. 이 모든 것이 하나님의 뜻대로 된 것입니다. 성경은 그것을 기록합니다. 예수님은 하나님의 뜻에 항상 순종하셨고, 자발적으로 복종하셨습니다. 그 예수님을 하나님께서 만유의 구세주요, 구주로 세우셨습니다.

오직 복음의 능력으로

성도 여러분, 나의 뜻이 아닙니다. 우리의 뜻도 아닙니다. 선거철만 되면 국민의 뜻이라고 하는데, 이성적으로는 그럴 듯하지만 거기에 넘어가지 마시기 바랍니다. 기도함으로 복음 안에서 분별하시기 바랍니다. 하나님의 뜻이 아니면, 심판입니다. 복잡하게 생각하지 마시기 바랍니다. 죄인이 득세하면 심판입니다. 의인이 득세하면 하나님께서 복을 주십니다. 구원받은 그리스도인은 하나님의 뜻을 갈망하며, 그 뜻 안에서 생각합니다. 그 뜻이 이루어지기를 소원하며 오늘을 살아갑니다. 이것이 구별된 그리스도인의 인생입니다.

포악한 노예 상인이었고 탕자였던 존 뉴턴 목사님을 잘 아실 것입니다. 그분은 평생 복음 안에 살고, 복음을 선포했습니다. 그의 삶이 또한 그러했습니다. 그는 노예 상인이 되어 험악한 세상의 삶을 살았습니다. 그래서 그의 인생 전체가 하나님의 은혜를 힘입어 믿음으로 구원받는다는 것을 보여줍니다. 마치 사도 바울과 같습니다. 그래서 항상 은혜를 붙들고, 은혜의 복음을 전파했습니다. 그분이 82세에 돌아가실 때 유명한 말을 남깁니다. "나는 지금 하나님 나라로 간다. 내가 하나님 나라로 가면 세 번 놀랄 것이다. 처음에는 전혀 하나님 나라에 오리라고 기대하지 않던 사람들이 와 있는 것을 보고 놀랄 것이며, 두 번째는 반드시 하나님 나라에 가면 만나리라고 기대했던 사람들이 안 보이는 것을 보고 놀랄 것이고, 세 번째는 노예 상인이었던 존 뉴턴이 그 자리에 와 있다는 것을 보고 놀랄 것이다."

성도 여러분, 오직 복음을 믿음으로, 은혜의 복음을 믿음으로 천국에 들어갑니다. 이것을 절대로 가감해서는 안 됩니다. 내 의가 아닙니다. 하나님의 의이고, 영생입니다. 이 복음을 믿으면 하지 말라고 해도 선을 행하고, 이웃을 사랑하고, 선한 사람으로 살아갑니다. 중요한 것은 복음을 믿느냐, 믿지 않느냐 하는 것입니다. 복음을 믿음으로 죄 사함을 얻고, 하나님의 의를 얻고, 영생을 얻고, 주와 동행하는 은총을 누리고, 분별력이 생겨 신령한 복을 체험하면서 하나님께 영광 돌리는 삶을 살아갑니다. 복음 외에는 다른 길이 없습니다. 세상의 방식이 아닙니다. 종교의 방식도 아닙니다. 이것을 분별하여 복음의 증인으로 살아가야 합니다.

종교개혁자 마르틴 루터는 항상 세상과 로마가톨릭으로부터 엄청난 박해를 받았습니다. 살해 위협까지 경험했습니다. 그래서 근심하며 절망에 빠지고, 두려워할 수밖에 없었습니다. 그러던 어느 날 크게 낙심하고 있을 때 있었던 유명한 사건입니다. 갑자기 아무 말 없이 아내가 검은 상복을 입고 나타났습니다. 루터가 "누가 죽었소? 왜 상복을 입고 나타난 거요?"라고 물었습니다. 그때 아내가 유명한 말을 남깁니다. "하나님이 죽으시지 않고서야 당신이 그렇게 실망에 빠져 있을 수 있습니까?" 살아 계신 하나님, 내게 복음을 주시고 믿게 하신 하나님, 내게 영생을 주시고 천국 소망을 주신 하나님이 살아 계시는데, 왜 절망에 빠지고 두려움에 휩싸여 죄의 종으로 살아가느냐는 것입니다.

성도 여러분, 어두운 세상을 하나님께서 아십니다. 어두운 세상과 하나님의 진노 아래 복음이 우리에게 주어졌습니다. 그 복음을 믿음으로 우리는 새사람으로 담대한 인생을 살아갑니다. 하나님께서 모든 걸 아십니다. 하나님께서는 내가 오직 복음의 증인으로 복음의 영광을 향하고, 복음의 소망 속에 신령한 복을 누리며, 하나님의 뜻에 순종하기를 기뻐하십니다. 모든 거듭난 그리스도인은 복음의 증인으로 소명을 받았습니다. 여기에 하나님의 깊으신 뜻이 있습니다. 비록 어두운 세상에 살며 어려운 일을 겪고 있지만, 그 가운데 복음의 능력이 나타납니다. 하나님은 모든 것을 아시고 나를 부르셨습니다. 복음의 생각에 이끌려 복음의 진리를 깊이 묵상하고, 가감 없이 오직 복음으로 영적 분별력을 가지고 복음을 선포하고 증언함으로 하나님께 영광을 돌리는 승리의 삶을 살기를 기다리시며 기뻐하십니다.

† 기도

창조주이시며 거룩하신 하나님 아버지. 독생자 예수 그리스도를 이 땅에 보내주시고, 주 안에서 하나님의 복음을 듣고 믿게 하시어, 이제는 어두움의 세상 속에서 하나님의 자녀 되는 신분으로 새로운 인생을, 담대한 인생을, 승리의 인생을 살게 하여 주심을 진심으로 감사드립니다. 그러나 십자가의 복음에 집중하지 않는 시간에 세상 풍조에 휩쓸리며, 수많은 종교의 영향과 이기적인 탐심과 정욕에 이끌리어 죄 가운데에서 복음을 소홀히 여기고 변질시키면서, 때로는 망각하며 살아가는 불신앙의 삶을 주께서 아시오니, 용서하여 주옵소서. 보혜사 성령이시여, 날마다 성령 충만함을 받아 오직 복음의 사람으로 복음의 생각에 이끌림을 받아 육신의 생각을 버리며, 잠시 잠깐의 세상에 매이지 아니하고, 영원한 하나님의 나라를 바라봄으로, 하나님의 의를 먼저 구하는 복음의 증인으로서의 삶으로 승리할 수 있도록 지켜 주옵소서.

주 예수 그리스도의 이름으로 간절히 기도드리옵나이다. 아멘

02.

다른 복음

그리스도의 은혜로 너희를 부르신 이를 이같이 속히 떠나 다른 복음을 따르는 것을 내가 이상하게 여기노라 다른 복음은 없나니 다만 어떤 사람들이 너희를 교란하여 그리스도의 복음을 변하게 하려 함이라 그러나 우리나 혹은 하늘로부터 온 천사라도 우리가 너희에게 전한 복음 외에 다른 복음을 전하면 저주를 받을지어다 우리가 전에 말하였거니와 내가 지금 다시 말하노니 만일 누구든지 너희가 받은 것 외에 다른 복음을 전하면 저주를 받을지어다 이제 내가 사람들에게 좋게 하랴 하나님께 좋게 하랴 사람들에게 기쁨을 구하랴 내가 지금까지 사람들의 기쁨을 구하였다면 그리스도의 종이 아니니라_**갈라디아서 1:6-10**

02.

다른 복음

하나님의 사람 존 맥아더 목사님이 쓰신 책, 『값비싼 기독교』에 나오는 중요한 내용을 소개하겠습니다. 목사님은 이 책을 통해서 사람들이 복음을 저버리며, 복음으로부터 변절이 일어나는 이유와 그러한 사람들의 특징을 다음과 같이 여덟 가지로 설명합니다. 첫째, 처음부터 잘못된 동기로 복음에 끌렸기 때문입니다. 성경보다는 연출 솜씨를 강조하는 찬양 예배의 활기찬 회중과 흥분이 그들을 매료시킨다는 것입니다.

둘째, 초자연적인 현상에 지나치게 마음을 빼앗기기 때문입니다. 그래서 기적과 능력을 통해서 자신의 소원을 이루려는 목적이 있습니다. 셋째, 이 땅의 것만을 추구하기 때문입니다. 인생의 여러 문제를 해결하기 위해 복음을 받아들였기에 건강과 부와 번영의 복음에 끌려가는 것입니다. 넷째, 참된 예배에 대한 사모함이 없고, 예배할 기회가 아니라 개인적인 이익을 추구하기 때문입니다. 하나님께 영광이라고 말하지만, 그것은 말뿐이고, 실제 그 마음 깊은 곳에서는 자신의 영광을 소원하고 있습니다. 다섯째, 하나님께 압력을 가하려고 하기 때문입니다. 전지전능하신 하나님을 고백하면서도 하나님께 대한 원망과 불평이 가득합니다. 하나님이 잘못하고 계시다는 것입니다. 그리고 기도하면서도 내 뜻이 이루어지게 해달라고 소리치고 몸부림칩니다. 여섯째, 아무런 인격적 관계를 추구하지 않으며, 사적으로 진리에 대해 험담하기 때문입니다. 그리스도와의 교제가 없고, 그리스도를 본받지 않으며, 그리스도를 따르는 삶을 살지도 않습니다. 진리 안에 거하지 않고, 그리스도께 순종하지도 않습니다. 단지 말뿐입니다. 일곱째, 신령한 실재에 대한 갈급함이 없기 때문입니다. 성령의 역사는 눈에 보이는 것이 아닙니다. 또한 영의 생각과 하나님의 나라도 그렇습니다. 그런데 그러한 영적 삶에 대한 갈급함이 없습니다. 여덟째, 용서와 심판으로부터의 구원에 대한 마음속 깊은 갈망이 전혀 없기 때문입니다. 의에 주려 있지 않다는 것입니다. 주의 나라와 주의 의를 구하는 인생을 전혀 살고 있지 않습니다.

성도 여러분, 나는 예수 그리스도께서 전파하신 복음을 명백하게 알고 분별하며, 믿고 영접하며, 기뻐하고 증언하면서 오늘을 살아갑니까? 깊이 자신을 돌이켜 보시기 바랍니다.

복음이 실종된 시대

오직 복음을 믿고, 하나님의 은혜로 우리는 구원받았습니다. 그리고 하나님의 자녀가 되고, 천국 백성 되며, 하나님께서 주시는 신령한 복을 누립니다. 오직 복음입니다. 복음 외에 다른 길은 없습니다. 하나님의 복음은 하나님의 지혜이고, 능력이며, 하나님의 깊으신 뜻이며, 약속입니다. 하나님의 복음은 세상의 모든 문제에 대한 궁극적인 해답이고, 최종 승리이며, 최종 영광입니다. 그래서 하나님의 복음은 완전하고, 순전하며, 절대 진리입니다. 그 어떤 상황에서도 타협될 수 없고,

어떤 일에도 양보될 수가 없습니다. 성도 여러분, 성경과 역사에 기록된 순교자들을 생각해 보시기 바랍니다. 타협하고 양보했으면 순교 당하지 않았을 것입니다. 박해받지 않았을 것입니다. 침묵이라도 했다면 죽임을 당하지 않았을 것입니다. 그러나 그들은 입을 다물 수 없었습니다. 오직 복음, 복음을 주신 예수 그리스도와 하나님의 이름을 높이지 않고는 살아갈 수가 없었습니다. 복음의 역사를 체험함으로 실제 삶에서 변화가 이루어진 것입니다. 복음이 추상화되지 않고 살아 역사하는 것을 체험했기에 이 복음을 전하지 않을 수 없었습니다. 그들은 복음의 증인으로 승리했고, 역사가 기억하며, 성경에 기록되어 있는 것입니다.

19세기 영국 목회자이자 구세군의 창시자인 윌리엄 부스의 유명한 일화입니다. 한 신문기자가 그에게 물었습니다. "목사님, 다가올 20세기가 당면한 가장 큰 위험은 무엇이라고 생각하십니까?" 윌리엄 부스는 준비된 답을 간결하게 말했습니다. "성령 없는 종교, 그리스도 없는 기독교, 회개 없는 용서, 중생 없는 구원, 하나님 없는 정치, 지옥 없는 천국이 될 것입니다." 정말 그분의 말씀대로 되었습니다. 그런데 21세기도 이러한 현실은 달라지지 않았습니다. 왜 이런 상태로 전락한 것입니까? 복음이 가감되었기 때문입니다. 완전한 복음이 왜곡되고, 변질되고, 파괴되어 잘못된 신앙생활을 하고 있기 때문입니다. 이 사실을 항상 기억해야 합니다.

21세기는 복음의 실종 시대입니다. 정말 그렇습니다. 교회와 기독교를 통하여 하나님의 복음이 가감되고, 왜곡되고, 파괴되고 있습니다. 이러한 일이 초대교회 때부터 지금까지 계속 이어집니다. 복음에 대한 분별력을 잃어버리고, 복음을 왜곡하며, 복음을 혼합시키며 파괴합니다. 그럼에도 하나님께 영광이라며, 예수 그리스도의 이름으로 이런 일들이 계속 진행 중이라는 것을 우리는 기억해야 합니다. 갈라디아서 1장 4절에 복음의 정의와 본질이 명백하게 한 절로 기록됩니다.

"이 악한 세대에서 우리를 건지시려고." 이 말씀을 항상 기억하시기 바랍니다. 이 악한 세상에서 우리를 건지시려고 예수님께서 이 땅에 오셨고, 십자가에 죽으셨고, 부활 승천하셨습니다. 구원은 이 악한 세상에서 구출되어 하나님 나라의 백성이 되는 것입니다. 그런데 오늘 이 시대는 이러한 악한 세대와 악한 세상을 말하지 않습니다. 구원은 말하면서도 악한 세상은 말하지 않습니다. 침묵합니다. 간간이 조금만 언급할 뿐입니다. 그러면서도 계속 구원을 말합니다. 그러니 메시지가 빗

나갈 수밖에 없습니다. 때로는 세상을 미워하고, 세상의 개선과 개혁을 주장합니다. 그러나 복음의 선포는 세상이 어둠이라는 것입니다. 성경이 선포하고, 예수님께서 말씀하십니다. 세상은 어둠입니다. 악한 세상이라고 하는데, 성경을 보면서도 언급하지 않습니다. 설교자도 세상에 대해서 악한 세대라는 말을 쓰지 못합니다. 그래서 구원의 메시지가 잘못되고, 복음이 변질될 수밖에 없습니다. 오히려 하나님이 세상에 평화와 번영과 같은 것들을 주신다고 말합니다. 요한일서 2장 15절은 말씀합니다. "이 세상이나 세상에 있는 것들을 사랑하지 말라." 하나님의 말씀입니다.

또한 복음의 선포는 명료합니다. "이 세상 모든 종교 속에는 구원이 없다. 하나님께 나가지 못한다. 천국에 들어가지 못한다." 그런데 기독교라고 칭하며 성경을 읽고, 성경을 강조하고, 성경을 설교하는 곳에서 이 세상에 구원이 있다고 말합니다. 모든 종교에 구원의 가능성이 있다고 말합니다. 대표적인 곳이 로마가톨릭교회입니다. 공식적으로 모든 종교에 구원의 가능성이 있다고 말하는데, 이것이 얼마나 끔찍한 일인지 알지 못하고 침묵하거나 동조합니다. 심지어 개신교도 그렇습니다. 그 일에 대해 침묵하며, 그럴 수 있다고 말합니다. 종교 간의 대화가 중요하고, 연합이 중요하다고 말하면서 동조합니다. 이것은 복음을 파괴하는 일입니다. 예수 그리스도의 복음을 변질시키는 행위입니다. 이 사실을 우리는 항상 인식하며 오늘을 살아가야 합니다.

주변 사람들을 상대로 사기를 쳐서 큰돈을 빼앗은 유명한 사기범이 붙잡혀 법원에서 판사 앞에 섰습니다. 이제 판사가 묻습니다. “어떻게 당신을 믿는 사람들을 상대로 그런 큰 사기를 칠 수 있었습니까?” 그 사기범이 대답합니다. “저를 믿지 않는 사람은 사기를 당하지 않습니다.” 말이 됩니다. 그렇습니다. 사람은 믿음의 대상이 될 수 없습니다. 내가 나 자신을 믿을 수 없습니다. 사람은 믿어 주는 대상이지, 믿음의 대상이 아닙니다. 그렇다면 유명 목회자와 신학자나 가까운 친구, 심지어 담임목사도 믿지 말아야 합니다. 우리가 믿는 것은 하나님입니다. 하나님의 말씀입니다. 그러므로 그 사람의 메시지를 확인해야 합니다. 하나님의 말씀이 아니면 귀를 씻고 지워 버려야 합니다. 복음을 믿고, 예수 그리스도를 믿음으로 성경을 믿는 것입니다. 누가 전했기 때문에, 누가 말했기 때문에 믿는 것은 핑계에 불과합니다. 이 사실을 분명히 알아야 합니다.

복음이 가감되고 변질되는 이유

오늘 성경에 "다른 복음"이라는 말이 무려 네 번이나 기록됩니다. 그 어떤 성경에도 이런 장과 절은 없습니다. 오직 복음의 진술을 언급하는 갈라디아서뿐입니다. 왜 "다른 복음"을 네 번이나 언급하는 것입니까? 이런 일이 실제로 벌어지고 있기 때문입니다. 깊이 생각해야 합니다. 교회 밖에서는 복음을 믿지 않습니다. 즉 교회 밖에서 이루어진 일이 아닙니다. 교회 안에서, 기독교 안에서 된 일입니다. 복음을 왜곡하고, 변질시키고, 파괴하는 사람이 불신자일 리는 없습니다. 믿는 사람들이 이런 일을 한다는 것입니다. 그래서 신약성경, 그 중에서도 특별히 갈라디아서를 보면 "다른 복음"을 반복해서 말합니다. 물론 오직 한 분이신 창조주 하나님을 믿습니다. 찬양합니다. 유일한 구세주이시고 구주이신 예수님을 영접합니다. 성령 안에서 내가 하나님의 자녀가 되었다고 기뻐하고 증언합니다. 그리고 오직 성경과 믿음을 말하고, 오직 복음을 전합니다. 그런데 실제는 복음을 가감하며, 왜곡시키고, 변질시킵니다. 그리고 그 결과로 "다른 복음"을 만들었다고 성경은, 갈라디아서는 기록합니다.

초대교회 때부터 오직 복음을 믿음으로 하나님의 자녀가 된 자들이 “다른 복음”을 전합니다. 예수님이 전파하신 그 복음이 아닙니다. 무엇인가 변질되었습니다. 그런데도 의심 없이 ‘아멘’으로 받아들입니다. 교회가 교회 되지 못하게 하는 일들이 벌어졌습니다. 모든 교회 안에 이러한 일이 있습니다. 교인 가운데 이런 일이 있다는 걸 항상 인식해야 합니다. 대표적인 곳이 로마가톨릭교회입니다. 또한 오늘날의 개신교입니다. 복음이 실종되었습니다. 복음이 가감되며 변질되었습니다. 이 사실을 항상 인식하며 오늘을 살아가야 합니다. 그러면 왜 복음이 이렇게 변질된 것입니까? 왜 가감되고, 다른 복음이 된 것입니까? 이 사실을 알아야 예방하고, 이런 일로부터 벗어날 수 있습니다. 왜 하나님의 복음을 가감하는 것입니까? 우리는 그러한 현장 속에서 살며, 신앙생활을 하고 있기에 분명히 알아야 합니다.

첫째는, 사탄의 역사로 말미암은 것입니다. 사탄, 마귀에 대해서 지나치게 많이 생각할 필요는 없습니다. 그러나 예수님이 말씀하신 만큼은 기억해야 합니다. 사탄은 실재합니다. 그러므로 성령의 역사가 있는 곳에 사탄은 반드시 나타나서 뒤흔듭니다. 유혹합니다. 사탄의 목적은 자명합니다. 안 믿는 사람은 내버려둡니다. 어차피 하나님의 심판 속에 있으니 내버려 두는 것입니다. 사탄의 목적은 믿는 자로 하여금 하나님과 분리되게 하는 것입니다. 결국 하나님의 복음을 왜곡시키는 것이 최종 목표입니다.

성도 여러분, 하나님의 말씀은 완전한 진리입니다. 그런데 그 완전성을 깨뜨리면 부분적인 것이 됩니다. 완전한 진리를 부분적인 진리로 변질시키는 것이 사탄의 역사임을 알아야 합니다. 그 증거가 이 세상에 있는 수많은 종교입니다. 종교들이 다 나쁜 게 아닙니다. 좋은 종교도 많습니다. 사람에게 유익이 되는 것이 많습니다. 왜 그렇습니까? 그 안에 부분적 진리가 있기 때문입니다. 다시 말하면, 온전하지 못한 것입니다. 그 진리를 깨닫고 실천해도, 하나님께 나아가지는 못합니다. 구원받지 못하는데, 그 진리에 만족하고 안주합니다. 이것이 사탄의 교묘한 역사입니다. 그래서 이러한 영향 속에 복음이 왜곡되고, 종교가 되는 것입니다. 주기도문을 통해 예수님께서 우리에게 이렇게 기도하라고 하셨습니다. "시험에 들게 하지 마옵소서." 깊이 생각해야 합니다. 왜 그렇습니까? 항상 시험에 빠지고, 항상 사탄의 유혹에 빠지니까 시험에 들지 않게 해 달라고 기도하라는 것입니다. 시험, temptation, 즉 유혹에 빠지지 않게 해 달라는 것입니다. 부지불식간에 나도 모르게 유혹에 빠지며, 복음을 변질시키는 일에 침묵하고 동조할 수 있다는 사실을 항상 인식해야 합니다.

복음이 변질되는 원인은 또한 사람 때문입니다. 결국은 사람이 복음을 파괴하고 변질시킵니다. 불신앙의 사람들은 처음부터 복음을 무시합니다. 그러니 변질시키고 왜곡하는 문제는 거듭나지 못한 목회자, 신학자, 거듭나지 못한 교인이 벌인다고 성경은 명확하게 우리에게 알려줍니다. 이들은 처음부터 잘못된 동기로 복음을 받아들이며, 교인이 된 것입니다. 또 어떤 부류의 사람은 처음부터 다른 복음을 듣고 믿었습니다. 참으로 불쌍한 사람들입니다. 그런데 이러한 일들이 너무나 많습니다. 갈라디아교회에도 있었습니다. 오늘날에는 대표적으로 '번영의 복음'이 그렇습니다. 예수를 믿으면 모든 일이 잘되고, 하나님께서 부귀도 주시고, 건강도 주시고, 번영도 주신다고 합니다. 그런데 이러한 것은 예수님이 말씀하신 복음이 아닙니다. 이것저것을 짜깁기한 다른 복음입니다. 그런데 다른 복음 앞에서 아멘을 외치며 나름 열심히 신앙생활을 합니다. 이들이 복음을 변질시키는 것입니다. 더 나아가, 예수 믿으면 가정이 회복되고, 가정이 치유되고, 그리고 행복한 인생을 살 수 있다고 말합니다. 예수님이 말씀하신 성경말씀은 그리 두꺼운 책이 아닌데, 신약성서 어디에도 이런 말씀이 없습니다. 이것저것 짜깁기하면 그렇게 됩니다. 이러한 것이 '다른 복음'이라는 것입니다. 이러한 것이 기독교 안에 널리 퍼지고, 더 나아가서 통일교 같은 이단들이 이러한 이야기를 합니다. 가정의 회복이라는 말에 수많은 사람이 속아서 거기에 끌려갑니다. 그리고 예수를 믿으면 만사형통하고 자기 소원이 이루어진다는, 이런 엉터리 주장이 교회 성장을 이룬다는 것을 알고 계십니까? 그래서 수많은 교회와 교인이 있지만, 세상에 대해 아무런 영향력이 없는 것입니다. 복음이 실종되었기 때문입니다.

성경에는 거짓 사도들과 선지자들이 많이 기록되어 있습니다. 특별히 갈라디아서에서 거짓 교사들을 언급합니다. 그러면 거짓 교사들은 누구입니까? 오늘날 거짓 목회자, 거짓 신학자, 거짓 교인입니다. 교회 안에, 기독교 안에 있습니다. 이들이 거듭나지 못했기 때문에 계속 다른 복음을 전파하는 것입니다. 아주 은밀하게, 친한 사람들에게 다른 복음을 전합니다. 여기서 교회가 무너집니다. 그리고 종교가 됩니다. 그렇다면 거짓 교사들을 어떻게 분별할 수 있습니까? 많은 사람이 학력으로, 교단으로 분별할 수 있다고 생각합니다. 공부 많이 하고, 정규 교단에 있으면 그럴 리 없다고 말합니다. 천만의 말씀입니다. 이런 것들을 통해서는 분별이 안 됩니다. 또한 성품이 좋고, 열심을 내고, 성공하고, 유명한 것으로 구별할 수 있다고 하는데, 어림도 없는 이야기입니다. 더 잘 속습니다. 성도 여러분, 분별은 오직 복음으로만 가능합니다. 이것을 잊지 마시기 바랍니다. 너무나 명료합니다. 복음이 바르게 선포되지 않으면, 그 교회는 잘못된 교회입니다. 종교화되고 있는 교회입니다. 복음을 선포하지 않으면, 그 목회자는 거짓 교사입니다. 하나님의 말씀으로 보면 그렇습니다. 오직 복음으로만 분별합니다. 또한 성령께서 복음을 분별하도록 우리를 주께로 인도하십니다.

마태복음 16장에 보면, 하나님의 사람 베드로라는 인물의 유명한 사건이 있습니다. 그가 예수님 앞에서 신앙고백을 잘함으로 큰 복을 받습니다. 어떻게 보면 전무후무한 복일 수도 있습니다. “천국의 열쇠를 너에게 주노라.” 엄청난 선언입니다. 그런데 같은 장소, 같은 상황에서 잠시 후에 예수님께서 그에게 말씀하십니다. “사탄아, 물러가라!” 어느 쪽이 맞는 것입니까? 잘 생각해 보시기 바랍니다. 예수님께서 우리에게 이렇게 기도하라고 하시면서 주기도문을 주셨습니다. 주기도문의 마지막 기도문, 어떻게 보면 가장 중요할 수 있습니다. "다만 악에서 구하옵소서." 이걸 잊지 마시기 바랍니다. 여기서 악이라는 것은 두 가지 의미가 있습니다. 하나는 'evil'입니다. 이것은 '악한 권세', '영적 권세', '사탄'과 '마귀'를 말합니다. 그리고 또 다른 번역은 'evil one'으로 '악한 사람'입니다. 그럼 누가 악한 사람입니까? 하나님의 뜻을 왜곡하는 사람, 복음을 파괴하는 사람입니다. 베드로는 예수님의 수제자이며 천국 열쇠를 부여받았지만, 동시에 그 현장에서 십자가의 길을 막았고, 십자가의 복음을 가로막고 있었던 것입니다. 그 안에 사탄이 역사해서 악한 생각을 하는 것입니다. 하나님의 뜻을 왜곡했으므로 예수님께서 계시적 사건을 말씀하십니다. "사탄아, 물러가라!" 그렇다면 우리 모두도 언제든지 사탄이 될 수 있고, 악한 사람이 될 수 있습니다. 그래서 예수님께서는 이렇게 기도하십니다. "다만 악에서 구하옵소서. 사탄의 유혹에 빠지지 않게 보호하소서. 복음을 파괴하지 않게 보호하소서." 그리고 우리에게도 그렇게 기도하라고 하셨습니다.

분별해야 할 다른 복음

거짓 교사는 아주 교묘하고 은밀하게 활동하기 때문에 웬만하면 분별이 잘 안 됩니다. 그러나 복음의 명료성을 알면 확실하게 드러납니다. 먼저 예수님을 믿으면, 복음을 믿으면 구원 받습니다. 그러면 무엇으로부터의 구원입니까? 성경 전체를 보면, 제일 먼저 나오는 단어는 하나님의 진노로부터 구원입니다. 하나님의 심판으로부터 구원입니다. 어떻게 하나님의 심판과 진노를 믿지 않는데, 구원이 필요하다고 말할 수 있습니까? 하나님의 심판과 진노를 믿지 않으면 구원도 필요가 없습니다. 구원에 대한 갈급한 마음이 없습니다. 누군가에게 복음을 전해 보시기 바랍니다. 하나님의 진노를 모르면 절대 안 믿습니다. 하나님의 진노로부터 구원받는 것을 분명히 알아야 합니다. 이미 모두가 죄인이므로 거룩하신 하나님의 진노 아래에 있습니다. 하나님께서 이것을 불쌍히 여기셔서 독생자 예수 그리스도를 보내시고, 십자가에 죽게 하시고, 부활시키셨습니다. 그 사건과 믿음을 통해서 하나님의 은혜로 말미암아 믿음으로 구원받습니다. 그런데 하나님의 진노, 하나님의 심판을 말하지 않습니다. 설교들을 들어 보시기 바랍니다.

아예 말하지 않거나, 하더라도 하나님의 진노와 심판의 설교는 조금만 합니다. 구원을 백 마디 하면, 그 안에 심판과 진노는 한두 마디밖에 없습니다. 이런 것이 복음을 가감하는 것입니다. 대신 무엇을 말합니까? 사랑을 말합니다. "하나님이 당신을 사랑하십니다. 당신은 복된 사람입니다. 앞으로 복을 받을 것입니다." 얼마나 좋은 이야기입니까? 그런데 이것이 다른 복음입니다. 이것을 분별해야 합니다.

또한 죄라는 말을 언급하지 않습니다. 잠시 잠깐이라도 죄의 심각성과 중대성을 말하지 않습니다. 복음은 모든 문제의 원인이 죄이고, 죄의 문제를 해결하기 위해서 예수님께서 십자가를 지셨음을 명백히 밝힙니다. 그런데 십자가 복음을 말하면서 죄의 심각성을 말하지 않습니다. 왜 그렇습니까? 교인들이 듣기 싫어하기 때문입니다. 무겁다고들 하니 피하는 것입니다. 대신 과오, 실수, 연약함, 오점 같은 것으로 대체합니다. 이미 복음이 파괴된 것입니다. 더 나아가 설교는 오직 하나님 중심이어야 합니다. 성경 그대로 하나님 중심, 하나님의 뜻을 선포하는 것이어야 합니다. 그런데 인간 중심이 되어버렸습니다. 청중 중심이 되었습니다. 그러다 보니 힘들게 살거나 병드는 것과 같은 문제를 해결해 달라는 청중의 요구에 해법을 줄 것처럼 위로를 전합니다. 하지만 이런 것은 사람을 기쁘게 하는 것입니다. 오늘 성경은 말씀합니다. "내가 지금까지 사람들에게 기쁨을 구하랴, 내가 지금까지 사람들의 기쁨을 구하였다면 그리스도의 종이 아니니라." 문제는 사람을 기쁘게 하는 것에서부터 생긴다는 것입니다. 이럴 때 복음이 변질되고, 다른 복음이 됩니다. 나와 가족의 안전과 행복과 성공을 약속하는 것은 복음의 약속이 아닙니다. 예수님은 자기를 부인하라고 하시며, 나를 따를 때 고난과 고통이 있을 것이라고 말씀하셨습니다. 그런데 예수님의 말씀은 전하지 않고, 자꾸 듣기 좋은 이야기만 합니다. 행복, 성공, 안정만 이야기하는 데도 "아멘"하는 소리가 나옵니다. 이것은 이미 복음을 파괴한 것입니다. 다른 복음에 끌려가는 상태인 것입니다.

그리고 복음이 변질되는 또 다른 이유는 세상 때문입니다. 저도 그렇고 여러분도 잘 아시지만, 이 세상의 영향력이 너무나도 큽니다. 교회가 세상 속으로 들어가서 영향을 끼쳐야 하는데, 거꾸로 세상이 교회로 들어옵니다. 세상의 상식, 세상의 관점, 세상의 문화가 교회로 들어와서 복음을 은밀하게 파괴합니다. 이것을 분별해야 합니다. 대표적인 것이 문화입니다. 예를 들어 오늘날 한국 사람들이 좋아하는 'K-팝', 'K-컬쳐'같은 현상을 놓고 많은 설교자가 이렇게 말합니다. "하나님께서 복을 주셔서 하나님의 은혜로 이러한 상황이 벌어졌다." 저는 이러한 이야기를 들을 때마다 '저 사람이 미쳤구나'생각합니다. 그들은 하나님을 믿지도 않는데, 어떻게 이런 것들에 하나님이 있고, 복음이 있고, 예수 그리스도가 있습니까? 그 안에는 복음이 전혀 없습니다. 그런데도 그들은 뻔뻔하게 그렇게 말합니다. 그러면 교인들은 "아멘"합니다. 큰일 날 일입니다.

심지어 문화전도, 문화선교라는 용어를 빈번하게 사용합니다. 정상이 아닙니다. 이러한 것들이 다 복음을 파괴하는 것입니다. 결국 이러한 세상의 영향 속에 복음이 세속화됩니다. 교회가 세속화됩니다. 여기에는 아무런 힘이 나타나지 않습니다. 하나님이 주신 복을 누리지 못하고, 자꾸 헛된 소원에 끌려가게 됩니다. 그래서 하나님과 물질을 겸하여 섬기게 됩니다. "하나님, 좋아요. 너무 감사해요. 그런데 물질도 함께요." 이렇게 됩니다. 이것은 불신앙입니다. 또한 인간 중심과 하나님 중심이 동시에 지향됩니다. 모든 인간은 박수치며 좋아할 일이지만, 하나님의 뜻이 아닙니다. 오직 하나님께 영광, 하나님 중심만이 복음의 역사입니다. 그래서 복음은 말합니다. "주의 나라와 주의 의를 먼저 구하라!" 그가 거듭난 그리스도인입니다.

마지막으로, 가장 문제 되는 것이 율법입니다. 율법은 십계명입니다. 이것은 하나님께서 주신 좋은 것입니다. 거룩하고 의로운 것입니다. 문제는 율법주의로 빠지는 것입니다. 사탄이 이것을 압니다. 로마서 7장에서도 말씀합니다. 사탄은 역사에서 이 율법을 율법주의로 다 바꿔버립니다. 너무나 교묘해서 교회가 그 함정에 빠지게 됩니다. 특별히 갈라디아서는 이 문제를 가장 심각하게 다룹니다. 복음이 왜곡되는 가장 큰 원인이 율법임을 갈라디아서는 언급합니다. 단적으로 이런 것입니다. 복음을 믿음으로, 예수님을 믿음으로 우리는 구원받았습니다. 그런데 구원을 완성시키는 것은 율법을 지키는 것이라고 말합니다. 말이 됩니다. 더욱이 복음과 율법은 하나님께서 주신 것입니다. 이것을 합치면 더 완전해질 것 같고, 이상적일 것 같습니다. 그러나 이것은 사탄의 역사입니다. 너무나 교묘해서 거듭난 사람이 아니면 분별이 안 됩니다. 이것이 갈라디아교회에 널리 퍼지며, 모든 초대교회를 무너뜨리고 있었습니다. 그래서 갈라디아서라는 서신서가 기록된 것입니다. 복음을 종교로 바꾸고 있는 것입니다.

하나님의 사람 마르틴 루터를 기억하시기 바랍니다. 그분이 평생 두 번에 걸쳐, 곧 젊었을 때와 말년에 갈라디아서 주석을 두 번 쓴 이유가 여기에 있습니다. 이렇게 기록합니다. “복음과 율법을 합치는 것은 마치 예수님과 모세를 합치는 것과 똑같다.” 어떻게 하나님이신 예수님과 인간인 모세를 합칠 수 있습니까? 그러면 예수님의 신성이 무너집니다. 하나님은 모세를 통해 율법을 주셨습니다. 그리고 예수님을 통해 복음을 주셨습니다. 이것은 완전히 별개의 사건입니다. 그런데 이것을 합쳐버립니다. 예수 믿고 구원받지만, 구원의 완성은 율법을 지키고 선행을 행함으로 더 큰 복을 받는 것이라고 말합니다. 이것은 다른 복음이고, 사탄의 역사입니다.

당시 로마가톨릭이 이러한 이야기를 합니다. 그래서 종교개혁이 일어난 것입니다. 하나님의 심판이 있었던 것입니다. 그런데 아직도 회개를 안 하고 있습니다. 오직 복음으로 구원받는데, 온갖 제도와 전통과 관습을 만들었습니다. 이것을 지키지 않으면 구원을 못 받는다고 말합니다. 지금도 그렇습니다. 일곱 가지 성사를 지켜야 구원받는다고 합니다. 그러나 성경은 오직 복음을 믿음으로 구원받는다고 말씀합니다. 그럼에도 여기에다 무엇인가를 얹은 것입니다. 이것은 복음을 파괴하고 변질시키는 것입니다. 종교로 변하는 것입니다. 대표적인 것이 성모 마리아입니다. 좋은 분이기는 하지만, 어떻게 교회의 어머니이고, 우주의 어머니가 됩니까? 성경 어디에 이러한 말씀이 있습니까? 그런데도 많은 사람이 아무런 의심 없이 이런 다른 복음을 믿고, 여기에 근거해서 신앙생활을 하면서 천국에 간다고 믿고 있습니다. 애통한 일입니다. 더 우스운 일은 '교황 무오설'입니다. 역대 교황들을 보면 온갖 죄를 다 지었는데, 무엇이 깨끗하다고 '성인'으로 섬깁니까? 이것을 믿지 않으면 구원을 못 받는다고 말합니다. 이런 다른 복음을 전하는 것입니다. 이것이 바로, 다른 복음입니다.

세계 어디에나 있지만, 특히 한국 교회에는 기복 사상이 가장 큰 문제입니다. 이것은 참 교묘합니다. 왜냐하면 율법주의뿐만 아니라, 샤머니즘까지 얹었기 때문입니다. 샤머니즘이라는 것은 소위 벌 받는 것이 싫고 무서워서, 심판의 두려움에서 벗어나기 위해 이용한 것입니다. 그런데 신앙생활을 하며 샤머니즘에 끌려갑니다. 기복 사상에 들어가 있습니다. 열심히 신앙생활을 하는 것 같지만, 마음속에는 두려움이 있습니다. 그 두려움을 벗어나기 위해서 신앙생활을 하는 것입니다. 이것은 거듭난 사람의 모습이 아닙니다. 더욱이 교묘한 것은 율법주의입니다. 그래서 율법을 지킴으로 많은 선행을 통해서 더 큰 복을 얻는다고 말합니다. 세상에서 주는 복, 현세적인 복, 부와 건강과 번영을 준다고 말하는 것이 여기에 딱 들어맞습니다. 그것을 얻기 위해 얼마나 열심인지 모릅니다. 이단들을 보시기 바랍니다. 참으로 열심입니다. 믿어지지 않을 만큼 열심히 합니다. 왜 그렇습니까? 율법주의에 빠졌기 때문입니다. 기복 사상 때문입니다. 이것은 복음이 아닙니다. 다른 복음에 끌려서 비참한 생활을 하는 것인데, 이런 일들이 교회 안과 기독교 안에 많습니다. 성도 여러분, 복음으로 돌아와야 합니다. 성경은 명료하게 기록하고 있습니다. 그런데도 율법을 지켜 선행을 통하여 더 큰 복을 받는다고 말하는 것에 자꾸만 빠집니다.

다른 복음은 없다

오늘 성경은 말씀합니다. "다른 복음은 없다." 항상 기억하시기 바랍니다. 다른 복음은 없습니다. 이것이 성경의 선포입니다. 그리고 아예 잊어버리지 않을 만큼 엄청난 선언을 합니다. "다른 복음을 전하는 자는 저주를 받을 것이다. 하나님의 저주와 심판을 받을 것이다." 그것도 한 번만 아니라, 두 번 반복합니다. “다른 복음을 전한 자는 심판을 받고 저주를 받을 것이다.” 하나님 말씀대로 될 것입니다. 예수님께서 마태복음 7장에서 산상수훈의 결론 중에 말씀하십니다. “주의 이름으로 선지자 노릇 하고, 주의 이름으로 많은 능력을 행하고, 주의 이름으로 귀신을 쫓아내도 너희들은 천국에 들어가지 못하느니라.” 핵심은 “주의 이름”입니다. 주의 이름으로 하나님의 일을 하고, 하나님의 일에 열심을 내고, 전도를 하고, 봉사를 하고, 구제를 하고, 선행을 한다고 하지만, 절대 천국에 못 들어간다고 말씀하십니다. 왜 그렇습니까? 이것은 복음이 아니기 때문입니다. 복음을 무너뜨리고 있는 사람들입니다. ‘주의 이름으로 하나님께 영광’이라고 하면서 복음을 파괴하는 일이 우리 안에 항상 있고, 내 안에 있다는 것을 알아야 합니다.

성도 여러분, 새로운 복음은 없습니다. 성경에 기록된 복음, 2천 년 전에 있었던 그 복음 외에 다른 복음은 없습니다. 이 복음을 지켜야 합니다. 가감하면 안 됩니다. 무서운 죄입니다. 우리는 새로운 것을 좋아합니다. 인간은 항상 새로운 것에 환호합니다. 그러나 새로운 복음은 없습니다. 끌려가지 마시기 바랍니다. 또한 더 좋은 복음도 없습니다. 예수 그리스도의 복음이 끝이요 완성입니다. 그런데 여기에 율법을 더하고, 문화를 더하며, 이것저것 더하며 끌려갑니다. 무서운 사탄의 역사입니다.

어느 날, 염전을 소유하고 있던 한 남자가 일을 하다가 실수로 소금 가마니를 바다에 빠트렸습니다. 깜짝 놀라서 급하게 커다란 소금 가마니를 끄집어냈는데, 그 안에 있던 소금이 금세 녹아버렸습니다. 염전 주인은 소금이 물에 녹는다는 사실은 알았습니다. 그런데 이렇게 빨리 그 많은 소금이 녹는 것에 너무나 깜짝 놀랐습니다. 소금은 본래 바다로부터 온 것이기 때문에 담수에서와 달리 금방 녹아버린다는 사실을 새삼스럽게 체험하게 된 것입니다. 그는 이렇게 고백했습니다. "바다에서 난 소금은 햇볕을 만나 바닷물과 구별되어 가다가도, 바다를 만나자 바로 옛 모습으로 순식간에 돌아가고 마는 거구나!" 그리고 그리스도인인 그는 영적 각성을 합니다. "아, 우리도 세상에 속해 있는 존재이니, 세상과 섞이기 시작하면 금방 예전의 모습으로 돌아가고 마는구나!" 성도 여러분, 오직 복음을 믿음으로 하나님의 자녀가 된 것입니다. 내가 온전해서 하나님의 사람이 된 것이 아닙니다. 오직 은혜로 된 것입니다. 그래서 항상 기뻐하고 감사하는 것입니다. 그런데 복음이 내 안에서 선명하게 드러나지 않는다면, 복음에 대한 변별력을 가지고 증인으로 살지 못한다면, 세상 속에서 복음이 순식간에 변질되어 옛사람의 본성에 이끌려 살아가게 되는 것입니다. 우리에게서 항상 발견하는 모습입니다.

하나님의 사람 사도 바울은 오직 복음을 전하며 갈라디아 교회를 세웠습니다. 그런데 얼마 안 되어서 다른 복음을 전하는 거짓 교사들과 거짓 목회자들, 거짓 교인들로 인해 교회가 피폐해지는 것을 봅니다. 성장은 이루었는지 모르겠지만, 이것은 교회가 아닙니다. 이제 성령께서 그를 통하여 갈라디아서를 기록하게 하십니다. "다른 복음은 없나니, 다른 복음을 전하는 자는 저주를 받을 것이다." 그는 오직 하나님의 복음을 전파하다가 순교하는 영광을 얻습니다. 종교개혁자들을 생각해 보시기 바랍니다. 마르틴 루터나 장 칼뱅은 오직 복음, 오직 은혜, 오직 믿음, 오직 성경을 외쳤습니다. 왜 그렇습니까? 당시에 로마가톨릭도 오직 성경, 오직 복음, 오직 예수 그리스도라고 말은 했지만, 온통 복음을 가감시켰기 때문입니다. 다른 복음을 전했기 때문입니다. 그래서 종교개혁자들이 오직 복음을 전파하자, 로마가톨릭에서 그들을 죽이려고 평생을 쫓아다닌 것입니다. 잡힌 사람들은 화형에 처해졌습니다. 그럼에도 이러한 것들을 아직까지 회개하지 않습니다. 그야말로 종교개혁자들은 "성경으로 돌아가자! 오직 십자가의 복음뿐이다!" 외치며, 그 복음 안에서 승리하며, 안식하며, 영광된 삶을 살았던 것입니다.

성도 여러분, 하나님의 복음은 완전하고, 순전하며, 절대 진리입니다. 그 복음을 믿을 때 우리 안에는 항상 기쁨과 만족과 감사와 찬양이 있습니다. 우리가 감사와 찬양과 기쁨을 잊어버리고 잃어버린 것은 복음에서 벗어났기 때문입니다. 무엇인가 다른 복음에 끌려갔기 때문입니다. 성령께서는 항상 우리를 예수 그리스도께로 인도하여 온전한 복음 안에서 기뻐하고, 찬양하며, 복음의 증인으로 승리케 하십니다. 무엇보다도 우리가 기억해야 할 것은 복음이 우리의 뜻과 달리, 좁은 문이요 좁은 길이라는 것입니다. 넓은 문, 넓은 길이 아닙니다. 복음은 오직 예수 그리스도와 하나님 나라입니다. 그래서 복음의 증인으로서 복음의 생각에 이끌려 믿음으로 산다는 것은 세상 속에서 참으로 어렵습니다. 쉽다고 말하는 사람은 거듭난 그리스도인이 아닙니다. 복음 안에 안식과 영광과 승리가 약속되어 있습니다. 성령께서는 우리에게 성령 충만함을 허락하시어, 복음의 증인으로서 복음의 생각에 이끌려 오직 하나님께 영광 돌리는 권세 있는 삶을 살도록 인도하십니다.

† 기도

창조주이시며 거룩하신 하나님 아버지. 이 어두운 세상에 예수 그리스도를 보내주시며, 그리스도 안에서 하나님의 복음을 듣고 믿음으로, 이제는 세상으로부터 구원받은 하나님의 자녀로 승리의 삶을 살게 하여주심을 진심으로 감사드립니다. 그러나 복음에 대한 분별력을 잃어버리고, 복음을 가감하는 죄 가운데 살아 잘못된 신앙생활을 하며, 또다시 유혹에 빠지며, 때로는 하나님 앞에 불신앙의 사람으로 사는 자신의 모습을 바라보며, 다시 성령께 의지하며 오직 복음의 사람으로 살아가길 바라오니, 우리를 지켜 주옵소서. 날마다 성령 충만을 받아 그리스도를 본받고, 그리스도의 복음에 집중함으로 복음의 포로가 되어, 복음 안에 있는 영광과 승리와 신령한 복을 누리며, 날마다 승리할 수 있도록 지켜 주옵소서.

주 예수 그리스도의 이름으로 간절히 기도드리옵나이다. 아멘.

03.

오직, 예수 그리스도의 계시

형제들아 내가 너희에게 알게 하노니 내가 전한 복음은 사람의 뜻을 따라 된 것이 아니니라 이는 내가 사람에게서 받은 것도 아니요 배운 것도 아니요 오직 예수 그리스도의 계시로 말미암은 것이라 내가 이전에 유대교에 있을 때에 행한 일을 너희가 들었거니와 하나님의 교회를 심히 박해하여 멸하고 내가 내 동족 중 여러 연갑자보다 유대교를 지나치게 믿어 내 조상의 전통에 대하여 더욱 열심이 있었으나 그러나 내 어머니의 태로부터 나를 택정하시고 그의 은혜로 나를 부르신 이가 그의 아들을 이방에 전하기 위하여 그를 내 속에 나타내시기를 기뻐하셨을 때에 내가 곧 혈육과 의논하지 아니하고 또 나보다 먼저 사도 된 자들을 만나려고 예루살렘으로 가지 아니하고 아라비아로 갔다가 다시 다메섹으로 돌아갔노라_**갈라디아서 1:11-17**

03.

오직, 예수 그리스도의 계시

20세기 대표적인 신학자인 하나님의 사람 칼 바르트가 시카고 신학대학에서 은퇴 강연을 마쳤을 때의 일을 소개합니다. 그때 학장이 "박사님은 매우 피곤하셔서 학생들의 질문을 다 받을 수가 없으니, 내가 대신하여 딱 한 가지만 물어 보겠습니다"라고 말한 후에 다음과 같은 질문을 했습니다. "박사님, 박사님 신학의 요점을 한 마디로 말씀해 주세요." 이 물음은 수만 페이지에 달하는 책을 저술한 칼 바르트에게는 참으로 어려운 문제였습니다. 학생들은 20세기 최대의 신학자가 들려주는 신학의 핵심을 찾으려고 필기 준비를 하며 바짝 귀를 기울였습니다. 칼 바르트는 눈을 조용히 감고 잠시 생각한 후에 미소를 띠며 학생들을 향하여 이렇게 말했습니다. "내가 배우고 아는 모든 신학과 성경의 교훈 중에서 가장 위대한 것은 바로 이것입니다. 'Jesus loves me, this I know, For the Bible tells me so.' 내가 아는 가장 위대한 것은 예수님께서 나를 사랑하신다는 것이고, 그 사실을 성경이 내게 말씀해 주고 있습니다." 그리고 이 가사로 된 찬송을 조용히 부르기 시작했습니다. 찬송가 563장 <예수 사랑하심을>입니다. 깊이 생각해 보시기 바랍니다.

예수 그리스도를 계시하는 성경

성도 여러분, 하나님의 말씀인 성경은 오직 예수 그리스도를 증언하고, 선포하고, 계시하고 있다는 생각을 항상 갖고 있어야 합니다. 구약성경을 읽어보면 예수 그리스도가 보이지 않습니다. 그러나 예수님은 구약성경을 향하여 "나를 증언한다"라고 말씀하셨습니다. 성령 충만하여 복음 안에서 그리스도와 함께 있으면 그 속에서 예수 그리스도를 발견하게 됩니다. 구약성경은 예수 그리스도를 증언하고, 예수 그리스도를 약속합니다. 그 이상을 생각하지 마시기 바랍니다. 이것이 핵심입니다. 또한 신약은 예수 그리스도가 나타나셨고 계시하신 사건을 기록합니다. 너무나 명료합니다. 이러한 성경관에서 벗어나면 잘못된 신앙생활을 하며, 다른 복음에 끌려가게 됩니다.

그리고 하나님께서는 오직 예수 그리스도 안에서 완전하게 자신을 계시하십니다. 자신의 존재와 능력과 성품과 역사와 말씀과 뜻을 명확하고 완전하게 계시하십니다. 그것을 우리는 '하나님의 복음'이라 말합니다. 예수 그리스도 밖에는 부분적 계시, 부분적 진리만 있을 뿐입니다. 창조 세계 속에는 부분적인 하나님의 계시가 있을 뿐이지, 완전한 계시가 있는 것이 아닙니다. 그 부분적 진리와 계시를 통해서는 하나님을 상상할 수는 있어도 하나님께 나아갈 수 없고, 하나님을 만날 수도 없습니다. 그래서 예수님께서는 요한복음 14장 6절을 통하여 이렇게 말씀하십니다. "내가 곧 길이요 진리요 생명이니 나로 말미암지 않고는 아버지께로 올 자가 없느니라." 항상 묵상하며 신앙생활을 해야 합니다.

구원이라는 것을 생각해 보시기 바랍니다. 구원은 오직 예수 그리스도 안에 있습니다. 그런데 예수 그리스도 밖에 있는 것, 예수 그리스도의 이름으로 만든 전통과 제도와 관습, 프로그램을 지키고 따라야 구원이 성취되고 완성된다고 말합니다. 이러한 것이 오늘날 교회의 모습입니다. 역사에 나타난 기독교의 모습입니다. 복음이 변질되었습니다. 이것이 다른 복음이라는 것입니다. 또한 믿음을 생각해 보시기 바랍니다. 오직 믿음이라고 하지만, 그 믿음 자체는 아무 힘이 없습니다. 종교인이나 기독교인에게나 그 믿음 자체에 약간의 유익은 있습니다. 왜 그렇습니까? 긍정적으로 생각하게 하기 때문입니다. 하지만 긍정적 사고가 구원에 이르도록 하지는 못합니다. 오직 예수 그리스도 안에서 예수 그리스도의 계시를 믿음으로 구원받습니다. 종교 창시자와 교황 또는 목회자나 영적 지도자는 믿음의 대상이 전혀 아닙니다. 오직 예수 그리스도 안에서 예수님을 나의 구주로 영접하고 믿을 때 구원의 역사가 나타나는 것입니다. 그 외에는 모두 다른 복음입니다.

특별히 은혜라는 것을 생각해 보시기 바랍니다. 제일 왜곡되었습니다. 신앙생활 하는 사람들을 보면 기도 중에 많은 경우, 예수 그리스도와 무관한 은혜를 구합니다. 그것을 기도하고, 갈망하며, 달라고 몸부림칩니다. 깊이 생각해 보면 예수님과 아무 상관이 없습니다. 자기 소원의 성취, 부와 건강, 명예와 자아성취와 같은 만사형통이 예수 그리스도의 복음에 계시된 바가 없습니다. 그런데 거기에 끌려갑니다. 이기적인 탐심과 정욕일 뿐입니다. 성도 여러분, 하나님의 은혜는 오직 예수 그리스도 안에 완전하게 계시되어 있습니다. 이것을 분명히 알고, 믿고, 은혜에 만족하며, 그 은혜를 따라 살아가야 합니다. 왜냐하면, 그 은혜를 바로 알면 항상 감사와 만족과 기쁨과 찬송이 있기 때문입니다. 그런데 그 은혜가 왜곡되면 분명히 은혜는 아는데, 주어지지 않은 은혜와 예수님과 무관한 은혜에 잡혀서 기도가 잘못되고, 신앙생활도 잘못됩니다. 그러는 중에 다른 복음에 이끌리게 됩니다.

성도 여러분, 모든 종교에는 계시성이 있습니다. 이것을 분별해야 합니다. 그래서 모든 종교 창시자는 자신이 계시를 받았다고 말하며, 거기로부터 종교가 만들어집니다. 이 계시야말로 진리이고, 이 계시를 통해서 신께 나갈 수 있다고 선언합니다. 큰 각성을 계시라는 이름으로 선언하고, 거기에 설득되어 많은 추종자가 생기면 종교가 됩니다. 그런데 거듭난 그리스도인은 압니다. 그런 계시는 참 계시가 아닙니다. 창조주 하나님의 계시가 아닙니다. 그러니까 하나님을 알지 못하는 것입니다. 기껏해야 부분적인 계시이고, 부분적인 진리일 뿐입니다. 이러한 부분적인 계시와 진리에 의해 각성한 것입니다. 그래서 계시를 받았다는 사람들의 방식을 살펴보면 거기에는 항상 깨달음이라는 것이 있습니다. 내가 계시를 받았고 진리를 깨달았는데, 이 길을 가야 신께 나갈 수 있다는 주장을 합니다. 여기에 문제가 있습니다. 그리고 자신이 기적과 신비를 체험했다고 말하며, 그러한 경험과 관련된 진리를 말합니다. 다 부분적인 진리이고, 계시일 뿐입니다. 이것을 분별해야 합니다. 깊이 생각해 보면 인본주의입니다. 또한 신비주의입니다. 창조주 하나님의 계시가 아니라는 것이 명료한데, 수많은 사람이 끌려갑니다.

역사 안에 보면 오늘도 수많은 사람이 이런 종교의 계시성에 미혹되어 끌려가며 빠져듭니다. 왜 그렇습니까? 사실은 그런 계시보다는, 자기 자신에게 문제가 있습니다. 두 가지 상황에 놓여 있습니다. 하나는 인간의 실존적 두려움에 사로잡힌 것입니다. 절망과 고통과 상실과 같은 두려움에서 벗어날 길이 없습니다. 그래서 다른 권세와 능력을 얻어서 두려움을 해결하려고 거기에 귀를 기울이게 됩니다. 또 하나는 새로운 희망을 원하기 때문입니다. 두려움을 벗어나는 것은 소극적 방식이고, 적극적으로 새로운 희망을 가지고 새로운 인생을 살기 원해서 그런 종교의 계시성에 끌려가는 것입니다. 이것은 잘못된 방식입니다. 저나 여러분이 처음 예수님을 믿었을 때, 두려움과 새로운 희망으로부터 시작했습니다. 이러한 것이 어떻게 보면 종교적 씨앗입니다. 하나님의 섭리 가운데 있는 것입니다. 그러나 문제를 해결하기 위해서 복음이 있는 것은 아닙니다. 그 이상입니다. 이것을 분명히 알아야 합니다.

예수 그리스도 안에서 분별함

한 남자가 자신의 차에 친구를 태우고 위험하고 좁은 산길을 운전하고 있었습니다. 옆 자리에 있는 친구가 말했습니다. "나는 말이야. 네가 이런 구불구불한 산길을 운전할 때마다 너무 무섭고 두려워." 그랬더니 운전하는 남자가 말했습니다. "나처럼 해봐. 그러면 두려움이 없어." "어떻게 하면 되는데?" 옆 좌석 친구의 물음에 운전자가 이렇게 말했습니다. "눈 감아 봐." 성도 여러분, 이런 심리적인 것에 우리는 항상 끌려갑니다. 추상적이고 심리적인 것에 위로받고, 이것으로 문제를 해결할 수 있다고 생각합니다. 그런데 전혀 아닙니다. 거듭난 그리스도인은 예수 그리스도 안에서, 예수 그리스도의 복음 안에서 두려움을 없애고 소망의 사람으로 변해갑니다. 완전한 계시이냐, 부분적 계시이냐 하는 것은 천지 차이입니다. 성도 여러분, 하나님의 복음, 예수님께서 전하신 하나님의 복음은 완전한 계시요, 완전한 은혜요, 완전한 진리입니다. 부분적인 은혜, 부분적인 진리, 부분적인 계시가 아닙니다. 그 이유가 무엇입니까?

종교는 어떤 인간이 각성하고 계시를 받았다는 것으로부터 시작하지만, 복음은 창조주 하나님께서 계획하시고, 그 깊으신 뜻대로 스스로를 나타내신 것입니다. 그것을 우리는 하나님의 복음이라고 말합니다. 사람으로 말미암은 것이 아닙니다. 사람에게서 배운 것도 아닙니다. 하나님 자신이 하신 것이기에 완전한 은혜요, 계시요, 진리입니다. 우리가 신앙생활을 하면서 완전한 계시와 부분적 계시, 완전한 진리와 부분적 진리, 완전한 은혜와 부분적 은혜를 구별하며 살아가야 사탄의 유혹에 미혹되지 않습니다. 사탄의 시험에 빠지지 않고, 복음 안에서 담대한 승리의 인생을 살아갈 수 있습니다.

그럼 어떻게 분별합니까? 아주 간단합니다. 기독교 진리는 항상 '오직 예수 그리스도 안에서'입니다. 신약성경을 읽어보면 가장 많이 반복되는 언어가 '예수 그리스도 안에서'입니다. 그만큼 중요합니다. 오직 예수 그리스도 안에만 하나님의 은혜가 완전하게 계시되어 있기에, 그 안에서 분별할 수 있습니다. 그 외에 다른 길이 없습니다.

종교개혁자 마르틴 루터의 참 귀한 신앙고백이 있습니다. 마르틴 루터가 죄의 짐에 눌려 괴로울 때마다, 그의 영적 지도자인 요한 폰 슈타우피츠가 반복해서 해준 말입니다. "루터, 이제 자네의 죄는 그만 보고, 예수님을 바라보게." 루터는 이런 간단한 말에 찔림을 받았습니다. 성경을 읽고 신앙생활을 한다고 하지만, 정작 예수님께 초점을 맞춘 것이 아니었기 때문입니다. 그래서 이 말씀대로 따라가 보니 크게 각성을 하고 복음의 사람으로 변화됩니다. 그래서 종교개혁의 초창기부터 수많은 사건을 겪을 때마다, 그는 스승인 요한 폰 슈타우피츠에게 편지를 씁니다. "저는 사람들에게 예수 그리스도만을 신뢰해야 한다고 가르칩니다. 그들 자신의 기도나 공로, 선행에 의지해서는 안 된다고 강조합니다." 오직 예수 그리스도, 오직 십자가의 복음만을 선포하고 증언했던 것입니다.

성도 여러분, 오늘 우리에게 주시고, 내게 주시는 하나님의 말씀이 성경에 명백하게 기록되어 있습니다. 그것은 "오직 예수 그리스도의 계시"라는 말씀입니다. 항상 붙들고 묵상하며, 이 계시를 따라 살아가야 합니다. "예수 그리스도의 계시"라는 말은 갈라디아서의 주제일 뿐만 아니라, 성경과 복음 전체의 핵심입니다. 오늘 성경은 이렇게 말씀합니다. "복음은 오직 예수 그리스도의 계시로 말미암은 것이다." 잊어서는 안 됩니다. 우리가 많이 듣고, 저도 어렸을 때부터 자주 들은 이야기로 그리스도인은 성경의 관점과 방식으로 세상과 사람을 보면서 모든 일을 해석하며 살아가야 한다는 말이 있습니다. 맞는 말인데, 하지만 여기에는 속기 쉬운 함정이 있습니다. 이것은 완전한 진리가 아니라, 하나의 권면일 뿐입니다. 또한 유대인과 무슬림, 이단도 성경대로 말한다고 합니다. 하지만 이들이 말하는 성경이란 무엇입니까? 예수 그리스도가 빠진 성경입니다. 그러나 거듭난 그리스도인은 오직 예수 그리스도 안에서 그리스도의 계시를 따라 세상을 보고, 나를 보고, 모든 일을 대해야 합니다. 그럴 때 지혜와 능력을 얻고, 소망의 사람으로 승리할 수 있습니다.

예를 들면, 사울과 바울의 차이와 같습니다. 사울은 회심

이전의 바울입니다. 그는 성경에 도통했으며, 성경을 연구했고, 성경대로 살려고 했습니다. 성경의 방식대로 세상과 나를 보면서 모든 문제를 해석하려고 했습니다. 그러면서 한 일이 교회를 핍박하고, 예수님을 믿는 사람들을 죽이는 것이었습니다. 왜 그랬을까요? 그 속에서 예수님을 못 보았으니, 그렇게 살았던 것입니다. 그러나 예수 그리스도의 계시를 보니, 모든 것이 변합니다. 같은 성경임에도 모든 것이 다르게 보이는 것입니다. 이제는 복음의 증인으로 순교를 자청합니다. 그래서 '성경의 방식대로'라는 말과 '오직 예수 그리스도 안에서'라는 말은 '사울이냐, 바울이냐'와 같은 차이라고 생각하면 됩니다. 우리 모두가 그렇습니다. 이러한 분별력이 없으면 순식간에 다른 복음에 끌려가게 됩니다.

다른 복음이 초대교회 때부터 계속 넘쳐흘러 교회를 흔듭니다. 교인들을 유혹합니다. 그리고 오늘날도 계속됩니다. 무엇이 문제입니까? 오늘 성경은 그것을 기록합니다. 그것은 오직 예수 그리스도의 계시뿐인데, 여기에 가감하는 것입니다. 예수님을 나의 구주라고 찬양하며, 하나님을 창조주라고 고백하면서 성령의 역사를 증언하지만, 예수 그리스도의 계시인 복음에 가감을 한 것입니다. 여기서 다른 복음이 나타납니다. 이것이 교묘한 사탄의 역사입니다. 성경은 말씀합니다. "다른 복음을 전하는 자는 저주를 받을 것이다." 반드시 저주를 받을 것이라고 반복해서 말씀합니다. 왜 그렇습니까? 그리스도의 계시를 파괴했기 때문입니다. 약간 가감하는 것이 무슨 잘못이냐고 말할지 모르지만, 그로 인해 완전한 계시를 훼손하고 파괴했기 때문입니다. 이것을 분명히 알아야 합니다.

분명 갈라디아교회도 예수 믿고, 하나님을 찬양하며, 복음을 증언하고, 성령께 순종했을 것입니다. 그런데 문제의 가장 큰 핵심은 성경을 보면서 예수 그리스도를 발견하지 못한 것입니다. 성경 전체는 예수 그리스도를 증언하고 선포합니다. 그런데 여기서 문제가 생깁니다. 로마가톨릭교회와 개신교, 수많은 이단이 함정에 빠집니다. 이것을 분명히 알아야 합니다. 성도 여러분, 예수 그리스도는 하나님의 유일하고 완전한 계시자이시고, 최종 계시자이십니다. 이것이 복음서에 나타난 것입니다. 신약성경에서 명백히 말씀합니다. 선지자들과 사도들은 이러한 계시를 받은 사람이지, 계시자가 아닙니다. 그러므로 그들을 통해서는 부분적 계시가 나타날 뿐입니다. 완전하지 않습니다. 다만 사도들은 예수 그리스도의 계시를 받았기에 그들을 통하여 완전한 계시가 증언되는 것입니다.

계시의 핵심과 본질인 예수 그리스도

그러면 계시란 무엇입니까? 헬라어로 '아포칼립시스'라고 하는데, 영어로는 reveal 또는 revelation입니다. 원어의 뜻은 '드러내다, 밝히다, 폭로하다'입니다. 즉 감추어진 것, 비밀이었던 것, 알지 못하는 것을 '계시했다, 드러냈다, 알게 했다, 폭로했다'는 것입니다. 계시라는 표현은 신적 현현의 표현입니다. 신적 현현을 표현하는 모든 분야에 계시라는 말을 씁니다. 모든 종교에서 계시라는 표현을 씁니다. 철학자, 사상가, 인문학자도 씁니다. 심지어 가수도 씁니다. 기독교 안에도 있습니다. 그런데 성경에서 말씀하는 계시는 어떤 의미인지를 분명히 알아야 합니다. 넓은 의미로는 하나님의 계시를 뜻합니다. 하나님을 모르거나 왜곡되게 알고 있는 세상과 사람들에게 하나님의 존재와 역사와 성품과 뜻과 말씀과 은혜와 사랑을 드러내는 것입니다. 이러한 사건의 기록이 성경입니다.

그런데 본질적인 의미가 중요합니다. 하나님의 계시가 너무나 광대하여 모든 것을 생각하며 살아갈 수는 없습니다. 그래서 핵심이 중요한데, 그것은 예수 그리스도입니다. 그러니까 계시의 핵심과 본질은 예수 그리스도입니다. 그래서 성경은 그리스도를 선포하고, 증언하고, 계시합니다. 이것을 분명히 알아야 합니다. 이것을 우리는 그리스도의 복음, 하나님의 복음, 십자가의 복음이라고 말합니다. 용어를 정리하면 하나님의 복음이라는 것은 예수 그리스도 안에 나타난 하나님의 계시를 말하는 것이고, 그리스도의 복음이란 그 복음 속에 나타난 그리스도의 계시를 말하는 것이며, 십자가의 복음이란 십자가에 나타난 하나님의 계시를 말하는 것입니다. 핵심은 계시인 것입니다.

하나님의 사람 존 스토트 목사님이 쓰신『그리스도의 십자가』라는 유명한 고전이 있습니다. 한 번쯤 읽어 볼 만한 저서입니다. 이 책에서 예수님의 십자가는 구원의 사건일 뿐만 아니라, 계시의 사건이라고 설명하면서 십자가를 통해 보여주신 하나님의 계시를 간략하게 설명합니다. 첫째, 십자가에는 하나님의 영광이 계시되었습니다. 외견상으로는 수치였던 십자가지만, 사실은 영광이었습니다. 예수님의 수난은 장래의 영광에 이르는 길이며 동시에 영화가 실제로 이루어지는 영역이기도 했습니다. 둘째, 십자가에는 하나님의 공의가 계시되었습니다. 인간의 죄는 하나님의 심판을 면할 수 없지만, 하나님은 당신의 아들을 대신 심판하심으로 공의를 나타내십니다.

우리가 '공의의 하나님'이라는 용어를 기도 중에 자주 사용합니다. 그런데 항상 기억하시기 바랍니다. 함부로 쓰지 말아야 합니다. 공의가 일어나려면 심판이 먼저 일어나야 합니다. 하나님의 공의가 예수님이 우리의 죄를 대속하시기 위하여 하나님의 진노를 직접 받으시어 십자가에 죽으신 사건으로 나타났습니다. 이러한 심판 속에 공의가 나타났습니다. 심판 없는 공의란 없습니다. 셋째, 십자가에는 하나님의 사랑이 계시되었습니다. 우리가 하나님의 사랑을 알 수 있는 것은 그의 아들의 죽음을 통해 하나님이 자신의 사랑을 입증하셨기 때문입니다. 이처럼 우리를 사랑하셔서 십자가에 죽게 하셨습니다. 그 사랑은 아가페를 말합니다. 진노 속에 나타난 사랑입니다. 이처럼 진노와 거룩 없이 사랑만 말하면 계시가 왜곡됩니다. 넷째, 십자가에는 하나님의 지혜와 능력이 계시되었습니다. 십자가는 인간적으로는 어리석은 사건이지만, 인간을 구원으로 이끄는 하나님의 능력과 지혜가 계시되었습니다. 한마디로 예수님의 모든 사건은 하나님의 계시가 충만히 나타난 것입니다. 그것을 은혜라고 말하고, 복음이라고 합니다. 이 은혜와 복음을 믿음으로 우리는 새사람이 되고, 새로운 인생을 살며, 거듭난 하나님의 자녀가 되는 것입니다. 그 외에 다른 길은 없습니다.

예수 그리스도를 아는 지식

그러면 예수 그리스도의 계시란 무엇입니까? 이 질문에 어떻게 대답하시겠습니까? 준비된 답을 갖고 있어야 합니다. 예수 그리스도의 계시를 정의 내리면, '예수 그리스도를 아는 지식'입니다. 이것은 예수 그리스도에 관한 지식이 아니라, 인격적으로 그리스도를 알고 체험한 지식을 말합니다. 더 나아가서 그 속에 하나님을 아는 지식이 계시되어 있습니다. 이것이 하나님의 방식입니다. 우리가 예수 그리스도보다 먼저 하나님을 발견하고, 하나님의 지혜와 능력을 찾고자 성경을 보면 안 됩니다. 큰 위험에 빠집니다. 항상 그리스도라는 지식의 충만함에 이르고, 그리고 예수 그리스도 안에서 그 계시로 말미암아 하나님께 나아가야 하는 것입니다. 성령은 항상 이것을 우리에게 일깨워 주십니다.

영생이 무엇인지, 요한복음 17장 3절은 말씀합니다. "영생은 곧 유일하신 참 하나님과 그가 보내신 자 예수 그리스도를 아는 것이니이다." 하나님과 예수 그리스도를 아는 지식을 말씀합니다. 영생을 사모하는 사람은 예수 그리스도를 사모합니다. 예수 그리스도를 알면 알수록 영생의 가치를 압니다. 영생을 받은 사람은 그리스도를 아는 지식의 충만함에 이르게 되며, 그 계시를 따라 오늘을 살게 됩니다. 거듭남이란 바로 이런 것입니다. 많은 사람이 하나님의 뜻을 구합니다. 지혜를 구합니다. 그런데 가만히 이야기를 들어보면, 지금 자기 문제를 해결하기 위한 것이 먼저입니다. 이러한 방식으로는 영생을 얻지 못합니다. 그래서 다른 복음에 끌려가는 것입니다. 항상 예수 그리스도 안에서 그리스도의 계시를 믿음으로 인하여, 그 안에서 필요한 때에 하나님께서 하나님의 뜻을 나에게 나타내시는 것입니다. 이것을 알아야 합니다.

그러므로 그리스도의 계시를 우리가 구체적으로 알고 증언할 수 있어야 합니다. 첫 번째 계시는 그리스도 자신입니다. 그리스도가 누구시고, 무슨 일을 하시느냐와 같이 예수 그리스도 자신에 관한 계시입니다. 여기서 모든 종교나 철학과 구별됩니다. 앞서 말씀드렸지만, 모든 종교 창시자는 계시를 받았다고 주장합니다. 신적 계시를 받고 깨달아 진리를 발견했다고 말합니다. 그런데 예수님은 그러한 차원이 아니십니다. 예수님이 진리이시고 계시이십니다. 예수님은 자신을 계시하십니다. 예수님이 스스로 자신이 누구신지 또 무슨 일을 하셨는지 계시하시는 것이 복음입니다. 그래서 복음이 종교화되고 변질되는 것은 거듭난 그리스도인에게는 상상할 수도 없는 것입니다. 애초에 거듭나지 않았기 때문에 이러한 일들이 일어납니다. 예수님이 누구시고 무슨 일을 하셨는지에 대한 질문을 항상 던지고, 그 질문의 답을 내가 알아야 합니다. 그래서 제가 성경을 읽을 때 구약성경을 먼저 보지 말라고 자주 말씀드렸습니다. 왜 그렇습니까? 예수 그리스도가 발견되지 않기 때문입니다. 먼저 복음서를 읽어야 합니다. 복음서에는 예수님이 누구시며, 무슨 일을 하셨는지 명확하게 나타납니다. 이것을 더 확증하는 것이 서신서입니다. 예수님이 누구시고, 무슨 일을 하셨는지에 대한 질문과 함께 신약성경을 대해야 합니다. 그리고 그리스도의 계시를 알고 받았으면 구약성경을 보시기 바랍니다. 성경이 다르게 보일 것입니다.

성도 여러분, 예수님은 누구십니까? 예수님은 참 하나님이시며, 참 인간이십니다. 예수님은 종교 창시자가 아니십니다. 종교 창시자들은 다 죽었고, 무덤 속에 있습니다. 그런데 예수님은 다시 살아나셨고, 승천하시어 오늘도 역사십니다. 참 하나님이시며 참 인간이십니다. 성육신하신 하나님이십니다. 말씀이 육신이 되신 하나님이시라고 우리는 선언하고 고백합니다. 성자 하나님이십니다. 그리고 예수님이 하신 일이 무엇입니까? 단 하나입니다. 하나님의 복음과 하나님의 나라를 선포하셨습니다. 여기에 다른 것을 묶어서는 안 됩니다. 다른 것을 묶는 사람들은 예수님과 무관한 은혜를 좇아다니게 됩니다. 이미 다른 복음에 매인 것입니다. 예수님은 처음부터 끝까지 오직 하나님 나라를 선포하셨습니다. 여기에 집중해야 합니다. 그래서 오직 예수 그리스도 안에 믿음이 있고, 구원의 역사가 있는 것입니다.

그리고 예수 그리스도 안에 하나님이 계시됩니다. 오직 예수 그리스도 안에서만 하나님이 누구신지, 무슨 일을 하셨는지 완전하게 계시됩니다. 그 외에는 부분적인 계시입니다. 거기에 끌려가면 안 됩니다. 그래서 복음서를 읽으면서 예수님이 계시하신 하나님께만 초점을 맞추어야 합니다. 간략하게 세 가지만 생각해 보겠습니다. 첫째, 하나님이 누구이십니까? 오직 한 분이신 여호와 하나님, 창조주 하나님을 항상 예수님은 언급하십니다. 거기에 집중하게 하십니다. 둘째, 전지전능하시며 대주재이신 하나님께 집중하라는 것입니다. 셋째, 하나님 아버지께 집중해야 합니다. 하나님 아버지는 복음 중의 복음입니다. 그 계시를 믿음으로 우리가 하나님과 바른 관계를 맺을 수 있습니다.

또한 하나님의 성품에 대해서도 예수님이 반복해서 가르쳐주신 계시가 있습니다. 거기에 초점을 맞추어야 합니다. 거룩하신 하나님입니다. 곳곳에서 거룩하신 하나님만을 언급합니다. 이것이 먼저입니다. 그런데 우리는 계속 사랑의 하나님만 말합니다. 사실 복음서 전체와 예수님의 표현 속에서 사랑의 하나님이라는 언어는 나오지 않습니다. 그런 표현은 찬송가에나 있는 것으로 사람이 만든 것입니다. "하나님은 사랑이시라"(요일 4:8, 16)는 기록은 있지만, 사랑의 하나님이시라는 기록은 없습니다. 여기서 우리는 함정에 빠지는 것입니다. 그 사랑은 도대체 어떤 사랑입니까? 거룩하신 사랑이어야 하는데, 거룩을 빼고 사랑만 이야기하면 이미 다른 복음에 끌려가는 것입니다.

예수 그리스도의 계시를 받은 하나님의 자녀

성도 여러분, 거룩하신 하나님, 이것이 하나님 성품의 첫 번째입니다. 두 번째는 은혜로우신 하나님입니다. 그분이 우리를 사랑하십니다. 그 거룩한 사랑을 우리는 은혜로우신 하나님이라고 표현합니다. 다음으로 치유하시는, 복 주시는, 용서하시는 하나님이라는 표현들이 나타납니다. 여기서 우선순위를 항상 지켜나가야 합니다. 먼저 그리스도의 계시입니다. 하나님의 역사에 대해서 명확해야 합니다. 구원하시는 하나님이십니다. 이것이 먼저입니다. 하나님은 구원하시기를 기뻐하시고, 모든 사람이 구원받기를 원하십니다. 문제는 인간이 믿지를 않는 것입니다. 계시를 떠난 것입니다. 계시를 받지 않습니다. 그리고 동시에 심판하시는 하나님이십니다. 심판이 없다면, 구원받을 필요가 없습니다. 예수님의 십자가가 그것을 말합니다. 하나님의 진노가 나타났습니다. 죄를 대속하기 위해 피 흘려 죄의 심판을 받으십니다. 그 속에 하나님의 은혜와 사랑이 있습니다. 그 진노 속에 구체화된 하나님의 사랑, 그것이 하나님이 구원하시는 방식입니다. 그래서 항상 예수님의 계시에 초점을 맞추면 하나님의 계시와 하나님의 뜻을 분별하게 됩니다.

더욱이 성령 하나님을 계시하십니다. 성령의 시대가 열렸음을 분명히 계시하십니다. 특별히 내주(內住)하시는 성령님을 우리에게 계시하셨습니다. 약속의 성령과 진리의 성령, 그리고 보혜사 성령으로 계시하셨습니다. 그 계시를 믿음으로 우리는 성령의 사람으로 변하고, 성령께 기도하고, 새로운 인생을 살아갑니다. 항상 성령이 먼저입니다. 그리고 성령은 예수님께로 인도하십니다. 그다음에 예수 그리스도를 통해서 하나님을 만날 수 있습니다. 그런데 급하고 바쁘니 하나님부터 먼저 찾습니다. 그래서는 찾지 못합니다. 성령께 간절히 기도해야 합니다. 성령의 인도하심 속에 예수님을 알게 해 달라고 기도해야 합니다. 그러면 예수 그리스도 안에서 저절로 하나님께 나가게 됩니다.

또한 성경은 하나님의 말씀이고, 그 말씀은 영원한 진리임을 계시하셨습니다. 그 외에 다른 진리는 없습니다. 다 부분적인 진리일 뿐입니다. 그리고 사탄과 마귀를 계시하셨습니다. 항상 사탄과 마귀의 유혹과 시험이 있는 상태에서 예수님도 활동하셨습니다. 다시 말해서 예수 그리스도가 나타나시는 곳, 그리스도의 복음과 그리스도의 계시가 나타나는 곳에는 항상 사탄이 방해 공작을 한다는 것을 기억하시기 바랍니다. 예수 그리스도의 역사 속에 항상 사탄이 방해했습니다. 이것이 예수님께서 알려 주신 사탄과 마귀의 모습입니다.

그리고 세상을 계시하셨습니다. '세상은 어둠이다. 보이는 것에 끌려가지 마라. 악한 세대다. 세상 것들을 사랑하지 마라.' 이것을 분명히 계시하셨습니다. 그리고 인간을 계시하셨습니다.

'모든 인간은 죄인이다. 하나님 앞에 의인은 없으되 하나도 없다.' 모든 인간이 죄인이지만, 동시에 하나님의 은혜와 사랑의 대상인 것을 계시해 주셨습니다. 그 계시 안에서 우리는 자신을 보고, 그리고 다른 사람을 보아야 하는 것입니다.

그리고 교회를 계시하셨습니다. 교회는 종교집단이 아닙니다. 사람이 모인다고 교회가 되는 것도 아닙니다. 삼위일체 하나님의 임재와 역사가 있으며 말씀의 능력이 나타나는 곳이 교회입니다. 그 외의 것들로 교회가 변질됩니다. 교회는 그리스도의 몸이며, 하나님의 전임을 분명히 계시하셨습니다. 그 계시를 따라가야 온전한 믿음의 생활을 할 수 있습니다. 더 나아가서 종말을 계시하셨습니다. '종말은 반드시 온다. 모두가 부활할 것이며, 최후의 심판이 있다. 의의 심판대 앞에 서서 구원과 심판으로 나누어진다.' 이것을 예수님의 재림에 대한 말씀과 함께 계시하셨습니다. 그래서 초대교회는 고백했습니다. "주여, 오시옵소서!" 마라나타 공동체입니다. 재림 공동체입니다. 그리할 때 교회가 교회 되고, 천국 지향적인 바른 신앙생활을 할 수 있습니다. 성도 여러분, 이 모든 그리스도 계시의 목적이 무엇입니까? 계시에 대한 확실성, 명료성을 내가 믿고 받아들인다면, 그 계시가 내 안에서 실천됩니다. 계시를 따라 순종하며 살아갈 수밖에 없습니다. 이것이 그리스도인의 변화입니다. 사도 바울은 교회를 핍박하러 가는 도중에 살아 계신 예수 그리스도를 만납니다. 그리스도의 계시를 받았습니다. 그 순간 변합니다. 그의 믿음과 의지, 노력과 공로가 아닙니다. 계시에 압도되었습니다. 계시를 받은 사람은 변화될 수밖에 없습니다.

성도 여러분, 거듭난 그리스도인은 계시를 받은 사람입니다. 그리스도의 계시를 받고, 알며, 믿는 사람입니다. 이것이 아니라면, 아직 종교인일 뿐입니다. 어떻게 변화됩니까? 열심히 교회생활을 하고, 성경을 보고, 봉사를 하는 것으로가 아닙니다. 복음의 능력과 계시의 능력으로, 오직 하나님의 은혜로 말미암은 믿음으로 되는 것입니다. 그래서 하나님의 사람인 아우구스티누스의 유명한 일화가 있습니다. 어느 날, 그가 주의 복음을 깊이 묵상하다가 기도 중에 잠이 들었습니다. 그때 예수님이 나타나셔서 말씀하셨습니다. 본인의 체험이고, 그의 『고백록』에 기록했습니다. "나의 사랑하는 아들아, 너는 내게 무엇을 원하느냐?" 그런데 그가 예수님을 만나고 보니 기도 제목이 다 없어짐으로 이렇게 고백했습니다. "아무것도 필요 없습니다. 아무것도 필요 없습니다. 오직 예수님만 원합니다.

오직 예수님만 원합니다." 정말 계시를 받고 예수 그리스도를 만났다면 그럴 수밖에 없습니다. 거듭난 그리스도인은 그리스도의 계시를 알고, 받고, 믿으며, 기뻐하는 사람들입니다. 그 계시를 떠나면 우리는 아무것도 아닙니다. 살아 계신 그리스도께서 성령을 통하여 거듭난 그리스도인, 하나님의 부르심을 받은 자녀에게 항상 예수 그리스도의 계시를 알게 하시고, 깨닫게 하시고, 묵상하게 하시고, 기뻐하게 하십니다. 무엇보다도 그 계시를 받는 체험을 하게 하십니다. 그래서 놀랍고, 감사합니다. 그 계시와 복음을 따라, 그 복음의 증인으로 날마다 승리하는 삶을 살아가게 되는 것입니다.

† 기도

창조주이시며 거룩하신 하나님 아버지. 오직 하나님의 깊으신 뜻을 따라 예수님을 이 땅에 보내주시고, 예수 그리스도 안에서 하나님의 복음이 전파되어 이제는 그 복음을 믿음으로 하나님의 계시를 알고, 그리스도의 계시를 분별하여 이 어두운 세상에 빛의 자녀로 살게 하심을 진심으로 감사드립니다. 그러나 그리스도 예수의 계시에 대한 분별력과 체험이 없고, 또한 자기가 받았는지도 알지 못하는 애매모호한 믿음의 삶으로 그리스도의 영광을 가리며, 복음의 능력을 체험하지 못한 채 다른 복음에 이끌리는 어리석은 죄인을 용서하여 주옵소서. 보혜사 성령이시여, 성령 충만함을 받아 하나님의 자녀들이 항상 예수 그리스도의 계시에 집중하며, 그 계시를 체험하며, 계시의 은혜와 능력과 지혜와 영광을 기뻐하며, 그 복음의 증인으로 하나님께 영광 돌리는 삶을 살아갈 수 있도록 지켜 주옵소서.

주 예수 그리스도의 이름으로 간절히 기도드리옵나이다. 아멘.

04.
사람이 의롭게 되는 것

우리는 본래 유대인이요 이방 죄인이 아니로되 사람이 의롭게 되는 것은 율법의 행위로 말미암음이 아니요 오직 예수 그리스도를 믿음으로 말미암는 줄 알므로 우리도 그리스도 예수를 믿나니 이는 우리가 율법의 행위로써가 아니고 그리스도를 믿음으로써 의롭다 함을 얻으려 함이라 율법의 행위로써는 의롭다 함을 얻을 육체가 없느니라 만일 우리가 그리스도 안에서 의롭게 되려 하다가 죄인으로 드러나면 그리스도께서 죄를 짓게 하는 자냐 결코 그럴 수 없느니라 만일 내가 헐었던 것을 다시 세우면 내가 나를 범법한 자로 만드는 것이라_**갈라디아서 2:15-18**

04.

사람이 의롭게 되는 것

어떤 청년이 성령 충만의 감정을 느끼고 성경에서 예수님과 베드로가 물 위를 걸었던 사실을 기억하게 되었습니다. 그 청년은 굳센 믿음을 가지고 자신도 한강을 건너기로 결심하고 한강으로 갔습니다. 물 위로 한 발을 내디디며 자신이 물 위를 걸을 수 있을 것이라고 믿었던 청년은 바로 물에 빠졌습니다. 그걸 계속 반복하다, 곧 실망하고 말았습니다. 그리고 이 일로 목사님을 찾아가 따지듯이 물었습니다. “믿음이 있으면 산을 옮길 수 있다고 했고, 예수님의 제자 베드로는 물 위를 걸었는데, 저는 기도하고 은혜도 충만한데 왜 물에 빠지는 것입니까?" 목사님이 청년에게 이렇게 대답했습니다. "예수님이 물 위를 걸어오라고 말씀하셨습니까?" 그는 "아니요"라고 대답했고, 곧바로 목사님이 이렇게 말해 주었습니다. "그러니까 빠지지요. 베드로는 예수님이 걸어오라고 직접 말씀하셨습니다."

성도 여러분, 하나님의 복음은 예수 그리스도의 계시로 말미암은 것입니다. 이것을 항상 기억하고 묵상해야 합니다. 그리고 예수 그리스도의 계시는 완전하고, 불변하고, 절대 진리입니다. 그 계시는 오직 은혜로, 선물로 주어집니다. 그래서 믿음의 사람은 항상 성경 속에서, 그리고 삶 속에서 예수 그리스도의 계시가 무엇인지를 분별하며 살아갑니다. 예수님이 누구시며 무슨 일을 하셨는지, 그리고 그분의 계시가 무엇인지를 분별하여 알고 오늘을 살아갑니다. 그 계시를 믿고 기뻐하며 순종하고, 증언하면서 오늘을 살아갑니다. 그러므로 세상 속에서 어떤 일이 있어도 그 계시를 가감하거나 혼합하거나 왜곡해서는 안 됩니다. 그것은 무서운 신앙적인 죄입니다.

하나님의 의와 인간의 의

그리스도의 계시를 생각할 때마다, 성령께서 우리 안에 하나의 질문을 주십니다. 이것은 보편적인 질문입니다. '왜 하나님께서는 예수 그리스도를 이 땅에 보내신 것인가?' '왜 성자 하나님을 이 땅에 보내셨을까?' '왜 그리스도 안에서 하나님의 계시가 나타난 것일까?' 이 질문을 할 수밖에 없습니다. 성경은 명확하게 대답해 줍니다. "이 세상에 의인이 없으되 하나도 없다"(롬 3:10). 하나님 앞에 의인이 하나도 없을 만큼 어둠의 세상이고, 하나님의 진노와 심판이 임하였기 때문에 하나님께서 성자 하나님을 보내신 것입니다. 다시 한 번 생각해 보시기 바랍니다. 세상에서 의가 실종되었기 때문에 그렇다는 것입니다. 의(righteousness)가 실종되었기 때문에 거룩하신 하나님의 진노하심과 심판하심이 하나님의 뜻입니다. 그러기에 성자 하나님이 오신 것입니다. 의가 실종된 시대입니다. 예수님이 오신 때도, 오늘도, 그리고 미래도 의가 실종된 시대입니다. 깊이 생각해 보시기 바랍니다.

과거와 현재에 많은 종교와 사상, 철학과 교육이 있었지만 의가 실종되었습니다. 의는 두 가지 부류가 있습니다. 성경은 명백히 계시합니다. 첫 번째, 인간의 의입니다. 그리고 두 번째, 하나님의 의입니다. 인간의 의는 이성적인 것으로, 인간의 행위로 획득됩니다. 법을 지키고, 선행과 공로를 통해서 얻어집니다. 그러나 하나님의 의는 그런 차원이 아닙니다. 하나님의 의는 예수 그리스도의 계시 안에 나타납니다. 성경은 복음 안에 하나님의 의가 나타났다고 선포합니다. 오직 예수 그리스도를 믿음으로 그 의를 우리에게 선물로 주십니다. 이것이 영광의 복음이고, 의의 복음입니다. 의인은 없으되 하나도 없다고 성경은 말씀합니다. 어떤 관점에서 그렇습니까? 인간의 의라는 관점에서 보면 의인 같은 사람은 많습니다. 많은 선행을 하고, 인류를 위해 많은 희생을 하며, 공로를 쌓은 사람은 많습니다. 많은 종교 창시자도 있습니다. 그런데 이러한 이야기가 아닙니다. 하나님의 의 앞에서는 아무것도 아닙니다. 모두가 죄인입니다.

인간의 의에는 무서운 함정과 유혹이 항상 있다는 사실을 기억해야 합니다. 인간의 의는 항상 부분적인 의입니다. 예를 들어 보겠습니다. 어떤 사람이 인류가 깜짝 놀랄 만한 큰 희생으로 많은 사람을 살렸다고 생각해 보시기 바랍니다. 실제 그런 일이 있다면, 그 행위는 의로운 행위입니다. 그러나 그 사람 전체가 의인은 아닙니다. 삶 전체가 의가 아니라는 것입니다. 이것을 항상 구별해야 합니다. 우리는 큰 공로를 세운 사람을 의인이라고 착각하는 경우가 있습니다. 그렇게 단정해버립니다. 물론 그 행위는 의롭지만, 그 사람 전체가 그런 것은 아닙니다. 동서양을 막론하고 장례식 때는 고인을 높입니다. 그래서 명예를 높이고, 선한 부분만을 드러냅니다. 서양에서 실제 이런 일이 있었습니다. 장례식장에서 고인에 대한 이야기를 하는데, 고인의 아내가 고개를 절레절레 흔들면서 아들에게 이런 말을 했다고 합니다. "야, 저 관에 가봐라. 다른 사람인 것 같다." 아무리 선행을 많이 하고 공로가 있어도 의인이 아닙니다. 삶 전체가 그렇지 않다는 것을 알아야 합니다. 인간의 행위는 부분적인 의만을 드러낼 뿐입니다. 이걸 잊어서는 안 됩니다.

인간의 의는 먼저 중독성이 있습니다. 한번 선행을 해서 칭찬을 받으면 또 선행하고 싶고, 또 칭찬받고 싶은 중독성이 있습니다. 선행에 중독성이 있다는 것을 생각해 보시기 바랍니다. 두 번째로 인간의 의는 사람을 교만하게 만듭니다. 은근히, 은밀하게 교만해집니다. 자신의 명예를 높이게 됩니다. 반면에, 그렇지 못한 사람을 판단하고, 정죄하고, 비난하게 됩니다. 가장 무서운 죄가 무엇인지 아십니까? 가장 무서운 유혹은 위선자로 만든다는 것입니다. 인간의 의는 항상 그렇습니다. 자신이 의인이 아님에도, 선행과 같은 의로운 행위를 통해서 칭찬과 높임을 받으면 자기가 그런 줄 알게 됩니다. 의인인 척합니다. 실제 의인이 아닌데도 불구하고, 이러한 함정에 빠집니다. 이것은 무서운 죄입니다. 하나님께서 가장 싫어하시고 크게 생각하시는 죄가 위선이라는 것입니다. 그래서 예수님은 그 당시에 바리새인과 종교 지도자들을 강하고 무섭게 질책하십니다. 인간의 의로 보면, 그들은 다른 사람과 비교했을 때 훌륭한 사람입니다. 그들은 선행도 많이 했고, 성경도 많이 가르쳤으며, 하나님의 일과 교회 일에 힘썼습니다. 인간의 의로는 누구보다 높습니다. 그런데 그들을 향해서 위선자라고 선언하십니다. 많은 사람 앞에서 예수님이 "독사의 자식들아, 화가 있을진저, 하나님의 심판이 임할 것이다"라고 말씀하시는 대목을 읽어 보시기 바랍니다. 깜짝 놀랍니다. 왜 그러신 것입니까? 그 당시 매국노, 창녀, 세리도 있었는데, 그들에게는 긍휼을 베푸시면서 왜 이들을 향해서는 이렇게 혹독하게 경고하십니까? 이것은 계시적인 사건입니다. 위선 때문입니다. 그 위선의 중심에 인간의 의가 있었던 것입니다. 이것을 기억해야 합니다.

한 신사가 길을 가다가 사내아이들이 모여 있는 것을 보았습니다. 그런데 사내아이들이 모여 있는 곳 앞에 개가 한 마리 있었습니다. 상황이 묘해서 무슨 일을 하고 있는지 가서 물었습니다. "너희들 왜 그러고 있니?" 한 아이가 대답합니다. "이 개가 길을 잃어버렸는데, 우리 모두가 이 개를 갖기 원해요. 그래서 우리 중에 거짓말을 제일 잘하는 아이가 이 개를 갖기로 했어요." 이 말을 듣고 신사가 꾸짖었습니다. "얘들아, 어렸을 때부터 거짓말하면 안 돼. 거짓말이 무서운 죄인 거 모르니? 절대 그러면 안 돼. 나는 너희들 나이일 때 한 번도 거짓말한 적이 없어." 그러자 조용히 침묵이 흘렀습니다. 그래서 신사는 이 아이들이 자신의 말을 잘 알아들었다고 생각했는데, 한 아이가 한숨을 푹 쉬더니 이렇게 말하더랍니다. "좋아, 저분이 일등이야. 저분께 이 개를 드리자."

성도 여러분, 인류는 자기 의를 높이고자 하는 본성이 있습니다. 그 속에서 유혹에 빠지고, 결국 위선적인 인생을 살아가게 됩니다. 어떤 특정인의 이야기가 아닙니다. 우리 모두가 이러한 함정에 빠질 수 있다는 것을 분명히 알아야 합니다. 인간의 의는 항상 부분적인 것입니다. 그 의로는 완전한 하나님의 의에 도달할 수 없습니다. 그러므로 아무리 높은 인간의 의가 있다고 하더라도 하나님께 가까이 갈 수 없고, 하나님을 만날 수도 없습니다. 그러함에도 불구하고 세상의 모든 종교와 사상과 교육과 철학은 인간의 의를 주장합니다. 많은 교육을 받고, 깨달음과 선행을 얻고, 많은 공로를 세우고, 의롭게 되면 신께 나아갈 수 있다고 공통적으로 말합니다. 정말 그렇게 생각하십니까? 결코 그럴 수 없습니다. 절대 의롭게 되지 못합니다. 아무리 행위가 선해도, 그 사람과 인생 전체가 의롭지는 않습니다. 오늘 성경은 말씀합니다. "사람이 의롭게 되는 것은 율법의 행위로 말미암음이 아니요." 항상 묵상하며 살아야 합니다. 재차 강조하며 이렇게 선언합니다. "율법의 행위로써는 의롭다 함을 얻을 육체가 없느니라." 항상 묵상하시기 바랍니다.

율법과 십계명의 행위

오늘 성경에 보면, "율법의 행위"라는 표현이 있습니다. 이것은 성경 전체에서 반복되는 매우 중요한 키워드입니다. 율법의 행위라는 것은 십계명의 행위를 말하는데, 이것은 십계명인 율법 전체를 지키는 행위를 의미하는 것입니다. 여기서 한 계명을 지키는 것을 가리켰다면, 율법의 한 계명을 지켰다고 말했을 것입니다. 그런데 율법은 십계명이고, 그래서 율법의 행위라는 것은 십계명 전체를 지키는 행위를 말합니다. 즉 전체를 지켜야 하는 것이고, 항상 지켜야 하는 것입니다. 어느 누가 율법의 행위로 온전한 인생, 의인이 될 수 있겠습니까? 절대 없습니다. 예를 들어서 십계명에 보면, 핵심은 이 말씀입니다. "온 마음을 다해 하나님을 사랑하고 네 이웃을 네 몸과 같이 사랑하라." 이 말씀을 모든 삶에서 항상 지킬 수 있습니까? 지키는 척한다면 위선입니다. 저나 여러분이나 죽을 때까지 안 됩니다. 불가능합니다. 조목조목 다 그런데, 특히 마지막 십계명을 지킬 수가 없습니다. "이웃의 것을 탐하지 마라." 인간은 죽을 때까지 탐심을 갖고 살아갑니다. 그럼에도 회개하지 않습니다. 여기에 문제가 있습니다. 모든 종교와 교육, 철학과 사상은 인간의 행위를 강조합니다. 그 선행을 통해서 인간은 의롭게 될 수 있다는 것이 그들의 선언이고 주장입니다. 그런데 성경말씀에 비추어 보면 이들의 주장은 모순이고, 허위이며, 거짓입니다. 이것을 분별하며 살아가야 합니다.

성도 여러분, 우리는 십계명, 즉 율법을 주신 목적이 무엇인지를 알아야 합니다. 신구약 어디를 보든지 하나님의 뜻을 알고, 하나님의 은혜를 알며, 복음을 만날 수 있습니다. 적어도 네 가지는 항상 기억해야 합니다. 먼저, 율법을 주신 이유는 죄를 깨닫게 하기 위함입니다. 명료하게 기록으로 열 가지를 주셨습니다. 이것이 없다면 죄가 무엇인지를 모릅니다. 십계명이 있기 때문에 죄가 무엇인지를 아는 것입니다. 또 다른 목적은 인간의 행위로는 의인이 될 수 없다는 걸 깨닫게 해 주십니다. 지키는 것이 불가능합니다. 어느 때는 지킬 수 있을지 몰라도, 다른 때는 못 지킵니다. 항상 지킬 수 없습니다. 그리고 하나님의 뜻을 명료하게 기록해 주시기 위한 목적이 있습니다. 하나님이 인간에게 요구하신 것이 무엇인지를 말씀해 주셨습니다. 십계명을 통하여 하나님은 완전한 의를 원하심을 보여 주셨습니다. 인간의 의가 아닙니다. 부분적인 의가 아닙니다. 그래서 십계명이 항상 이것을 깨닫게 해 줍니다. 그런데 우리는 완전할 수 없습니다. 여기서 탄식이 나옵니다. 그리고 탄식과 절망 속에 오직 하나님만을 바라봅니다. 왜 그렇습니까? 하나님의 능력이 필요한 것입니다. 하나님의 은혜와 사랑과 긍휼이 없으면 하나님께 나아갈 수 없음을 고백하게 됩니다. 그래서 예수님은 구약의 핵심인 율법을 놓고 자신을 증언 한다고 말씀하셨습니다. 율법이 먼저 와야 복음이 복음 되는 것입니다. 율법을 무시하면서, "나는 예수님이 좋아. 나는 예수님을 사랑해"한다면, 이는 종교인으로 사는 것입니다. 그러면 언젠가는 교회를 떠나게 됩니다. 성경은 율법과 복음으로 가득 차 있습니다. 이러한 긴장 관계를 알아야 합니다.

간단히 말씀드리면, 율법의 행위는 하나님의 은혜와 정반대입니다. 율법은 하나님께서 주셨지만, 하나님의 은혜와 정반대입니다. 오직 복음은 하나님의 은혜로 말미암아 믿음으로 구원받는 것입니다. 오직 예수 그리스도를 믿음으로 구원받는 것입니다. 어떠한 행동도 안 했지만, 믿음으로 구원받는 것입니다. 이것은 율법의 행위와는 차원이 다른 것입니다. 그러므로 다른 복음이란 성경을 말하고, 예수님을 말하고, 성령의 역사를 말하면서 하나님의 은혜를 가감하는 것입니다. 축소하고, 왜곡하는 것을 의미합니다. 오늘 성경은 말씀합니다. "사람이 의롭게 되는 것은 율법의 행위로 말미암은 것이 아니다." 이 한 절이 어떻게 보면 성경의 80퍼센트에서 90퍼센트를 좌우할 수 있습니다. 그런데 사람들이 이 말씀을 못 알아듣습니다. 왜 그렇습니까? 이 말씀은 다시 말해서 하나님의 복음, 은혜의 복음을 가감하고, 왜곡하고, 혼합하는 다른 복음의 첫째 원인이 의에 대한 문제라는 것을 우리에게 계시합니다. 의롭게 되는 다른 길이 있다면 예수님이 필요 없고, 하나님의 복음이 필요 없게 됩니다. 이것을 분명히 기억하시기 바랍니다.

인간의 의가 빠트리는 함정

그래서 오늘 본문 바로 직전인 11절부터 14절까지에 중요한 사건이 하나 있습니다. 예수님의 수제자인 베드로와 초대교회의 어른이며 존경받는 사도 바나바가 위선에 빠지고 외식하게 됩니다. 그 사건을 명료하게 기록합니다. 어느 날, 그들이 갈라디아교회에 와서 회심한 이방인 그리스도인들과 식사하는데, 유대인 그리스도인들이 다른 지역에서 온다는 소식을 듣고 화들짝 놀라서 그 자리에서 피합니다. 사실 예수 믿기 전에 유대인은 절대로 이방인과 식사하지 않습니다. 이것은 무서운 죄입니다. 왜 그렇습니까? 이방인은 의롭지 못하기 때문입니다. 우리는 선민이고, 저들은 하나님을 모르는 죄인들입니다. 그래서 절대 식사를 같이 하지 않습니다. 이러한 문화가 부지불식간에 사도 베드로를 흔들고, 위험에 빠지게 한 것입니다. 그는 항상 의의 복음, 칭의의 복음, 십자가의 복음을 전한 믿음의 사도입니다. 그런데도 생활 속에서 순식간에 무너진 것입니다. 이것을 보고 사도 바울이 책망을 합니다. "복음의 진리를 떠나 바르게 행하지 아니함을 보고 책망했노라." 굉장한 사건입니다.

사도 베드로는 오늘날로 치면 교황의 위치 정도입니다. 그런데 사도 바울은 사람들이 잘 알지도 못합니다. 기독교를 핍박하는 박해자에서 회심한 사람으로 알고 있는 정도입니다. 그런데 이 사람이 베드로를 책망합니다. 왜 그렇습니까? 복음에서 떠났기 때문입니다. 사소한 일이 복음을 왜곡했기 때문입니다. 쉽게 생각해 보시기 바랍니다. 밥 먹는 것은 간단한 일입니다. 사소한 일입니다. 이렇게 책망할 일도 아니고, 성경에 기록될 일은 더더욱 아닙니다. 그런데 왜 기록되었습니까? 다른 복음을 전했기 때문입니다. 의에 대한 관점에서 속았기 때문이고, 무너졌기 때문입니다. 누구든지 예수 그리스도를 믿음으로 의롭게 됩니다. 그런데 나는 되고, 남들은 안 된다는 말입니까? 거기서부터 문제가 있습니다. 내가 믿음으로 의롭다함을 받았고 하나님의 자녀가 되면, 남들도 되는 것입니다. 그런데 인간의 의라는 관점에서 보니 문제가 되고 받아들일 수 없는 것입니다. 결국 나도 모르게 의의 복음을 무너뜨리게 됩니다. 다시 말해서, 하나님의 의와 인간의 의가 합해진 것입니다. 하나님의 의와 인간의 의가 합해지면 항상 다른 복음이 전해집니다. 대표적인 곳이 로마가톨릭교회입니다. 역사의 교훈이기 때문에 말하지 않을 수가 없습니다. 초대교회로부터 계승되어 온 곳이 로마가톨릭교회입니다. 그 당시도, 지금도 예수 믿고 구원받는다는 것을 전합니다. 문제는 하나님의 의를 전하면서 동시에 인간의 의를 강조합니다. 선행을 강조합니다. 성모 마리아도 믿어야 합니다. 교황의 무오설도 믿어야 하고, 교황의 칙령도 믿어야 하고, 성례전도 반드시 행해야 합니다. 만일 이러한 것을 행하지 않으면 의롭지 못한 사람이라고 단죄하며 교회에서 쫓아냈습니다. 더한 것은 이것입니다. 오직 예수 믿음으로 구원받고 의롭게 된다는 말을 하면 죽여 버렸습니다. 화형에 처했습니다. 그럼에도 아직까지 그걸 한 번도 회개하지 않았습니다. 성경과 복음으로 보면 큰 죄를 지은 것입니다. 그래서 종교, 다른 복음이 되고 말았습니다.

기독교도 똑같은 함정에 빠졌습니다. 예수 믿고 구원받는다고 말하면서 온갖 것을 만들어 놓고, 인간의 행위를 강조하며 인간의 의를 강조합니다. 그리고 자신들이 만든 것에 순종해야 온전한 구원을 이룬다고 말합니다. 제자화, 셀, 성수주일,

새벽기도, 봉사, 구제, 전도, 선교 같은 것들을 해야 구원이 완성된다고 말합니다. 이게 무슨 말입니까? 인간의 행위, 인간의 의가 있어야 구원을 완성한다고 말합니다. 그런데 이러한 것이 설득력이 있습니다. 왜 그렇습니까? 오직 복음을 믿음으로 의롭게 된다는 말을 아직도 이해하지 못하기 때문입니다. 삶에서 자신도 모르게 인간의 의라는 함정에 빠진 것입니다. 그래서 인간의 행위를 강조하고, 의가 높아야 복을 받고 더 큰 하나님의 사람이 된다고 하는 것은 다 가짜입니다. 성경은 말씀합니다. “오직 예수 그리스도를 믿음으로 의롭게 된다.” 확실하게 믿고, 그 믿음의 생가에 이끌려 오늘을 살아가야 합니다.

마르틴 루터는 그의 갈라디아서 주석에서 이렇게 말합니다. 다른 복음을 전하는 당시의 로마 교황이나 추기경들에 대해서, 그리고 개신교 목사들에 대해서 하는 말입니다. “적그리스도 왕국의 신학이다.” 더 나아가서 이렇게 말합니다. “사탄의 앞잡이들이다.” 하나님께서 그 마르틴 루터를 통하여 종교개혁이 이루어지도록 하셨습니다. 왜 그렇습니까? 오직 복음으로, 오직 믿음으로 구원받고, 의롭게 되는 길이 열렸기 때문입니다. 이것이 교회와 기독교의 선포입니다. 그래서 오늘 성경은 이렇게 진술합니다. “사람이 의롭게 되는 것은 율법의 행위로 말미암음이 아니요 오직 예수 그리스도를 믿음으로 말미암는 줄 알므로." 성도 여러분, 나 같은 죄인이 의인 되고, 구제 불능한 죄인이 의롭다 칭함을 받는 것은 오직 하나님의 은혜를 믿음이고, 예수 그리스도의 계시를 믿음이며, 오직 은혜를 믿음으로 되는 것입니다. 그 외에 다른 길은 없습니다. 구원에 이르는 믿음은 계시를 아는 믿음으로부터 시작됩니다. 오직 그리스도를 믿음으로 의롭게 됩니다. 복음은 이성적 차원에서 해석될 부분이 아닙니다. 이성적으로는 누가 죄를 짓거나 의를 얻으려면 죗값을 치르고, 열심히 일하고, 봉사를 하고, 구제를 하는 것이 맞습니다. 그래서 복음을 믿지 않는 사람은 아무리 설명을 해도 오직 그리스도를 믿음으로 의롭게 된다는 것이 이해가 안 됩니다. 예수님도 못 하셨습니다. 예수님이 이적을 행하시고 하나님의 복음을 전하셨지만, 믿는 자가 없었습니다. 믿을 수 없는 이야기이기 때문입니다. 또한 사랑의 실천과 봉사로 의롭게 되지 못합니다. 절대 아닙니다. 의롭게 되는 길은 오직 예수 그리스도를 믿음으로 되는 것입니다. 그래서 이러한 것은 영적인 차원입니다. 온전한 믿음은 영적인 것이고, 그리스도의 계시를 아는 것으로부터 출발하는 것입니다.

예수 그리스도를 통한 의

예수님의 십자가를 상고해 보시기 바랍니다. 십자가의 복음 속에 수많은 계시가 있지만, 가장 명료한 것은 두 가지입니다. 항상 기억하시기 바랍니다. 첫째가 죄 사함입니다. 오직 예수 그리스도의 십자가 은혜로, 믿음으로 죄 사함을 받습니다. 회개를 통해서 죄 사함을 받습니다. 그러나 기독교 외에서는 무엇인가 대가를 치러야 한다고 말합니다. 반면 기독교에서는 대가 없이 은혜로 죄 사함을 받습니다. 이것보다 더 큰 복음은 둘째로, 의를 주신다는 것입니다. 복음에 하나님의 의가 나타났습니다. 오늘날 많은 교인이 십자가를 생각하며 죄 사함을 받았다는 것에 만족하며 살아갑니다. 그러나 이것은 거듭나지 못한 것입니다. 죄 사함을 받았다고 무엇이 달라집니까? 또 다시 죄를 지을 텐데요. 그러니 의인이 되어야 합니다. 의롭다 칭함을 받아야 합니다. 그 길은 오직 하나님의 의를 선물로 받아야 하는 것입니다. 이것이 십자가 안에 나타났습니다. 복음 안에 나타났다고 성경은 진술합니다. 여기에 그리스도인의 믿음과 삶이 있습니다. 이것을 칭의(justification)의 복음이라고 합니다. 의롭게 되는 복음, 이것이 그리스도의 계시입니다.

여기서 벗어나서 가감하면, 다른 복음이 됩니다. 그래서 마르틴 루터는 말합니다. "그리스도인은 항상 죄인이며, 동시에 항상 의인이다." 구원받은 하나님의 자녀는 항상 죄인입니다. 온전하게 하나님의 말씀과 율법을 지킬 수 없습니다. 그래서 항상 죄인입니다. 항상 회개하며 살아야 합니다. 동시에 의롭게 된 자입니다. 의인입니다. 이것이 하나님의 선언이고, 하나님의 판단입니다. 이 믿음으로 살아가는 자는 절대 교만하지 않습니다. 교만할 것이 없고, 위선자가 되지 않습니다. 회개하기 때문입니다. 자랑하지 않습니다. 내가 한 것이 없기 때문입니다. 오직 하나님의 의를 소유하므로, 그 믿음으로 살기에 담대한 인생을 살며 하나님께 영광을 돌릴 수 있는 것입니다.

하나님의 자녀가 되는 길에 대한 여러 메시지에서 가장 으뜸은 하나님의 의입니다. 하나님의 의를 소유하지 않으면 영생이 없고, 하나님의 자녀가 될 수도 없습니다. 무엇보다도 천국에 들어가는 것은 인간의 의로는 절대 불가능합니다. 아무리 선행을 하고 공로를 쌓아도 못 들어갑니다. 오직 예수 그리스도를 믿고, 하나님의 의를 선물로 받아야 합니다. 또한 오늘날 하나님과 동행하고, 하나님과 함께하는 삶은 하나님의 의가 있어서 가능합니다. 은혜와 평강의 삶은 하나님의 의가 주어져야 체험되고, 가능한 것입니다. 하나님의 의가 없으면 하나님과 함께할 수 없습니다. 하나님의 의는 전가된 의입니다. 내 것이 아닙니다. 외부로부터 하나님의 의가 내게 주어지는 것입니다. 신비롭기에 이성적으로 풀다가 가톨릭도, 개신교도 다른 것을 갖다 붙이게 됩니다. 거기서 다른 복음이 전해집니다. 왜 그렇습니까? 내재된 의가 이성적으로 보이기 때문입니다. 하지만 내가 노력하고, 깨우치고, 선행을 해서 이루어지는 내 인격에 포함된 내재된 의는 환상이고, 부분적인 의일 뿐입니다. 이것으로는 하나님께 나아갈 수 없습니다. 전가된 의가 칭의의 복음이고, 영광의 복음입니다. 그 의가 있어야 우리는 하나님과 함께하며 천국에 들어갑니다.

하나님의 사람 제임스 패커 목사님의 저서, 『십자가를 아는 지식』이라는 유명한 고전이 있습니다. 이 책에 나오는 중요한 내용을 소개합니다. 기독교에 전설처럼 오랫동안 전해져 내려오는 이야기가 있습니다. 하나님의 아들이 십자가에 못 박혀 돌아가셨을 때, 그분이 십자가에서 지옥으로 바로 내려가셔서 그곳에서 고통당하는 죄인들을 해방시켰다는 것입니다. 그러자 마귀는 슬피 울며 한탄했습니다. 이제 죄인들이 지옥에 더 이상 오지 않아 텅텅 빌 거라고 생각했기 때문입니다.

그러자 그때 하나님께서 마귀에게 이렇게 말씀하셨다고 합니다. "저 거룩한 자들을 모두 네게 보내줄 테니 울지 말라. 그들은 자기들의 선함을 믿고 자만에 빠진 자들이며, 죄인들을 정죄하면서 자기의 의에 빠진 자들이다. 내가 다시 올 때까지 여러 세대 동안 그들이 지옥을 가득 채우고 있을 것이다." 하나님의 의가 없으면 어느 누구도 천국에 들어가지 못합니다. 어느 누구도 의인이 될 수 없다는 사실을 분명히 알아야 합니다.

하나님의 사람 마르틴 루터가 로마서 1장 17절의 말씀을 묵상하면서 경험했던 자신의 체험을 갈라디아서 주석과 다른 편지에도 기록합니다. 이런 내용입니다. "하나님의 자비에 힘입어 밤낮으로 말씀을 묵상하다가 나는 마침내 한 본문에 마음을 쏟게 되었다. 그것은 다음의 말씀이었다. '복음에는 하나님의 의가 나타나서 … 기록된 바 의인은 믿음으로 말미암아 살리라 함과 같으니라.' 그때 나는 하나님이 값없이 의를 베푸시며, 우리는 오직 믿음으로 그 의를 받아 누린다는 것을 깨닫기 시작했다. 이 말씀의 의미는 이렇다. '하나님의 의가 복음을 통해 드러났는데, 그것은 자비하신 하나님이 믿음으로 우리를 의롭다 하신 수동적인 의다. 이는 오직 의인은 믿음으로 말미암아 살리라는 기록과 같다.' 이때의 경험은 마치 내 심령이 완전히 거듭나서 열린 문을 통해 낙원에 들어간 것 같았다." 다른 기록에서는 이렇게 말합니다. "그 하나님의 의를 듣는 순간 내 속에 천둥이 울렸다."

성도 여러분, 하나님의 의는 참으로 귀한 것이며, 온 인류와 내게 가장 필요한 것입니다. 예수 그리스도 안에 나타난 하나님의 의만이 인간을 의롭게 할 수 있기 때문입니다. 거듭난 그리스도인은 이러한 칭의의 복음, 의의 복음의 증인으로 오늘을 살아갑니다. 날마다 생각할 것입니다. 나 같은 구제 불능한 죄인이 복음에 나타난 의를 믿음으로, 예수 그리스도를 믿음으로 의롭게 하셨다는 진리가 내게 확신되고 체험되는 순간, 항상 감사하고 기쁜 것입니다. 복음에 만족합니다. 그리고 자발적인 심령으로 하나님의 일에 힘쓰며, 하나님께 영광 돌리는 삶을 살아가게 됩니다. 보혜사 성령께서 우리 안에 계셔서 의의 복음, 칭의의 복음에 집중하므로 나 같은 죄인을 의롭게 하신 일에 감사하며, 하나님의 은혜에 응답하는 승리의 삶을 살도록 인도하십니다.

† 기도

창조주이시며 거룩하신 하나님 아버지. 이 어두운 세상에 성자 하나님을 보내시어 예수 그리스도 안에 나타난 하나님의 의의 복음을 믿음으로 구별된 담대한 인생을 살게 하여 주심을 진심으로 감사드립니다. 그러나 아직도 그리스도의 복음의 계시를 온전히 분별하지 못하고, 알지 못하며, 믿지 못하고, 확신하지 못하여, 또다시 다른 복음에 이끌리며, 하나님의 복음을 파손하며, 하나님의 의를 훼손하는 영적 무지와 무감각한 상태로 살아갈 때가 많았음을 고백하오니 용서하여 주옵소서. 보혜사 성령이시여, 오직 예수 그리스도를 믿는 자에게 하나님의 의가 선물로 주어졌음을 확신하며, 영접하며, 그 하나님의 의를 따라 인간의 의와 구별된 승리의 삶을 살며, 복음의 증인으로 하나님의 은혜에 응답하는 놀라운 권세 있는 인생을 살아갈 수 있도록 항상 함께하여 주옵소서. 주 예수 그리스도의 이름으로 간절히 기도드리옵나이다. 아멘.

05.

십자가에 못 박힌 사람

내가 율법으로 말미암아 율법에 대하여 죽었나니 이는 하나님에 대하여 살려 함이라 내가 그리스도와 함께 십자가에 못 박혔나니 그런즉 이제는 내가 사는 것이 아니요 오직 내 안에 그리스도께서 사시는 것이라 이제 내가 육체 가운데 사는 것은 나를 사랑하사 나를 위하여 자기 자신을 버리신 하나님의 아들을 믿는 믿음 안에서 사는 것이라 내가 하나님의 은혜를 폐하지 아니하노니 만일 의롭게 되는 것이 율법으로 말미암으면 그리스도께서 헛되이 죽으셨느니라_**갈라디아서 2:19-21**

05.

십자가에 못 박힌 사람

유명 연극 배우였던 안톤 레이지는 17세기부터 전통적으로 이어져 내려온 예수님의 고난을 다룬 수난극에서 30년간 예수님 역할을 맡았습니다. 공연 날 무대 위에는 연극 소품인 큰 십자가가 놓여 있었습니다. 마침 공연을 보기 위해 그곳을 방문한 여행객 부부가 무대 위로 올라가 그 십자가를 들어 보려고 했습니다. 십자가를 진 모습을 사진에 담기 위해서 무대 위로 올라간 것입니다. 하지만 아무리 노력해도 십자가를 들 수가 없었습니다. 너무나 무거워서 십자가를 들지 못했던 것입니다. 그때 배우 안톤 레이지가 옆을 지나가자 이 여행객이 땀을 닦으며 그에게 물었습니다. “단지 연극일 뿐인데, 왜 이렇게 무거운 십자가를 사용하십니까?” 안톤 레이지는 진지하게 대답했습니다. “내가 십자가의 무게를 느낄 수 없다면 나는 이 역할을 할 수 없을 것입니다.” 깊이 생각해 보시기 바랍니다.

성도 여러분, 예수님의 십자가는 하나님의 지혜이며, 능력이며, 계시입니다. 또한 예수님의 십자가는 하나님의 은혜이며, 진리이며, 사랑입니다. 그래서 예수님의 십자가를 십자가의 복음 또는 십자가의 도라고 선언하는 것입니다. 나는 얼마나 예수님의 십자가를 이해하고 믿으며, 체험하고 증언하며 살아갑니까?

하나님의 뜻을 이루신 십자가

교회와 기독교는 십자가의 도 위에 세워진 것입니다. 십자가의 복음을 떠난 교회는 종교기관이지, 하나님의 교회가 아닙니다. 거듭난 그리스도인은 십자가의 복음을 알고, 믿고, 영접하고, 기뻐하며, 그 복음을 증언하면서 살아가는 사람을 뜻합니다. 십자가에 달리신 예수님께서 말씀하셨습니다. 피 흘리며 죽기 바로 직전에 선언하셨습니다. "다 이루었다. It is finished." 그리고 돌아가셨습니다. 무엇을 이루신 것입니까? 하나님의 뜻을 이루셨습니다. 그에게 주어진 고귀한 사명을 다 이루신 것입니다. 무엇보다도 구원에 이르는 온전한 복음의 역사를 완전히 나타내신 것입니다. 십자가 위에서 말씀하셨습니다. "다 이루었다." 그래서 구원의 완전함은 오직 십자가의 복음 안에 나타났습니다. 완전한 구원에 이르는 복음은 오직 십자가 위에 나타난 것입니다. 예수님의 부활은 십자가에 나타난 완전한 복음이 참으로 옳다는 것을 증명하는 사건입니다. 이 모든 사건과 계시, 사랑을 우리는 은혜라고 부릅니다. '오직 은혜'라는 말은 오직 십자가 안에, 그리고 십자가와 함께 나타난 하나님의 역사를 말합니다. 그 은혜를 믿음으로 깨닫고 믿어 하나님의 자녀가 됩니다. 이것을 항상 기억해야 합니다.

거듭난 그리스도인은 하나님의 자녀로 변화됩니다. 옛사람이 변화되어 새사람 되고, 육신에 속한 자가 영에 속한 자가 되며, 세상에 속한 자가 하나님께 속한 자가 되어서 지옥 갈 사람이 천국 가게 됩니다. 이는 추상적인 것이 아닙니다. 인격적 변화입니다. 심리적으로 그렇게 변했다고 스스로 말하는 것이 아닙니다. 오직 십자가 복음과 진리 안에서 변화됩니다. 십자가의 복음을 떠나서는 죄 사함이 없고, 하나님의 의를 받을 수가 없고, 천국에 갈 수도 없습니다. 하나님의 자녀가 될 수도 없습니다. 오직 십자가의 복음 안에서 인격적 변화를 체험하며 기뻐합니다. 지 · 정 · 의가 변화되는 것을 체험하고, 고백하며, 기뻐하게 되는 것입니다. 이런 이야기가 있습니다. 절에서 스님들이 어떤 문제에 대해 누가 책임질지를 의논하며 누가 희생할 것인지를 두고 크게 고민하고 있었습니다. 그때 한 스님이 고뇌에 찬 결단의 한마디를 외쳤습니다. "그래, 좋아. 내가 십자가를 질게." 이런 이야기가 많습니다. 유머로 쓰이고, 영화의 소재로도 쓰이는 말입니다. "내가 십자가를 질게." 십자가가 무엇인지 알고 이야기하는 것일까요? 무지한 사람들입니다. 예수님을 믿지 않고, 주로 고백하지 않으면서 십자가를 논하는 것은 모순입니다. 십자가의 복음이 무엇인지 모르면서 십자가를 외치는 것은 맹목적인 신앙일 뿐입니다. 인격적 변화가 나타나지 않으면서 십자가를 운운하는 것 또한 위선입니다. 성도 여러분, 정말 십자가의 복음 안에서 살아가는 복음의 증인이십니까?

오늘 본문에는 하나님의 사람 사도 바울의 위대한 신앙 고백이 기록되어 있습니다. 너무나 유명한 체험적 선언입니다. “내가 그리스도와 함께 십자가에 못 박혔다.” 적어도 신앙생활을 10년 이상 한 사람들이라면 이 말씀을 모를 리가 없습니다. “내가 그리스도와 함께 십자가에 못 박혔다. I have been crucified with Christ.” 이 말씀은 한 사람의 신앙고백이 아니라, 모든 거듭난 사람의 신앙고백이고 선언이 되어야 하겠기에 성경말씀으로 기록된 것입니다. 나는 십자가에 못 박힌 사람입니까? 나는 십자가에 못 박혔다는 이 말씀 안에 거하는 사람입니까? 아니면, 다만 맹목적으로 신앙생활을 하는 사람입니까? 깊이 생각해야 합니다. 고린도전서 1장 18절은 말씀합니다. “십자가의 도가 멸망하는 자들에게는 미련한 것이요 구원을 받는 우리에게는 하나님의 능력이라.” 정말 그렇습니다. 그가 아무리 유능하고, 유명하며, 지식이 많아도 십자가의 복음을 믿지 않는 사람에게 십자가 사건은 미친 짓입니다. 죽은 자를 살리시고, 오병이어의 이적을 나타내시는 분이 왜 십자가에 죽으십니까? 하나님으로 인간이 되셨다고 하신 분이, 성자 하나님이 어떻게 죄인의 모습으로 수치스럽게 십자가에 벌거벗겨진 채 피 흘려 죽으십니까? 이런 것은 미련하고 어리석은 자들이 하는 이야기라며 사람들은 거부합니다. 그러나 십자가의 복음이라는 믿을 수 없는 것이 믿어지고 영접한 사람에게는 다릅니다. 그는 이제부터 이 일의 증인으로 살아갑니다. 그래서 구원받습니다. 하나님의 능력을 체험하여 변화됩니다. 세상은 믿지 않더라도 내게는 믿어지기에, 그 진리 안에 거하면서 신령한 복을 누리다 보니 복음을 떠날 수가 없게 됩니다. 얼마나 놀라운 일입니까?

그리스도와 함께 십자가에 못 박힘

사도 바울은 다메섹 도상에서 교회를 핍박하러 가는 중에 부활하신 예수 그리스도를 만났습니다. 다시 말하면, 예수님이 십자가에 죽으신 것을 보지 못했습니다. 십자가에 피 흘리며 돌아가신 사건의 체험자가 아닙니다. 그런데 부활하신 그리스도를 만나고 보니, 그리스도의 영광 속에 십자가에 집중하게 됩니다. 왜 그렇습니까? 예수 그리스도의 십자가 사건에만 구원의 완전성이 있고, 영광이 완전히 계시되어 있기 때문입니다. 그리고 십자가의 도를 묵상하며 십자가의 진리를 깨닫고, 체험하게 된 신앙 속에서 위대한 선언을 합니다. "나는 그리스도와 함께 십자가에 못 박혔다." 성도 여러분, 이 선언은 오늘 우리에게 주신 하나님의 말씀입니다. 이 말씀의 의미가 무엇입니까? 먼저 문자적인 말은 아닙니다. 문자적인 말이라면 2천 년 전 과거의 그 현장으로 돌아가야 하는데, 그런 이야기는 아닙니다. 그런데 계속 문자적으로 해석하는 맹목적인 신앙인이 많습니다. 그래서 고난주간 때 보면, 유튜브나 소셜미디어에 이상한 사람이 등장합니다. 예수님과 같은 허름한 복장을 하고, 무거운 십자가를 끌고 산으로 올라갑니다. 그리고 많은 사람이 그를 따라갑니다. 또 어떤 사람은 산에 올라가서 손과 발에 못을 박고 피를 흘리며 십자가에 걸려 있습니다. 사람들은 이런 장면을 보며 대단하다고 생각합니다. 물론 열심과 노력, 열정이 있다고 할 수도 있지만, 이런 행동은 한심한 것입니다. 영적 분별력이 없습니다.

또한 이 말씀을 이성적으로 해석해서도 안 됩니다. 그렇게 되면 종교적 지식밖에 안 됩니다. 예수님께서 십자가에 죽으셨을 때 모든 것을 내려놓고 가셨으므로, 십자가에 못 박혔다는 말의 의미를 무소유의 삶을 살아야 하는 것으로 해석하는 사람이 있습니다. 이를 통해서 세상으로부터 칭찬과 높임을 받을지는 모르겠지만, 헛것입니다. 그 속에는 자기의 의만 있을 뿐입니다. 이러한 행위로는 구원에 이르지 못하고, 하나님께 나아가지 못합니다. 이것을 분명히 분별해야 합니다. 또 하나는 아주 그럴싸한 해석입니다. 낮은 데로 내려가야 한다는 것입니다. 십자가의 길은 가난한 자, 소외된 자, 병든 자 같은 낮은 곳에 있는 이들에게 가는 것이라고 말합니다. 그럴듯하지만, 잘못된 것입니다. 이성적으로는 호소력 있고 감동을 주지만, 십자가에 못 박힌 삶의 고백이 아닙니다. 무지입니다. 그 자체도 율법적 행위입니다. 봉사, 구제, 선행과 같은 행위를 통해서는 하나님께 나아가지 못합니다. 복음과 아무런 관계가 없습니다.

다만 진리의 성령께 순종하고, 성령께서 인도해 주심으로 이 말씀을 조명해 주셔야 합니다. 그 외에는 다른 길이 없습니다. 진리의 성령께서는 항상 우리를 예수 그리스도께로 인도하십니다. 십자가의 복음으로 우리를 이끌어 가십니다. 동시에 성경말씀, 기록된 계시 안으로 들어가게 하십니다. 추상적으로 무엇인가를 갑자기 깨달았다는 이야기가 아닙니다. 기록된 계시의 말씀 속에서 확증하게 하십니다. 그 속에서 하나님의 뜻을 분별할 수 있습니다. "내가 그리스와 함께 십자가에 못 박혔다." 이 말씀의 메시지는 바로 앞, 2장 19절에 있습니다. "내가 율법으로 말미암아 율법에 대하여 죽었나니 이는 하나님에 대하여 살려 함이라." 이 메시지를 십자가 안에서 온전히 고백함으로, 내가 그리스도 함께 십자가에 못 박혀 죽었다는 말씀이 성취되는 것입니다. "율법에 대하여 내가 죽었다. I died to the law." 이 구절을 깊이 생각해야 합니다. 이 말씀은 율법의 종이 아니라는 이야기입니다. 율법의 권세 아래에 있지 않다는 것입니다. 율법의 행위를 버렸다는 것입니다. 율법의 행위로 나타난 의로는 하나님께 갈 수 없다는 것을 확실히 깨달았다는 것입니다.

그렇다고 율법의 폐지를 말하는 것이 아닙니다. 무율법주의자가 아닙니다. 오늘날 보면, 기독교 안에서 예수님을 믿고 구원받았다고 하면서 정작 십계명을 모르는 사람이 많습니다. 잘못된 신앙생활을 하는 것입니다. 복음은 오히려 율법에 깊이 들어가게 합니다. 율법이 없으면 복음이 존재하지 않습니다. 복음의 필요성을 알지 못합니다. 율법을 모르면 죄가 어떤 것인지도 모르고, 진노와 심판을 추상화합니다. 결코 온전한 복음에 이를 수 없습니다. 율법은 십계명으로 하나님께서 주신 계명입니다. 영원한 진리입니다. 거룩하고 의로운 것입니다. 이것은 하나님의 뜻입니다. 하나님의 요구이며, 모든 인간에게 요구하신 하나님의 변함없는 진리입니다.

그래서 율법 안에서 생각하면, 모든 인간은 율법 아래 갇힌 것입니다. 이것이 성경의 선언입니다. 율법을 통해서 죄를 알게 됩니다. 그런데 율법을 모르면 우상숭배를 하고, 살인을 하고, 도둑질을 해도 법이 없으니 무슨 죄를 지었는지 모르게 됩니다. 하지만 하나님의 말씀이 명료하게 계시되고 기록된 순간, 죄에 대하여 판단 받는 것입니다. 내가 율법을 판단하는 것이 아니라, 율법이 나를 판단합니다. 율법을 온전히 지킬 수 있는 사람은 아무도 없습니다. 부분적으로만 지킬 뿐입니다. 그 결과 모두가 죄인이 되는 것입니다. 그리고 율법을 지키지 못한 죄인에게는 항상 죄의 삯이 따릅니다. 무서운 하나님의 진노와 심판이 있습니다. 현재적으로, 미래적으로, 영적으로, 구체적으로 나타납니다. 그것이 성경 전체의 기록입니다.

율법에 대하여 죽어야

그러면 어떻게 율법에서 벗어날 수 있습니까? 살아 있는 동안은 절대 벗어나지 못합니다. 율법을 인식하는 한 벗어날 수가 없습니다. 벗어나는 길은 딱 하나입니다. 내가 죽어야 합니다. 죽어야 벗어날 수 있습니다. 그래서 하나님의 사람 사도 바울은 말합니다. "나는 율법에 대하여 죽었노라." 위대한 선언입니다. 복음의 충만함에 이르고 십자가의 진리 안에 거하다 보니, 율법의 무서움을 알게 되고 율법의 진노를 파악하게 됩니다. 그리고 내 힘으로는 율법을 지킬 수도 없고, 율법의 의로는 하나님께 나아갈 수 없음을 알았습니다. 그래서 그 모든 걸 버렸고, 죽었다고 말합니다. "율법에 대하여 나는 죽었다." 왜 그렇습니까? 실제로 율법이 살아 있으면 나는 죽은 존재입니다. 율법 밖에 있어야 살아갈 수 있는 것입니다.

주일학교 교사가 아이들에게 하루는 이렇게 질문했습니다. "만약 집과 땅 문서를 다 팔아서 하나님께 헌금하면 천국에 갈 수 있나요?" 그랬더니 아이들이 대답합니다. "못 가요. 절대 못 가요." 교사가 잘 가르쳤습니다. "그러면 교회 나와서 예배드리고, 봉사하고, 성경을 공부하고, 남을 위해서 희생하면 천국 갈 수 있을까요?" "절대 못 가요." 그래서 이렇게 질문했습니다. "그러면 어떻게 천국에 갈 수 있을까요?" 그랬더니 다섯 살짜리 아이가 이렇게 말하더랍니다. "선생님, 먼저 죽으셔야죠." 죽어야 천국 갈 수 있습니다. 그래서 바울은 영의 생각에 이끌려서 말합니다. "하나님의 율법 앞에 나는 죽었다." 율법을 지킬 수 없는 존재임에도 끊임없이 율법의 행위로 하나님께 나아가려 하고, 자신의 행위를 높이는 일들이 계속 반복됩니다. 그래서 이러한 종교생활에 대해 선언하게 됩니다. "율법에 대해 나는 죽었다." 자기 의를 버렸습니다. 나의 의는 아무리 세상이 칭찬해도 죽은 것입니다. 하찮은 것입니다. 하나님께 나아갈 수가 없습니다. 공로와 선행은 아무것도 아닙니다. 무엇보다도 내 안에 있는 탐심과 정욕을 죽였습니다. 죽은 자로 살겠다는 말입니다. "율법 앞에 나는 죽었다." 이것이 시작입니다. 내가 십자가에 못 박혀 죽었다는 것은 이것을 말하는 것입니다. 십자가의 은혜와 사랑, 진리가 너무도 커서 영적인 눈을 뜨고 보니, 항상 행위와 율법 중심으로, 자기 의를 중심으로 이기적인 탐심과 정욕에 살았음을 말하는 것입니다. 그리고 성령 충만하여 나는 율법 아래 죽은 자라고 고백하게 됩니다.

성도 여러분, 예수님의 십자가는 율법의 성취요 완성이라고 성경은 말씀합니다. 말 그대로 예수님 한 분만이 성자 하나님이시므로 율법을 완전히 지키실 수 있습니다. 그래서 십자가의 죽음과 함께 율법은 완성된 것입니다. The End, 끝난 것입니다. 그럼에도 불구하고 십자가의 복음 위에 세워진 교회와 십자가의 복음을 믿어 구원받은 하나님의 자녀가 계속 복음을 파괴하며, 복음과 율법을 합해버립니다. 이것은 다른 복음입니다. 이성적으로는 말이 되는 것 같지만, 다른 복음을 전하는 자는 저주를 받을 것이라고 성경은 반복해서 우리에게 경고합니다. 이들은 예수 믿고 구원 받았지만, 구원의 완성을 이루려면 율법을 지켜야 한다고 말합니다. 하나님을 사랑하고 이웃을 사랑해야만 구원받는다고 말합니다. 이런 주장이 말이 되는 것 같아도, 이렇게 해서는 한 사람도 구원받을 사람이 없습니다. 이웃을 사랑하고 하나님을 사랑하는 것으로 구원이 완성될 것이라는 말이 이성적으로 보여도, 그 안에 함정이 있습니다. 율법의 행위로는 하나님께서 감동받지 않으십니다. 사람들은 칭찬하고, 자신은 우쭐할지 모르지만, 하나님께는 아무것도 아니라는 것을 알아야 합니다.

우리는 오직 복음의 은혜로 구원받습니다. 세상에서 부와 건강을 얻고 성공하려고 더 열심히 교회 중심의 삶을 살고, 헌금을 많이 내고, 봉사와 선교를 하고, 구제하는 것들은 다 율법의 행위입니다. 보상으로 더 큰 복을 받는다고 말하는 것은 가짜입니다. 이러한 탐욕의 복음과 번영의 복음이 교회 곳곳에 널리 깔려 있습니다. 초대교회 때부터 지금까지 이러한 탐욕과 번영의 복음이 교회를 무너뜨립니다. 교회가 교회 되지 못하게 합니다. 그곳에는 거듭남의 역사가 없습니다. 모든 것이 사탄의 역사입니다. 복음을 훼손하고, 파괴하고, 왜곡시키는 것을 분명히 알아야 합니다. 그래서 성령께서 사도 바울을 통하여 선언하십니다. "하나님의 자녀는 율법에 대하여 죽은 자다." 그리고 말씀하십니다. "왜냐하면 하나님께 대하여 살려 함이다." 아주 단순명료합니다. 하나님께 대하여 사는 사람은, 살려고 하는 사람은 행위 중심의 삶으로는 안 됩니다. 은혜 중심의 삶이어야 합니다. 하나님과 바른 관계를 맺고, 하나님과 함께하며, 하나님이 주신 복을 누리며, 하나님께 영광을 돌리는 삶은 나의 행위로 되는 것이 아닙니다. 율법의 행위로는 안 됩니다. 그렇게 율법에 대하여 죽은 사람이라는 고백 속에 어떻게 하나님께 나아갈 수 있습니까? 오직 은혜로 하나님께 나아갈 수 있다는 것이 복음의 선언입니다. 그 은혜가 무엇입니까? 핵심이 십자가의 복음입니다. 나머지는 다 주변적인 것입니다. 살아 계신 예수 그리스도께서 나를 위하여, 우리를 위하여 십자가에 피 흘려 죽으셨다는 것에 메시지가 있습니다. 그래서 예수님은 다 이루었다고 말씀하시며 죽으셨습니다. 복음 안에서 믿음으로 하나님께 나아가며, 하나님과 함께하는 길이 열리는 것입니다.

사랑의 행위나 선행은 아주 중요한 덕목이지만, 그것만으로는 결국 위선에 빠지고 맙니다. 자기 자신을 높일 뿐이지, 구원에 이르지 못하고 하나님과 바른 관계도 맺을 수 없다는 사실을 항상 기억해야 합니다. 마음에 새겨야 합니다. 모든 종교는 사랑이라는 덕목을 가르칩니다. 용어가 좀 다를 수는 있어도 자비와 선행을 통해서, 사랑의 행위를 통해서 더 나은 사람이 되고, 이웃에게 덕을 끼침으로 높은 영적인 세계에 도달한다고 말합니다. 이성적으로는 말이 되는 것 같아도, 추상적인 이야기입니다. 거짓입니다. 결국 자기 이만 높일 뿐입니다. 기독교 역사를 보면 가장 유명한 사람은 항상 교황인 것 같습니다. 제가 왜 그럴까를 생각해 보았습니다. 현재 교황인 프란체스코 교황은 훌륭한 덕목이 많습니다. 율법 행위로 보면 참으로 훌륭한 분입니다. 검소하고 청결하게 평생을 살아온 분입니다. 그래서 그분의 일생을 다룬 책을 보았습니다. 또한 그분의 유명한 설교도 들어보았습니다. 그런데 교황은 인간의 행위로는 높임을 받을만할지 몰라도, 십자가의 복음으로는 아주 바닥입니다. 아직 율법에 대하여 죽지를 않았습니다. 율법이 무엇인지를 모릅니다. 저분은 어디를 가든지, “이웃을 사랑하세요. 가난한 사람을 사랑하세요"라고 합니다. 한국에 와서도 "북한을 사랑하세요. 북한 고아를 사랑하세요"라고 하지만, 정작 십자가의 복음을 말한 적이 없습니다. 단 한 번도 없습니다. "오직 십자가의 복음을 믿으면 하나님의 자녀가 됩니다. 오직 하나님의 은혜로 우리는 새사람이 됩니다"라고 말하는 것을 들어본 적이 없습니다. 그래서 종교, 다른 복음인 것입니다.

내 안에 사시는 예수 그리스도

성도 여러분, 예수님은 말씀하십니다. "자기를 부인하고 나를 따르라." 이것이 십자가의 길입니다. 십자가의 도입니다. 왜 그렇습니까? 하나님께 나아가고, 하나님께 복 받는 길은 오직 은혜로 되기 때문입니다. 오직 믿음으로 되기 때문입니다. 그 복음 진리를 믿음으로 내가 깨어집니다. 진리 안에서 다시 생각하면서 모든 것이 재정리됩니다. 정말 옛사람은 버리고 새사람으로, 육신의 생각은 버리고 영의 생각으로 거듭납니다. 그 속에서 자기 의는 설 자리가 없습니다. 오직 하나님의 의만이 존경과 높임을 받습니다. 오직 믿음으로 그 의가 나에게 임하였고, 하나님께서 나를 의롭다 칭하시므로 항상 감사한 것입니다. 어떤 상황에서도 감사하고, 감격하고, 기쁘고, 하나님을 찬양하게 됩니다. 그래서 사도 바울은 이렇게 고백합니다. "내가 그리스도와 함께 십자가에 못 박혔나니 그런즉 이제는 내가 사는 것이 아니요 오직 내 안에 그리스도께서 사시는 것이다." 이제는 내가 사는 것이 아닙니다. 무슨 말입니까? 육체적으로나 이성적으로는 내가 사는 것이 맞습니다. 그런데 십자가의 복음 안에서 생각하면 육신의 생각이 죽고 영의 생각이 충만해지니, 나는 율법 아래 죽은 자입니다. 오직 하나님의 은혜로 거듭난 자입니다. 모든 인간은 육신의 행위가 근본입니다. 자기 의를 쫓아 삽니다. 자기 성공, 자기 꿈을 이루기 위해 자아에 끌려가게 되어 있습니다. 이것이 삶의 동력이기도 합니다. 그런데 이러한 것들이 이제 죽었습니다. 왜 그렇습니까? 이러한 것들은 이제 무용지물이 되었기 때문입니다. 그래서 말합니다. "내가 사는 것은 내가 아니요." 내가 나를 부인하는 것입니다. 내 자아를 부인합니다. 자아와 자기 의에 끌려가는 추악하고 허탄한 인생임을 고백합니다. 여기로부터 십자가의 권세, 십자가의 능력 안에 사로잡히게 되는 것입니다.

그리고 적극적으로 말합니다. "오직 내 안에 그리스도께서 사시는 것이다." 눈에 보이지 않습니다. 그러나 살아 계신 그리스도를 고백하니 내 삶이 복음 안에 있고, 복음 진리가 나를 새롭게 변화시킵니다. 인격적으로 변화시킴을 고백합니다. 어떤 유익이 아니라, 나를 통째로 바꿔버렸습니다. 아직도 나약해서 부분적으로 실수할 수는 있지만, 중심은 흔들리지 않습니다. 오직 십자가의 복음을 믿음으로 하나님의 은혜로 말미암아 내가 하나님의 자녀가 됩니다. 하나님의 의가 내 안에 주어졌습니다. 십자가 안에 하나님의 의가 나타났습니다. 참으로 감사합니다. 그래서 이제는 살아 계신 그리스도가 추상적이지 않습니다. 눈에 보이지는 않지만, 살아 계신 그리스도가 내 마음속에 있습니다. 내 중심에 있습니다. 그리고 그리스도께 순종하며, 그리스도의 복음의 증인으로 오늘을 살아가게 됩니다.

성도 여러분, 오직 믿음으로 되는 것입니다. 내 열심, 내 능력, 내 지혜는 전혀 상관없습니다. 오히려 이러한 것들은 장애물입니다. "오직 믿음으로." 무엇을 믿는 것입니까? 십자가의 복음을 믿음으로, 십자가에 나타난 하나님의 은혜를 믿음으로 내가 변하는 것입니다. 그런데 성경에서 보듯이 좋은 말씀, 부분적 진리에 끌려가면 망치게 됩니다. 사탄이 역사하기 때문입니다. 진리의 성령은 항상 십자가의 복음으로, 십자가의 은혜로 우리를 이끌어 가시며, 우리를 새롭게 하십니다. 그래서 하나님의 자녀는 항상 은혜 중심의 삶을 살게 되는 것입니다. 행위 중심이 아니라, 오직 주의 나라와 주의 의를 구하며, 하나님의 은혜에 이끌리어 하루하루를 살아가게 됩니다.

하나님의 사람 주교 폴리캅은 위대한 순교자입니다. 주후 156년에 그를 쫓던 사람들에게 붙잡혀서 서머나의 원형 경기장에 끌려가서 순교합니다. 그때 정무관과 흥분한 군중들 앞에 선 폴리캅은 계속 유혹을 받습니다. 황제 앞에 한 번이라도 복종하겠다는 말을 하면 살려 주겠다고 하는데, 끝내 거절하며 유명한 말을 남깁니다. "86년간 저는 하나님을 섬겼습니다. 그리고 그분은 제게 어떤 해도 입히지 않으셨습니다. 어찌 저를 구원하신 참된 왕을 모독할 수 있겠습니까?" 다시 한 번 황제에게 복종하면 사면해 준다고 말하지만, 그는 거절합니다. 그리고 정무관을 똑바로 보며 이렇게 말했답니다. "내가 누구인지 스스로 부정하라는 것입니까? 나는 그리스도인입니다!" 그는 십자가의 복음을 믿음으로 하나님의 자녀 된 그리스도인입니다. 이 사람은 십자가의 그리스도와 함께 못 박힌 사람이라는 자신의 정체성을 고백하며, 하나님께 영광을 돌리는 삶을 산 것입니다. 고린도전서 2장 2절은 말씀합니다. "내가 너희 중에서 예수 그리스도와 그가 십자가에 못 박히신 것 외에는 아무 것도 알지 아니하기로 작정하였음이라." 십자가 진리의 충만함에 이끌리고 보니, 모든 것이 십자가의 은혜이고 십자가의 진리로 보입니다. 그래서 십자가 외에는 알지 않기로 결정합니다. 그리고 고린도전서 15장 31절에서 말합니다. "나는 날마다 죽노라." 율법에 대하여 죽어야 하기 때문입니다. 자기 의에 대하여 죽어야 하는 것입니다. 자아가 죽어야 합니다. 한 번 자아가 죽었다고 계속 죽게 되지 않기에, 나는 날마다 죽노라 고백하는 것입니다. 십자가에 자신을 못 박은 위대한 신앙인의 인생입니다.

성도 여러분, 진리의 성령께서 하나님의 자녀와 항상 함께 하십니다. 그리고 진리의 성령은 우리를 십자가의 복음으로, 그리스도 안에서 그리스도의 영광으로 항상 인도하십니다. 복음 진리 안에 거하게 하시며, 오직 하나님의 은혜에 이끌리어 옛사람을 버리고 영의 생각에 이끌리어 승리의 삶을 살도록 우리를 인도하십니다. 그리고 어두운 세상 속에 나아가 복음의 증인으로 살게 하십니다. 오직 십자가의 복음입니다. 십자가의 도를 묵상하고, 십자가의 길을 따라가며, 십자가의 진리에 순종하므로 놀라운 신앙적 체험 속에 날마다 승리하는 사람으로 우리를 변화시키십니다.

✝ 기도

창조주이시며 거룩하신 하나님 아버지. 하나님의 의 앞에 서면 미천한 벌레 같은 존재이고, 하나님의 진노와 심판의 대상일 뿐이지만, 아직도 인간의 의를 쫓아 행위 중심의 삶을 살며, 소유 중심의 삶에서 벗어나지 못하여 하나님의 자녀 된 신분으로 그리스도의 영광을 가리며, 하나님의 이름을 망령되이 일컬으며, 진리 밖에서 자행자지하는 죄인을 용서하여 주옵소서. 진리의 성령이시여, 오직 십자가의 복음을 믿음으로 하나님의 자녀 되었음을, 하나님의 은혜 안에서 믿음으로 하나님의 자녀 되었음을 항상 기억하고, 마음에 새기게 하여 주셔서 십자가를 바라보며 나는 십자가에 못 박힌 자이고 율법에 대하여 죽었다고 고백하며, 하나님에 대하여 살아있는 자로, 어두운 세상에 빛의 자녀로, 복음의 증인으로 담대한 인생을 살아갈 수 있도록 항상 지켜 주옵소서. 주 예수 그리스도의 이름으로 간절히 기도드리옵나이다. 아멘.

06.

아브라함의 자손

어리석도다 갈라디아 사람들아 예수 그리스도께서 십자가에 못 박히신 것이 너희 눈 앞에 밝히 보이거늘 누가 너희를 꾀더냐 내가 너희에게서 다만 이것을 알려 하노니 너희가 성령을 받은 것이 율법의 행위로냐 혹은 듣고 믿음으로냐 너희가 이같이 어리석으냐 성령으로 시작하였다가 이제는 육체로 마치겠느냐 너희가 이같이 많은 괴로움을 헛되이 받았느냐 과연 헛되냐 너희에게 성령을 주시고 너희 가운데서 능력을 행하시는 이의 일이 율법의 행위에서냐 혹은 듣고 믿음에서냐 아브라함이 하나님을 믿으매 그것을 그에게 의로 정하셨다 함과 같으니라 그런즉 믿음으로 말미암은 자들은 아브라함의 자손인 줄 알지어다 또 하나님이 이방을 믿음으로 말미암아 의로 정하실 것을 성경이 미리 알고 먼저 아브라함에게 복음을 전하되 모든 이방인이 너로 말미암아 복을 받으리라 하였느니라 그러므로 믿음으로 말미암은 자는 믿음이 있는 아브라함과 함께 복을 받느니라_**갈라디아서 3:1-9**

06.

아브라함의 자손

저명한 복음주의 신학자인 영국의 알리스터 맥그래스 박사가 쓴『십자가로 돌아가라』라는 책에 기록된 내용을 소개합니다. 그리스도인의 삶의 근거가 되는 믿음이 어떻게 생기는지, 다음 세 가지로 간략하게 설명합니다. 첫째, 성경, 특히 신약성경을 읽음으로 생깁니다. 신약성경에는 예수 그리스도의 계시가 명확하게 기록되어 있기 때문입니다. 둘째, 기독교의 선포와 대면함으로 생깁니다. 이것을 케리그마라고 하는데, 이 선포는 예수 그리스도의 십자가와 부활 사건을 의미합니다. 이것이 인간 실존의 결정적인 의미를 갖게 하기 때문입니다. 셋째, 기독교 공동체의 예배를 통해서 생깁니다. 성도는 반드시 예배에 참여해야 합니다. 교회는 그리스도의 몸이기에 그의 몸 된 교회의 책임 있는 성도가 되어 예배 중심의 삶을 살아갈 때 온전한 믿음이 생기는 것입니다. 성도 여러분, 나는 구원에 이르는 믿음을 갖고, 믿음의 생각에 이끌리어 오늘을 살아갑니까? 깊이 생각해야 할 것입니다.

믿음이 변질된 갈라디아교회

믿음의 사람은 행위 중심의 삶을 버리고, 이제는 은혜 중심의 삶을 살아갑니다. 믿음의 사람은 예수 그리스도의 계시를 알고, 믿고, 영접하고, 기뻐하며 오늘을 살아갑니다. 믿음의 사람은 살아 계신 그리스도를 소망하며, 증언하며, 그리스도 안에서 하나님께 영광 돌리는 인생을 살아가게 됩니다. 성도 여러분, 믿음은 점점 자라나는 것(growing)입니다. 내게 있는 믿음이 자라나는 믿음이 아니면, 지금 잘못되어 가고 있는 것입니다. 믿음은 동적인 것입니다. 추상적인 명사가 아닙니다. 멈추어 있는 상태가 결코 아니라는 사실을 항상 기억해야 합니다. 멈춰 있다고 느끼면, 이미 그 믿음이 쇠퇴하거나 변질된 것입니다. 믿음은 그리스도를 아는 지식과 정비례합니다. 이것을 항상 기억해야 합니다. 온전한 믿음은 그리스도를 아는 지식의 충만함에 이를 때 우리에게 생기는 하나님의 선물입니다.

그리고 오직 믿음으로 우리는 하나님의 은혜를 받습니다. 믿음은 하나님의 은혜를 받는 그릇과 같습니다. 하나님이 주시는 모든 신령한 복, 지혜와 능력을 오직 믿음으로 받습니다. 다시 말해서, 인간의 행위로 받는 것도 아니요, 율법을 지킴으로 받는 것도 아닙니다. 그리고 하나님께 영광 돌리고, 많은 선교 사역을 하고, 하나님의 일에 힘쓰므로 더 큰 복을 얻어 내고, 더 큰 의를 얻어 내는 것이 아닙니다. 하나님은 인간과 절대 거래하지 않으십니다. 인간관계에는 거래(give and take)가 있지만, 하나님과 우리의 관계에서는 거래가 전혀 없다는 사실을 항상 기억해야 합니다. 오래전에 남미 파라과이에 교회성장 신학을 강연하러 간 적이 있었습니다. 그때 참 특별한 경험을 했는데, 그 경험을 잊을 수 없습니다. 그곳에 계신 선교사님과 함께 까아꾸뻬(Caacupé)라는 도시에 있는 유명한 성당을 방문했습니다. 그곳은 교황이 인정한 성당입니다. 또한 파라과이 온 국민이 예외 없이 일년에 한 번씩은 꼭 방문하는 곳이라고 알려져 있습니다. 대통령도 정초가 되면 반드시 가야 하는 곳입니다. 그래서 가 봤더니, 별것 아니었습니다. 그냥 조그마한 성당이었습니다. 오래된 성당인데, 특이하게도 그 성당 안에는 마리아 상이 하나 있었습니다. 그 마리아 상을 자세히 보니 눈물자국이 있었는데, 그게 문제입니다. 눈물을 흘리는 마리아 상 앞에서 믿음으로 기도하면 소원을 성취하고, 병 고침을 받는다고 믿는 것입니다. 그러한 전설 같은 이야기에 빠져서 예수 그리스도의 이름으로 우상숭배하고 있었습니다. 이것은 잘못된 믿음입니다.

오늘 본문에 "어리석도다 갈라디아 사람들아"라는 말씀이 있습니다. 또 3절은 말씀합니다. "너희가 이같이 어리석으냐." 어리석다는 말을 듣는 갈라디아교회는 위대한 사도 바울이 오직 복음 위에 세운 교회입니다. 복음과 성령의 역사로 말미암아 하나님의 자녀들이 생겼고, 그들의 공동체로 인하여 교회가 세워졌습니다. 그런데 시간이 지나면서 모든 것이 다 잘못되어 갔습니다. 먼저는, 그들의 믿음이 변질되었습니다. 이것은 나약한 믿음이 아니라, 왜곡된 믿음입니다. 잘못된 신앙생활을 하는데, 무엇이 잘못되었는지 모릅니다. 더욱이 복음이 파괴되었습니다. 다른 복음이 전해집니다. 그리스도의 계시가 왜곡되어 가감되었는데도, 이를 분별하지 못하는 상태에 이르게 됩니다. 그래서 성령께서 사도 바울을 통하여 갈라디아서라는 서신서를 기록하게 하십니다. 이는 2천 년 전에 있었던 사건일 뿐만 아니라, 그 이후 기독교의 역사와 교회 안에 항상 있던 사건입니다. 분명 예수 그리스도의 이름으로 교회를 세웠는데, 예수 그리스도는 온데간데없습니다. 온통 인간이 만든 제도가 기준점이 됩니다. 특별히 오래된 교회일수록 그렇습니다. 20년, 30년, 40년, 100년쯤 되면 점점 인간이 만든 전통과 제도와 관습에 사로잡힙니다. 그것을 지켜야만 하나님의 교회라고 생각합니다. 여기서 복음이 왜곡되고, 믿음이 변질됩니다. 이것을 분명히 알아야 합니다.

성경은 말씀합니다. "누가 너희를 꾀더냐?" 자연스럽게 된 일이 아니라, 유혹을 받은 것입니다. 누군가의 유혹에 끌려간 것입니다. 먼저는 사탄의 유혹입니다. 그런데 이것을 분별하지 못합니다. 그래서 자신은 바른 신앙생활을 하고 있다고, 교회생활을 제대로 하고 있다고 생각합니다. 유혹에 빠졌는데도 말입니다. 참으로 비극적인 일입니다. 또 다른 유혹은 사람들로 인한 것입니다. 먼저는 목회자이고, 다음은 오래된 성도들이며, 그리고 새 신자들입니다. 교인들로 인해서 믿음이 변질되고, 잘못된 신앙생활을 하게 되는 것입니다. 교회는 그리스도의 몸이고, 하나님의 전입니다. 성경은 명료하게 선포하고, 예수님도 인정하십니다. 그러므로 오직 하나님의 기준에 의해서 하나님의 말씀을 근거로 세워져야 하는데, 자꾸 인간이 만든 것이 기준이 됩니다. 온갖 제도와 프로그램과 이벤트가 교회의 중심이 되어버렸습니다. 오늘날 교회를 보십시오. 무엇이 잘못되었는지를 모릅니다. 열심을 가지고 있으면 좋은 것이라고 말합니다. 천만의 말씀입니다. 잘못된 신앙생활입니다. 교회는 오직 하나님의 복음과 성령의 역사로 이루어집니다. 오직 거듭남과 부흥의 역사가 있어야 그리스도의 몸 된 교회로 든든히 서 가는 것입니다. 그런데 오늘날의 교회는 그 기준점과 본질에서 너무 많이 벗어나 있습니다.

오직 십자가의 복음과 믿음

특별히 율법의 행위가 문제입니다. 율법은 거룩하고 귀한 것입니다. 하나님이 주신 십계명은 마땅히 지켜야 합니다. 그런데 그것을 지킴으로 의롭게 된다는 착각에 빠집니다. 율법의 행위가 교묘하게 사탄의 역사 속에 신앙인들을 무너뜨리고, 믿음을 변질시킵니다. 선행과 공로를 통해서 보다 나은 하나님의 사람이 되고, 하나님으로부터 큰 복을 받겠다는 생각이 잘못되었음에도 이 생각을 뜯어고치지 못합니다. 그러한 함정에 빠집니다. 사도 바울은 성령 받는 것을 예로 들어서 이것을 설명합니다. 즉 성령을 받는 것은 오직 복음을 듣고 믿음으로 됩니다. 그 외에 다른 길은 없습니다. 그런데 보다 더 열심히 예배에 참석하고, 선교하고, 전도하고, 헌금을 많이 하고, 봉사하면 성령 충만함에 이른다고 말합니다. 이러한 것이 잘못인지도 모르고 끌려갑니다. 특별히 율법의 행위로 구원이 완성된다고 말합니다. 그럴듯하게 보이지만, 이것은 거짓입니다. 성도 여러분, 거듭남이란 오직 복음을 듣고 믿음으로 됩니다. 거듭난 그리스도인은 오직 복음을 듣고 믿음으로 되는 것입니다. 행위 이전의 문제입니다. 행위가 그것을 더하게도 또는 덜하게도 못합니다. 그래서 거듭난 그리스도인은 율법에 대하여 이렇게 말합니다. "나는 율법에 대하여 죽었다. I died to the law." "나는 율법을 지키고 싶어도 지킬 능력이 없고, 율법을 통해서는 온전한 의에 도달하지 못한다. 나는 율법의 종이 아니다. 율법은 죄를 깨닫게 하고, 나를 겸손케 하고, 하나님께로 인도하는 하나님 은혜의 방편이다. 그 이상이 아니다. 율법에는 구원의 능력이 없다." 이렇듯 명료하게 선언하고 고백하며 오늘을 살아가야 합니다. 그렇지 않으면 부지불식간에 율법의 행위에 빠지게 됩니다.

성경은 말씀합니다. "예수 그리스도께서 십자가에 못 박히신 것이 너희 눈 앞에 밝히 보이거늘." 이 말씀은 해석을 잘 해야 합니다. 갈라디아교회 교인들은 예수님의 십자가를 직접 목격한 사람이 아닙니다. 우리같이 십자가의 복음을 믿음으로 하나님의 자녀가 된 사람들입니다. 우리는 성전에 올 때마다 십자가를 보고, 십자가의 복음을 듣고 믿음으로 하나님의 자녀가 되었습니다. 십자가의 복음으로 인하여 의롭게 되고, 하나님의 자녀가 되고, 천국에 들어갑니다. 그런데 왜 자꾸 율법의 행위에 빠집니까? 왜 다른 복음에 끌려갑니까? 그것에 대해 말합니다. 그리스도인은 사도 바울과 같이 십자가를 볼 때마다 내가 그리스도와 함께 십자가에 못 박혔다고 고백해야 합니다. "내가 그리스도와 함께 십자가에 못 박혔다. I have been crucified with Christ." 이것은 과거의 사건을 말하는 것이 아닙니다. 추상적인 것도 아닙니다. 그래서 현재 이루어지는 것으로 말합니다. 왜 그렇습니까? 우리는 과거 사건의 목격자가 아닙니다. 십자가의 메시지, 복음을 믿음으로 오늘 하나님의 자녀가 되었기에 우리 앞에 십자가의 사건이 환히 보이는 것입니다. 성도 여러분, 죄 사함과 하나님의 의는 참 고귀한 선물입니다. 어떻게 얻는 것입니까? 내가 착해서, 선행을 통해서, 많은 공로를 세워서가 다 아닙니다. 오직 믿음으로만 받는 선물입니다. 거듭남과 부흥, 더 나아가 천국 들어가는 것, 오직 믿음으로 받는 것입니다. 율법의 행위로 받는 것이 아닙니다. 항상 기억해야 합니다.

그런데 우리 안에 항상 사탄의 유혹이 있습니다. 십자가와 그 무엇, 예수 그리스도와 그 무엇처럼, '복음과 그 무엇'에서 '그 무엇'이 문제입니다. 그 무엇으로 사탄이 유혹합니다. 예수 그리스도의 십자가 복음으로 끝나야지, 거기에 자꾸 무엇을 더하는 것이 우리를 망칩니다. 치유와 성공과 번영, 자유와 정의와 사랑, 행복과 소원성취, 사회와 정치를 복음과 섞어버리거나 조금이라도 더하면 그 믿음이 변질됩니다. 이미 경험하셨고, 앞으로도 경험할 것입니다. 복음과 함께 문화를 많이 이야기하는데, 참 어리석은 이야기입니다. 가장 악한 것은 복음과 율법을 합치는 것입니다. 복음을 믿음으로 구원이 시작되었고, 율법을 지킴으로 구원이 완성된다는 말은 이성적으로는 말이 될지 몰라도, 엉터리입니다. 이렇게 사탄이 교활하게 역사합니다.

성도 여러분, 믿음에는 순종이 뒤따릅니다. 순종 없는 믿음은 바른 믿음이 아닙니다. 행함 없는 믿음은 잘못된 믿음입니다. 값싼 은혜에 끌려간 것입니다. 성경은 분명히 그것을 지적합니다. 정말 믿으면 믿음에 순종합니다. 그럴 수밖에 없습니다. 믿는 대로 살아가게 됩니다. 그런데 99퍼센트를 믿는다고 해도, 이것은 온전한 믿음이 아닙니다. 어떻게 보면 99퍼센트나 50퍼센트나 같은 것입니다. 오히려 99퍼센트가 더 위험합니다. 자신도 망치고, 남도 망치기 때문입니다. 하나님이 기뻐하시는 것은 온전한 믿음입니다. 행함으로는 구원에 이르는 믿음을 갖지 못합니다. 착각하지 마시기 바랍니다. 율법의 행위를 통해서는 의롭게 되지 못합니다. 그러므로 우리는 오직 믿음이 무엇인지를 분별하며 살아가야 합니다. '오직 믿음'이란, 행위 이전의 믿음을 말합니다. 인간 행위 이전의 믿음, 100퍼센트 믿는 것, 그 믿음이 '오직 믿음'입니다. 여기에 다른 것을 섞으면 안 됩니다. 그러면 믿음이 변질됩니다.

워싱턴에 있는 조폐공사에서 오래전에 있었던 일입니다. 한 관광 팀이 그곳을 방문하여 뜨거운 쇠를 녹인 주물을 동전 모형에 부어 넣는 과정을 보게 되었습니다. 그때 한 기술자가 관광객 중 한 남자에게 이렇게 제안했습니다. “선생님, 손을 물에 넣고 있으시면 제가 이 뜨거운 주물을 붓겠습니다. 그래도 절대 화상을 입지 않습니다. 한번 시험해 보시겠습니까?” 그 남자는 손사래를 치면서 말했답니다. “됐습니다. 저는 당신을 믿지만, 그런 거 안 합니다. 못하겠습니다.” 그런데 이 사람이 옆에 있는 그의 아내에게 똑같은 제안을 했습니다. 그런데 이 아내는 “네, 좋아요” 하고 선뜻 동의하고는 손을 내미는 것입니다. 그리고 실험이 안전하게 끝났습니다. 이 기술자가 말합니다. “선생님, 선생님께서는 저를 믿는다고 하셨지요. 그러나 실천하지 않으셨습니다. 그런데 사모님께서는 저를 믿고 신뢰하셨습니다.” 이 기술자의 말과 기술을 정말 믿은 사람은 그 남자의 아내입니다. 그 남자는 믿은 것이 아닙니다. 정말 복음을 믿으면 복음에 순종합니다. 믿지 않았기에, 부분적으로 내가 믿고 싶은 것만 믿었기에 그 순간 믿음이 변질되는 것입니다. 결국 행함 없는 믿음으로 추상적 믿음이 됩니다.

아브라함을 통해 보여주시는 믿음

오늘 성경에 보면, 아브라함이 갑자기 등장합니다. 아브라함은 신약성경에서 인정한 믿음의 조상입니다. 모든 믿는 자의 조상입니다. 6절에 이렇게 기록합니다. "아브라함이 하나님을 믿으매 그것을 그에게 의로 정하셨다 함과 같으니라." 신약성경으로 따지면 이 말씀은 2천 년도 더 전에 있었던 사건으로, 바울은 창세기 15장에 있는 사건을 예증으로 활용합니다. 왜냐하면, 아브라함은 율법이 무엇인지 모릅니다. 하나님이 주신 율법, 십계명은 아브라함 이후에 이스라엘 백성이 출애굽 했을 때 모세를 통해 주셨습니다. 그러니 수백 년 뒤에 있을 율법을 알 길이 없습니다. 그런데 하나님은 아브라함을 믿음의 조상으로 정하십니다. 왜요? 율법과 상관없다는 이야기입니다. 창세기 15장에 보면, 아브라함은 의롭게 여김을 받습니다. 하나님이 의인이라 칭하십니다. 오직 믿음으로 된 것입니다. 율법을 알지 못하기에 율법의 행위로 된 것이 아닙니다. 그래서 온전한 믿음을 말할 때는 아브라함을 생각하시기 바랍니다.

저는 신학교 다닐 때 '왜 아브라함인가?'라는 질문 때문에 한참 고생했습니다. 이왕이면 모세, 다윗과 같은 이들이 믿음의 조상이 되는 것이 맞지 않습니까? 나라를 세우고, 율법을 받아 제시하고, 많은 업적을 세운 이들이 아니라, 왜 아브라함이 믿음의 조상이 되었을지 생각해 봤습니다. 사실 아브라함은 아무것도 한 것이 없습니다. 내세울 만한 인간의 행위, 공로가 하나도 없습니다. 잘못한 것만 있습니다. 그런데 믿음으로 살았다는 것입니다. 생각해 보시기 바랍니다. 유대인들은 성경대로 아직도 아브라함을 믿음의 조상으로 믿습니다. 그런데 의롭게 되고, 천국 들어가는 것이 율법의 행위로 된다고 여전히 수상합니다. 이처럼 어리석습니다. 성경을 잘못 보고 있는 것입니다. 아브라함 때는 율법이 없었습니다. 율법은 출애굽 이후에 주어지는데, 이상한 논리로 엮어서 이것이 이성적이고 합리적이라고 생각하는 것입니다. 불신앙입니다. 모든 종교는 율법의 행위로, 인간의 행위로, 선행과 공로로 의롭게 되어 신께 나간다고 주장합니다. 이 또한 허상이고 거짓입니다. 그런데 복음 위에 세워졌다고 하는 교회와 기독교가 이 함정에 빠집니다. 초대교회 때로부터 지금까지 이러한 일이 계속되고 있습니다. 예수 믿고 구원이 시작되었지만, 구원의 완성은 율법을 지킴으로 되는 것이라는 말에 끌려갑니다.

사탄의 유혹에 빠지고 잘못된 믿음이 반복되면서 교회가 무너지게 됩니다.

오늘 본문 7절에 있는 "아브라함의 자손"이라는 말은 모든 그리스도인을 말합니다. 믿음의 자녀입니다. 모든 믿는 자들의 조상이 아브라함인데, 그가 어떻게 믿음의 조상이 된 것입니까? 창세기를 자세히 읽어 보시기 바랍니다. 아브라함은 무엇을 한 것이 없습니다. 율법 하고는 아무 상관이 없습니다. 그런데 깊이 살펴보면 이 사람은 믿음의 사람이었습니다. 행위 이전에 믿었습니다. 그 믿음으로 믿음의 조상이 되었습니다. 어떤 공로도 없습니다. 그래서 하나님의 사람 마르틴 루터는 갈라디아서 주석을 통해서 우리에게 있는 세 가지 믿음의 적을 항상 인식하며 살아가야 한다고 강조합니다. 첫 번째가 이성이요, 둘째가 율법이요, 셋째가 사탄입니다. 이성적이라고 다 옳은 것이 아닙니다. 부분적으로만 옳습니다. 이성적으로는 완전한 진리를 파악할 수 없습니다. 영의 생각으로만 진리가 진리 됩니다. 그런데 계속 이성이 믿음에 앞서 먼저 작동하니, 믿음이 잘못됩니다. 또한 율법을 지키는 것, 선행을 하는 것, 이웃 사랑은 좋은 것입니다. 귀한 것입니다. 그러나 그 행위로 구원 받을 자가 없다는 것을 알아야 합니다. 부분적인 의는 있어도, 온전한 의가 없습니다. 더욱이 사탄의 역사 속에 믿음은 무너집니다.

여러 성도와 대화를 할 때 경험하는 한 가지 공통점이 있습니다. 제 앞이라서 그런 것도 있겠지만, 겸손인지 진심인지 헷갈리는 경우가 있습니다. 이런 말을 자주 듣습니다. “저는 믿음이 약해서요.” 복음의 증인으로 사셔야 하고, 날마다 믿음으로 승리해야 한다고 권면하면, 이런 말을 듣습니다. “저는 믿음이 약해서요.” 그런데 가만히 생각해 보니까 정말 믿음이 약합니다. 생각해 보시기 바랍니다. 믿음이 약하다는 것은 무서운 유혹에 빠질 수 있다는 것을 얘기하는 것입니다. 성령을 받은 사람이고, 성령이 내 안에서 역사하시면 그런 상태로 있지 못합니다. 성령이 그냥 두시지 않으십니다. 믿음이 약하다는 것은 위험성이 많은 것입니다. 그런데 믿음이 약하다고 얘기하시는 분들을 보면 공통적으로 먼저 이성적 판단을 중시합니다. 이성적으로 옳고 그름을 판단합니다. 하지만 그러면 어떻게 복음을 믿겠습니까? 어떻게 복음 진리를 분별할 수 있겠습니까? 이것은 모순입니다. 잘못된 것입니다. 그러니 믿음이 변질됩니다. 더 나아가서는 율법의 행위, 선행과 공로, 많은 열심과 노력으로 더 나은 사람이 되고, 훌륭한 사람이 되고, 하나님의 복을 받고, 하나님과 바른 관계를 맺을 수 있다고 생각합니다. 이것 자체가 이성적이고 율법적임을 알아야 합니다. 그런데 이러한 분별이 잘 안 되니, 믿음을 생각할 때마다 아브라함을 생각하시기 바랍니다. 율법과 관계없고 아무것도 행한 것이 없지만, 그가 믿음의 조상으로 복의 근원이 되고, 복을 누리는 형통한 삶을 살아가게 됩니다.

성도 여러분, '오직 믿음'이라는 말은 온전한 믿음, 굳센 믿음을 말합니다. 그런데 어떻게 해야 이 믿음을 가질 수 있습니까? 오직 복음을 믿음으로 가능합니다. 항상 기억하시기 바랍니다. 복음은 예수 그리스도와 하나님 나라입니다. 그래서 예수님께서 말씀하십니다. "주의 나라와 주의 의를 먼저 구하라." 이것이 믿음을 말합니다. 오직 믿음은 예수 그리스도와 하나님 나라입니다. 여기에 구약의 선지자 이름을 한 사람이라도 더하면, 믿음이 변질됩니다. 복음에 그 무엇을 더하는 것이 유익이 된다고 하더라도, 심각한 문제는 복음을 무너뜨린다는 것입니다. 믿음이 변질된다는 사실을 항상 기억해야 합니다.

믿음과 함께하는 성령의 역사

하나님께서 주시는 복은 오직 믿음으로 받습니다. 인간의 행위와 열심으로 받는 것이 아닙니다. 창세기 12장 2절에서 하나님께서 아브라함에게 명하십니다. 11장까지는 아브라함의 이름이 나타나지 않는데, 하나님께서 갑자기 나타나셔서 그를 부르시며 말씀하십니다. "너는 복이 될지니라." 다른 성경 번역은 이렇습니다. "복의 근원이 될지니라." 엄청난 복을 받습니다. 그런데 거기서 생각해 보시기 바랍니다. 아브라함이 한 것은 아무것도 없습니다. 하나님께 영광 돌리거나, 나라를 세운 것처럼 대단한 일을 하지 않았습니다. 아무것도 한 일이 없습니다. 그 후로도 없습니다. 그리고 하나님께서 말씀하십니다. "땅의 모든 족속이 너로 말미암아 복을 얻을 것이다." 이 말씀이 신약성경까지 계속 이어집니다. 말씀대로 믿음의 자손, 아브라함의 자손들은 복을 얻습니다. 그런데 아브라함이 받은 복, 누린 복은 행위 이전의 복입니다. 어떻게 받은 것입니까? 오직 믿음으로 받은 것이지, 율법 행위와는 아무 상관이 없습니다. 이것을 잊어서는 안 됩니다. 그래서 오늘 성경은 이렇게 기록합니다. "그러므로 믿음으로 말미암은 자는 믿음이 있는 아브라함과 함께 복을 받느니라." 그래서 어떤 집회나 특별한 프로그램에 참석해야 한다거나, 누군가에게 안수를 받아야 한다는 것은 모두가 우상 숭배입니다. 이러한 것들이 분별이 안 될 때마다, 갈라디아서를 읽으시기 바랍니다. 그리고 하나님의 복음으로 다시 돌아오시기 바랍니다.

성도 여러분, 구원에 이르는 믿음이자 온전한 믿음은 믿을 수 없는 것을 믿는 것을 의미합니다. 만일 믿을 수 있는 것을 믿는다면 이것은 이성적 판단이지, 온전한 믿음이 아닙니다. 성경을 보시기 바랍니다. 하나님이 인간이 되셨다는 성육신 사건이 어디 믿을 수 있는 내용입니까? 이성적으로는 불가능합니다. 그런데 성령의 역사 속에 이것이 믿어집니다. 그것이 믿음입니다. 불가능한 것이 믿어집니다. 동정녀 탄생, 성령으로 잉태하신 예수 그리스도도 이성적으로 믿을 수 없습니다. 합리적으로는 말이 안 됩니다. 그런데 이것이 믿어집니다. 믿을 수 없는 게 믿어지는 것이 온전한 믿음입니다. 아주 깨끗하게 믿어집니다. 의심이 없습니다. 이것이 믿음입니다. 오직 믿음입니다. 예수님의 십자가와 부활과 승천을 이성적으로 어떻게 설명합니까? 불가능합니다. 그런데 믿어집니다. 그대로 믿어지고 고백됩니다. 그것이 '오직 믿음'입니다. 나 같은 죄인이 하나님의 자녀가 되고, 몸의 부활이 있을 것이고, 하나님 앞에서 영생의 삶을 살 것이라는 사실이 이성적으로는 믿을 수 없지만 믿어지는 것입니다. 어떻게 이것이 인간의 행위나 율법의 행위로 믿어질 수 있습니까? 어림없는 이야기입니다. 성령의 선물로 믿어지는 것입니다. 오직 믿음으로 믿어집니다. 재림, 최후의 심판, 천국과 지옥도 믿을 수 없지만, 믿어지는 것입니다. 정말 믿어집니다. 그 사람이 믿음의 사람입니다. 오직 믿음으로 사는 것입니다. 정말 믿을 때 증언할 수밖에 없습니다. 하나님이 주시는 복이 그냥 믿어집니다. 하나님의 때에 하나님의 약속은 우리에게 사건으로 나타날 것입니다.

하나님의 사람 링컨이 대통령이 된 후에 있었던 일입니다. 노예제도 문제로 남북전쟁이 일어나자, 미국은 전쟁의 소용돌이로 아비규환의 상태가 되었습니다. 참으로 힘든 시기였습니다. 그런데 링컨은 항상 평온했고, 담대한 인생을 살아갑니다. 참모들이 물었습니다. "각하, 나라가 이렇게 위태로운데, 각하는 어떻게 이렇게 평온할 수가 있으십니까?" 이 질문에 링컨은 확신에 찬 유명한 대답을 남깁니다. "나는 지금까지 성경을 묵상하고, 하나님께 기도하며, 국가의 미래를 그분께 맡겼습니다. 하나님께서는 우리가 하나님 편에 서 있기만 하면 승리하리라는 확신을 주셨습니다.” 이것이 믿음입니다. 믿음은 하나님의 뜻대로 되는 것입니다. 그것이 재난이든, 질병이든, 화평이든, 번영이든, 하나님의 뜻대로 되기를 기도하며, 그 속에서 신실하신 하나님의 은혜와 사랑을 깨닫고 받아들이는 것이 온전한 믿음입니다. “내 뜻이 이루어지게 하소서.” 이것은 불신앙이고, 우상숭배입니다. “그럼에도 불구하고 아버지의 뜻이 이루어지게 하소서.” 믿음의 기도는 바로 이러한 기도입니다. 믿음의 사람은 신실하신 하나님을 믿고, 모든 상황에서 믿습니다. 그리고 소망 중에 하나님의 뜻이 임하고, 약속이 성취되기를 기다리며 찬양하면서 오늘을 살아갑니다. 진리의 성령께서 믿는 자를 항상 예수 그리스도께로 인도하며, 그리스도 안에서 그리스도를 아는 지식의 충만함에 이르게 하십니다. 그리고 그 속에서 우리에게 온전한 믿음을 맛보게 하시며, 온전한 믿음으로 승리하게 하십니다. 이제는 그리스도를 믿는 믿음 안에서 살아 계신 그리스도를 소망하며, 하나님께 영광 돌리는 권세 있는 인생을 살아가게 되는 것입니다.

† 기도

창조주이시며 거룩하신 하나님 아버지. 오직 하나님의 은혜로 말미암아 믿음으로 하나님의 자녀가 되어 이제는 전과 구별된 인생을 살며, 세상에 속하지 아니하고, 자기를 부인하고, 오직 그리스도만을 소망하며, 하나님께 영광 돌리며, 믿음으로 승리하는 삶을 살게 하여 주심에 진심으로 감사드립니다. 그러나 온전한 믿음이 무엇인지를 아직 분별하지 못하고, 그리스도를 향한 믿음의 삶을 살아가지 못하여 잘못된 믿음 중에 있으면서도 그것이 무엇인지 모르고, 추상화된 믿음 속에 주와 동행하는 삶을 나타내지 못하는 죄인을 용서하여 주옵소서. 오직 그리스도를 향할 때만 온전한 믿음이 우리에게 주어짐을 믿고 고백하며, 십자가와 부활의 증인으로 십자가의 복음을 널리 전파하며, 어두운 세상에서 빛의 자녀로 오직 하나님의 이름을 영화롭게 하는 형통한 삶을 살도록 지켜 주옵소서.

주 예수 그리스도의 이름으로 간절히 기도드리옵나이다. 아멘.

07.

율법의 저주에서 속량된 자

무릇 율법 행위에 속한 자들은 저주 아래에 있나니 기록된 바 누구든지 율법 책에 기록된 대로 모든 일을 항상 행하지 아니하는 자는 저주 아래에 있는 자라 하였음이라 또 하나님 앞에서 아무도 율법으로 말미암아 의롭게 되지 못할 것이 분명하니 이는 의인은 믿음으로 살리라 하였음이라 율법은 믿음에서 난 것이 아니니 율법을 행하는 자는 그 가운데서 살리라 하였느니라 그리스도께서 우리를 위하여 저주를 받은 바 되사 율법의 저주에서 우리를 속량하셨으니 기록된 바 나무에 달린 자마다 저주 아래에 있는 자라 하였음이라 이는 그리스도 예수 안에서 아브라함의 복이 이방인에게 미치게 하고 또 우리로 하여금 믿음으로 말미암아 성령의 약속을 받게 하려 함이라_**갈라디아서 3:10-14**

07.

율법의 저주에서 속량된 자

평생 섬김의 삶을 살면서 예수 그리스도의 십자가만이 죄 사함을 얻는 길이라는 확실한 믿음을 항상 고백했던 가가와 도요히코 목사님은 일본의 대표적인 신학자였습니다. 그는 고베와 도쿄에서 빈민을 위한 봉사의 삶을 평생토록 살았습니다. 그의 믿음의 고백은 항상 다음과 같았습니다. "나는 신도, 불교, 유교의 덕을 많이 보았다. 이 세상의 삶을 초월하는 가치를 추구하고 중용의 길을 걸으려고 애쓰는 것은 모두 이런 종교의 영향이라고 생각한다. 하지만 이들 종교로는 내 마음 가장 깊은 곳의 필요를 채울 수 없었다. 밤이나 낮이나 눈물만이 나의 식량이었다. 불교는 대자비를 가르쳐 주었다. 그러나 나의 죄의 문제를 해결하고 의의 옷을 입혀 주지 못했다. 오직 예수 그리스도만이 '이것은 죄 사함을 얻게 하려고 많은 사람을 위하여 흘리는 나의 피, 곧 언약의 피'라고 말씀하셨다. 십자가의 구원을 선물한 그분만이 나의 구원자이심을 나는 확실히 믿는다." 깊이 생각해 보시기 바랍니다.

율법의 행위와 믿음의 행위

성도 여러분, 성경은 하나님의 말씀이 기록된 계시의 책입니다. 이 성경을 영어로 바이블(Bible)이라고 하는데, 본래의 의미는 'The book'입니다. '그 책', '유일한 책'인 것입니다. 유일하게 기록된 계시의 말씀으로서의 책이 성경입니다. 그리고 성경 안에는 하나님께서 주신 율법과 복음이 기록되어 있습니다. 모세를 통하여 율법을 주셨음을 구약성경은 기록하고 있고, 예수 그리스도를 통하여 복음을 주셨음을 신약성경은 기록하고 있습니다. 그러므로 성경의 핵심은 율법과 복음입니다. 이것을 잊지 말아야 합니다. 율법과 복음의 관점에서 성경을 읽어야 내게 주신 하나님의 말씀을 들을 수 있습니다. 성경에 기록된 모든 사건들, 인물들, 말씀들이 율법과 복음을 계시하고 있다는 것을 항상 기억해야 합니다.

그러면 하나님께서는 우리에게 왜 율법과 복음을 주셨습니까? 이것을 분명히 알아야 합니다. 다시 말해서, 성경의 총주제가 무엇이냐는 질문입니다. 그것은 하나님과 바른 관계를 맺는 인간을 만들기 위함입니다. 하나님과 화목한 관계의 사람을 창조하시기 위해서 율법과 복음을 주셨습니다. 왜냐하면 온 인류가 하나님을 경외하지 않고, 하나님을 우상화하고, 하나님의 이름을 망령되이 일컫고, 하나님의 말씀을 거역합니다. 하나님과 분리된 상태에 이르게 된 것입니다. 이런 상태에서 이제 나타날 것은 하나님의 진노와 심판뿐입니다. 성도 여러분, 우리는 하나님의 복음을 믿음으로 죄 사함을 얻고, 하나님의 의를 받고, 하나님의 자녀가 되어 비로소 하나님과 화목한 관계의 사람이 됩니다. 하나님과 바른 관계를 맺는 신분을 갖게 된다는 말입니다. 그것을 우리는 구원이라고 합니다. 율법으로는 이러한 관계를 만들 수 없습니다. 율법에는 이러한 능력이 없습니다. 어떤 율법의 행위로도 하나님께 나아가지 못합니다. 그래서 하나님의 사람은 항상 복음을 묵상하고, 복음이 내 앞에 있는 거울이 되어야 합니다. 복음 앞에서 내가 누구인지를 생각하며, 복음의 증인으로 오늘을 살아가게 되는 것입니다.

성경 전체에서 보면 인간의 행위는 두 가지로 분류됩니다. 첫째 율법의 행위가 있고, 둘째 믿음의 행위가 있습니다. 결국은 율법의 행위냐 믿음의 행위냐, 둘 중 하나입니다. 그런데 이 둘은 정반대입니다. 눈으로 보이기에는 비슷하나, 그 이면은 정반대라는 것을 알아야 합니다. 율법의 행위는 자신의 힘과 노력으로 율법을 지켜서 하나님께 순종하여 하나님께 나아가며, 하나님께로부터 복을 받으려는 것입니다. 반면에, 믿음의 행위는 오직 하나님의 은혜와 진리를 믿음으로 하나님께 순종하며, 하나님과 함께하는 삶을 살아갑니다. 마르틴 루터는 율법의 행위와 믿음의 행위를 나무와 열매의 비유로 우리에게 쉽게 설명합니다. 그는 믿음은 나무로 열매를 맺게 하는 것이라고 합니다. 먼저, 나무가 되어야 합니다. 이 사실을 기억해야 합니다. 하나님의 방식은 먼저 하나님의 사람이 되어 하나님의 자녀답게 살며, 열매 맺기를 바라는 것입니다. 그래서 믿음으로 하나님의 자녀가 되면 믿음의 행위로 하나님께 영광 돌리게 됩니다. 반면에, 율법의 행위는 정반대입니다. 나무에 별로 관심이 없습니다. 나무인 척합니다. 열매에만 관심을 갖습니다. 열매를 좇습니다. 여기에 문제가 있습니다.

믿음의 조상 아브라함을 한번 생각해 보시기 바랍니다. 창세기 12장에 보면, 어느 날 하나님이 갑자기 나타나셔서 그에게 말씀하십니다. "네 본토를 떠나 지시할 땅으로 가라." 아브라함은 말씀하시는 하나님을 믿었습니다. 창조주 하나님이시기에 참으로 믿고 순종하여 믿음의 행위로 그 말씀을 따라 가나안으로 갔습니다. 그 안에 율법의 행위라는 것이 없습니다. 내가 그 행위를 함으로 더 큰 복을 받고 의로운 사람이 된다는 것이 아닙니다. 단지 믿음으로 순종한 것입니다. 창세기 22장에 하나님께서 독자 이삭을 바치라고 하실 때, 아브라함은 아들을 희생 제물로 바치라는 것이 하나님의 말씀이기에 이해가 되지 않아도 그대로 받아들이며 순종합니다. 이것은 믿음의 행위입니다. 그 행위를 통해서 더 나은 복을 얻고 더 유명한 사람이 되는 것이 전혀 아닙니다. 오직 믿음으로 믿음의 행위를 했고, 그리고 하나님께서 그에게 복을 주셨다는 것이 성경의 기록입니다.

저주 아래 있는 율법의 행위

오늘 성경은 말씀합니다. "율법 행위에 속한 자들은 저주 아래 있나니." 이것은 항상 기억해야 할 말씀입니다. 율법 행위에 속한 자들은 저주 아래에 있다는 것은 엄청난 선언입니다. 율법은 하나님께서 주신 선물입니다. 하나님께서 율법과 복음을 주셨습니다. 그런데 그 선물이 저주가 되었다는 말씀입니다. 저주라는 것은 하나님의 진노와 심판을 의미합니다. 얼마나 비참한 상황입니까? 선물을 저주로 만드는 인류는 어떤 존재입니까? 율법은 그 핵심이 십계명입니다. 그 계명이 인류와 나에게 저주가 되었다는 것이 이해가 되십니까? 그래서 13절에는 더 명확한 성경용어가 나타납니다. "율법의 저주." 저는 이 말씀을 묵상할 때마다 다른 성경으로 옮겨가지를 못합니다. 복음과 율법의 관계에서 가장 명확한 하나님의 선언이 바로 율법의 저주입니다. 하나님의 거룩하시고 의로우신 선물인 율법이 인간에게 저주가 되었습니다. 그러한 세상을 성경은 어둠이라고 말씀합니다. 좀 더 깊이 생각해 보면, 십계명의 핵심은 온 마음을 다하여 하나님을 사랑하고, 이웃을 내 몸과 같이 사랑하라는 말씀입니다. 사실 하나님을 사랑하고,

이웃을 내 몸과 같이 사랑하는 것은 참으로 놀라운 선행입니다. 이것이 이성적인 판단입니다. 그런데 하나님의 관점에서 그 선행이 저주가 되었다는 것입니다. 그 선행이 오히려 하나님의 심판과 진노를 받는 상태에 이르게 했다는 것이 우리에게 주신 하나님의 말씀입니다.

원숭이 한 마리가 강가를 지나다가 물고기들이 헤엄치는 걸 보았습니다. 그런데 원숭이의 관점에서는 마치 물고기가 물에 빠져서 허우적거리며 죽어가는 것처럼 보였습니다. 그래서 물고기를 불쌍히 여겨 원숭이가 정의감에 물에 뛰어 들어갑니다. 그리고 급하게 물고기들을 잡아 물 밖 모래사장으로 내던졌습니다. 계속해서 그 일을 했습니다. 그러고 나서 물 밖으로 나와 보니까 물고기가 다 죽은 것입니다. 원숭이가 탄식을 하며 이렇게 말했답니다. "내가 조금만 일찍 와서 구했어도 살릴 수 있었는데, 내가 너무 늦게 와서 이렇게 됐구나." 성도 여러분, 인간의 관점과 율법 행위로 살아가는 것은 그 끝이 저주요 허무인데, 그것을 알지 못하고 비참한 인생을 살아갑니다. 이것이 성경의 판단이고, 하나님의 판단입니다. 그래서 거듭난 그리스도인은 항상 하나님의 관점으로 다시 생각하고, 성경으로 다시 생각하고, 하나님 중심의 삶을 살아가야 합니다. 오직 믿음으로 사는 것입니다. 율법의 행위가 아닙니다. 그래야 하나님과 바른 관계를 맺으며, 주의 은총으로 날마다 승리할 수 있게 됩니다. 성경은 명백하게 선언합니다. 오직 복음을 믿음으로 하나님과 화목하게 되고, 하나님과 바른 관계가 되는 것입니다. 율법의 행위로는 어떤 선행으로도 구원받을 수 없고, 의를 얻을 수 없고, 하나님께 나아갈 수도 없습니다.

오늘 성경에도 기록되었지만, 율법이라는 십계명은 모두 지켜야 하는 것입니다. 사실 문자적으로는 할 수 없는 일입니다. 온 마음을 다하여 하나님을 사랑하고, 이웃을 내 몸과 같이 사랑하라는 것은 못 지키는 것입니다. 항상 내가 먼저이기 때문입니다. 하나님보다 내가 먼저입니다. 이웃보다 내가 먼저입니다. 그러므로 죄인입니다. 하나님의 판단 하에 죗값을 받아야 합니다. 하나님의 진노 아래에 있습니다. 또한 항상 지켜야 하는 것입니다. 그러나 못 지킵니다. 그런데도 지키는 척합니다. 부분적으로 몇 개를 잠시 지키면서 지킨다고 생각하는 것입니다. 그런 의로 하나님께 복을 받고, 형통한 삶을 살 것을 기대합니다. 그것이 율법의 행위입니다. 그래서 하나님의 진노와 심판이 임하게 되는 것입니다. 어떠한 인간의 선행으로도, 율법의 행위로도 하나님과 화목할 수 없고, 하나님으로부터 복을 받을 수 없다는 사실을 성경은 명백하게 선언합니다. 성도 여러분, 하나님께서 율법을 주셨는데, 그 율법은 한마디로 "Do it", 행하라고 주신 것입니다. 하나님이 행하시는 것이 아니라, 우리가 행하는 것이 율법입니다. 이 율법의 목적과 기능을 분별하고, 알며, 오늘을 살아야 성경을 통하여 하나님의 뜻을 분별할 수 있습니다. 율법을 생각할 때, 십계명을 생각할 때 먼저 조목조목 따지지 마시고, 율법을 주신 분의 마음을 생각해야 합니다. 율법을 주신 하나님의 마음은 무엇입니까? 정말 저주를 내리기 위해서 주신 것입니까? 심판하시기 위해서 그런 것이 아닙니다. 인류의 행복과 유익을 위해서 주셨습니다. 우리에게 복을 주시기 위해서 주신 것입니다. 그것을 분명히 알아야 합니다.

율법을 지킴으로 더 큰 복을 받고, 더 큰 의를 얻고, 하나님과 함께할 수 있는 것이 아닙니다. 만일 그랬다면 복음이 올 필요가 없었습니다. 구약성경으로 끝나면 되는 것입니다. 그러나 그렇지 않습니다. 율법의 목적은 하나님의 뜻을 알게 하기 위함입니다. 하나님의 뜻은 온 마음을 다하여 하나님을 사랑하고, 이웃을 내 몸과 같이 사랑하는 것입니다. 왜 그렇습니까? 이것이 창조된 인간의 인생이기 때문입니다. 하나님이 그렇게 뜻을 정하셨습니다. 그래서 그 율법을 어기면 마음에 가책이 생깁니다. 아무리 양심이 죽었다고 하더라도 결코 평강을 누릴 수가 없습니다. 항상 두려움과 절망이 있습니다. 복을 받았으나, 복을 누리지도 못합니다. 이처럼 율법에 명백한 하나님의 뜻이 계시되어 있습니다.

그 기능은 먼저 죄를 깨닫게 하는 것입니다. 율법이 없으면 죄가 무엇인지 모릅니다. 그런데 명확하게 열 가지로 정해 주시니, 이제 죄가 무엇인지를 분명히 기록으로 알게 됩니다. 느낌으로 아는 것이 아니라, 기록된 계시로 알게 됩니다. 그리고 율법은 죄를 억제하는 기능이 있습니다. 율법을 어기면 하나님의 진노가 임할 것입니다. 그 두려움이 있으니, 죄를 짓지 않기 위해서 율법을 어기지 않으려고 합니다. 그런 소극적인 억제 기능이 있습니다. 더 나아가서 율법은 거울입니다. 내가 누구인지, 인간이 누구인지를 알려 줍니다. 아무리 그럴듯하게 세상에서 존경받고 칭찬받는 인물이라고 하더라도, 율법 앞에서는 꼼짝하지 못합니다. 미천한 죄인일 뿐입니다. 율법을 지킬 능력이 없는 존재입니다. 그래서 그리스도인에게는 아침마다 율법이 내 거울이 되어야 합니다.

율법은 내가 하나님의 뜻에 순종하는 사람인지 아닌지를

말해 줍니다. 그래서 율법은 인간을 겸손케 하는 기능이 있습니다. 믿지 않으면 오만해지고 교만해집니다. 위선자가 됩니다. 그러나 율법이 하나님께서 주신 선물인 줄 알 때, 그 가운데 나를 겸손케 합니다. 나는 구제불능의 죄인이고, 하나님의 뜻을 지킬 능력이 없고, 때로는 그럴 마음조차도 없는 미천한 피조물임을 알게 됩니다. 그래서 율법은 하나님께로 돌아가게 합니다. 더 이상 율법의 행위로 허무한 인생을 지향하는 것이 아니라, 하나님의 은혜와 긍휼을 구하고, 하나님의 도움을 청하는 마음을 갖게 합니다. 이것이 율법의 기능입니다.

그러므로 율법의 행위로는 누구도 하나님께 나아갈 수 없고, 하나님께로부터 복을 받을 수가 없습니다. 그럼에도 불구하고 기독교와 교회 안에 온통 율법주의와 율법의 행위가 하나님의 뜻이라고 강조됩니다. 그것이 다른 복음입니다. 성경은 명백하게 선언합니다. 그래서 율법을 지키고 많은 선행을 하며 큰 헌금을 내고, 봉사와 전도와 선교를 해서 이만큼 잘 살고, 이만큼 복을 받고, 모든 것이 잘 되는 것이라고 생각하는 것은 사탄의 역사입니다. 이성적으로는 호소력이 있는 것 같지만, 이것은 무서운 죄입니다.

예수님의 십자가에 나타난 하나님의 심판

오늘 성경에서 하나님께서는 율법에 속한 자는 저주를 받을 것이라고 말씀하십니다. 성도 여러분, 성경을 볼 때 내 마음에 정말 좋아하는 것만, 부분적인 말씀만 하나님의 말씀으로 받아들이면 그 사람은 성경을 파괴하는 사람입니다. 성경 전체를 받아들여야 합니다. 성경에는 율법이 약 70퍼센트에서 80퍼센트 정도 됩니다. 반면에 복음은 10퍼센트 정도입니다. 항상 율법이 먼저입니다. 율법이 무엇인지를 알아야 복음의 능력을 온전히 깨달을 수 있습니다. 그런데 내가 많은 선행을 해서 하나님의 일을 함으로 더 큰 복을 받고, 잘되었다고 느낍니다. 때로는 율법을 지키지 못할 때 가책을 느끼기도 합니다. 두려움이 있으니 더 열심히 해야겠다고 생각합니다. 이 모든 것이 종교생활입니다. 분명 율법 행위에 속한 자는 저주를 받는다고 성경은 말씀합니다. 그런 사건이 구약성경에 가득 차 있습니다. 그럼에도 예수 그리스도의 이름으로 십자가를 말하면서 구원의 시작은 십자가의 복음이지만, 완성은 율법적 행위라고 말합니다. 이러한 것으로는 아무도 구원 받지 못합니다. 이것을 분별하며 오늘을 살아가야 합니다.

여기서 저주는 하나님의 진노와 심판을 말합니다. 갈라디아서 1장에서도 다른 복음을 전하는 자는 저주를 받을 것이라고 합니다. 그럼에도 이 말씀을 추상적으로 받아들이고, 복음과 율법을 합쳐서 전합니다. 이것은 종교기관이지, 하나님의 교회가 아닙니다. 더 나아가서 오늘 본문은 율법에 속한 자는 저주를 받을 것이라고 말씀합니다. 성도 여러분, 이러한 상황에 놓인 인류를 향하여 하나님께서 예수 그리스도를 보내셨습니다. 우리를 구원하시기 위해서, 우리를 불쌍히 여기셔서 예수님을 십자가에 죽게 하셨습니다. 그것을 우리는 복음이라고 말합니다. 그 복음에는 율법의 행위가 하나도 없습니다. 오늘 성경 13절은 명백히 선언합니다. "그리스도께서 우리를 위하여 저주를 받은 바 되사." 항상 묵상하며 살아야 할 것입니다. 십자가를 볼 때마다 율법이 무엇인지, 율법의 저주가 얼마나 무서운 것인지 알아야 합니다. 왜 그렇습니까? 예수님께서 십자가에 죽으신 사건은 계시인데, 그것은 율법의 저주를 받으시는 계시라고 성경은 말씀합니다. 예수님께서 저주를 받으셨습니다. 하나님의 진노와 심판을 받은 것이 십자가에 피 흘려 죽으신 사건입니다. 이것이 복음의 역사이고, 하나님의 은혜와 사랑입니다. 하나님의 진노와 심판을 어떻게 생각하십니까? 추상적으로 생각하십니까? 아니면, 실제 사건으로 생각하십니까? 성경에는 하나님의 진노와 심판에 대한 말씀이 80퍼센트 정도 나옵니다. 그러므로 복음이 진실이라면 구원과 함께 진노와 심판이 반드시 성경에 나타나야 하는 것입니다.

한번 반대로 생각해 보시기 바랍니다. 만일 진노와 심판이 없다면, 복음이 필요 없습니다. 구원의 필요성이 없기 때문입니다. 그런데 왜 구원받으려고 그러는 것입니까? 왜 구원받았다고 그러는 것입니까? 진노와 심판이 임박했기 때문입니다. 현재적, 미래적 심판 속에 있기 때문입니다. 그런데 십자가의 복음을 말하면서 율법을 모른다고 말하고, 무율법주의 또는 율법의 행위로 산다고 말하는 것은 참으로 모순입니다. 십자가에는 하나님의 거룩한 사랑이 계시되어 있습니다. 그래서 예수님께서 우리를 위하여 저주를 받으셨다고 말씀합니다. 이것을 우리는 '아가페'라고 말합니다. 에로스가 아닙니다. 종교적 사랑이나 인간적 사랑과 구별되고, 율법의 행위와 선행과도 구별되는 것입니다. 오직 예수 그리스도만이, 하나님만이 주실 수 있는 아가페 사랑, 그것을 우리는 거룩한 사랑이라고 합니다. 그런데 오늘날은 거룩이 없어지고, 사랑만 말합니다. 그것은 반쪽짜리입니다. 다른 복음입니다. 거듭남의 역사가 나타날 수 없습니다.

희생제물이 되신 예수 그리스도

특별히 오늘 성경은 말씀합니다. "우리를 위하여 저주를 받았다." 성도 여러분, 이것을 원문에 가까운 영어성경으로 보면, "becoming a curse for us" 입니다. 우리를 위하여 저주가 되셨다는 것입니다. 다시 한 번 말씀드립니다. 분명히 예수님께서 저주를 받으신 것인데, 성경은 더 나아가 설명합니다. "우리를 위하여 저주가 되셨다." 그냥 누가 저주를 받았다가 아니라, 예수님 자체가 저주가 되셨다는 말씀입니다. 예수님의 존재가 사라졌습니다. 이것이 우리에게 복음인 것입니다. 하나님의 진노와 심판이 너무도 무겁고 혹독하기에 예수님의 존재 자체가 사라졌습니다. 저주가 되셨습니다. 이것이야말로 복음 중의 복음입니다. 우리에게 주시는 위로이고, 소망입니다. 은혜입니다. 십자가에서 예수님께서는 우리를 위하여, 우리를 대신하여 저주를 받으셨습니다. 저주 자체가 되셨습니다. 성도 여러분, 나는 이러한 체험과 고백 속에 오늘을 살아갑니까?

성경은 말씀합니다. "예수님이 희생제물이 되셨다. 하나님의 어린 양이다. 온 인류를 대속하기 위하여 저주가 되셨다. 나 같은 죄인을 위해 저주를 받으셨다." 그래서 그분이 유일한 구세주이시고, 구주이신 것입니다. 어떤 종교 창시자도 근접할 수 없는 은혜와 진리를 우리에게 주셨기 때문입니다. 그리고 오늘 성경은 말씀합니다. "율법의 저주에서 우리를 속량하셨으니." 이 '속량'이라는 말은 신학적으로 아주 중요한 언어입니다. 헬라어로는 '엑세고라센'인데, 값을 치르고 산다는 말입니다. 영어로 보면 redeem입니다. 누군가가 대신 값을 지불하고 구출하는 것입니다. 나 같은 죄인인 인류가 율법의 저주의 상황에서 하나님의 진노와 심판을 받을 처지에 놓였는데, 그것을 불쌍히 여겨서 누군가 대신 그 진노를 받으시고, 우리를 구원하셨다는 것입니다. 이것이 십자가의 사건입니다.

십자가의 피는 말로 된 것이 아닙니다. 하나님은 얼마든지 말로 천지를 창조하실 수 있는 분이지만, 그렇게 하지 않으셨습니다. 굳이 성자 하나님을 보내시어 피 흘려 죽게 하셨습니다. 그 사건 속에서 우리의 죄를 대속하기 위하여 죽으셨다고 말씀하십니다. 스스로 하나님의 진노와 심판을 받으시고, 도살장에 끌려가는 양과 같이 십자가에 죽으셨다는 것이 우리에게 주신 복음입니다. 성도 여러분, 이 사실을 듣고 믿어질 때 우리는 질문합니다. 질문할 수밖에 없습니다. 왜 하나님은 이렇게 하시는 것입니까? 아니, 창조주 하나님이 뭐가 아쉬우셔서 이렇게 하신 것입니까? 성경에서 보듯이 노아의 홍수 심판을 내리시고, 다시 인류를 만드셔도 됩니다. 그렇게 다시 시작하셔도 되는 분이신데, 무에서 유를 창조하시는 분이신데, 어떻게 한낱 피조물을 위하여 이런 일까지 계획하시고 행하시느냐는 것입니다.

이 질문에 성경은 두 가지로 답합니다. 첫째가 하나님의 성품으로 말미암은 것입니다. 하나님은 은혜로우시고, 긍휼이 많으시고, 노하기를 더디 하시고, 인자하심이 풍부하십니다. 그 하나님이시기에 이렇게 행하시는 것입니다. 더욱이 하나님은 신실하신 하나님이십니다. 말씀대로 역사하십니다. 창세기부터 요한계시록까지, 이러한 사건들이 가득 기록되었습니다. 구체적으로 노아의 홍수, 그 심판 이후에 다시는 이러한 심판이 없으리라고 말씀하십니다. 최후의 심판 때까지 유보됩니다. 그 기간이 구원의 시간이라는 것입니다. 더 나아가 아브라함에게 말씀하십니다. 그를 믿음의 조상으로 정해 주시고, 오직 믿음으로 의를 얻고, 믿음으로 하나님의 자녀가 되었다고 하십니다. 믿음으로 하나님의 복을 받았다고 하십니다. 그 계시를 성취하시기 위하여 예수 그리스도께서 이 땅에 오신 것입니다. 저는 복음을 떠올릴 때마다 이러한 생각이 듭니다. 안 믿는 사람도 그렇지만, 무신론자들이 거부하는 신은 성경에 기록된 하나님이 아닙니다. 그들은 은혜로우시고, 자비로우시고, 노하기를 더디 하시고, 사랑이 풍부하신 하나님을 알지 못하는 것입니다. 누군가 잘못 전한 것입니다. 더욱이 오늘날 교회와 기독교에서 선포된 그 하나님은 성경의 하나님과 너무나 다릅니다. 깊이 생각해야 할 것입니다.

하나님의 자녀 됨은 말로 되는 것이 아니라, 십자가의 복음, 그 사건 속에서 이루어지는 것입니다. 하나님의 은혜와 사랑이 구체화되었고, 신실하신 하나님이 십자가의 사건을 일으키셨습니다. 복음의 비밀, 십자가의 복음을 알고 믿는 자가 하나님의 자녀입니다. 그러기에 하나님을 향하여 오직 감사와 찬양과 헌신만이 있을 뿐입니다. 그다음에 이어지는 추가적인 말이 없습니다. 무엇을 더하고 빼고 할 이유가 없습니다. 그래서 더 큰 하나님의 사람이 되는, 이런 것이 없는 것입니다. 예수님께서 십자가에서 "다 이루었다"라고 말씀하십니다. 정말 하나님의 복음을 알고, 예수 그리스도를 나의 구주로 영접한 자는 그 자체가 얼마나 큰 복이며, 은혜이며, 사랑인가를 알게 됩니다. 그래서 오직 믿음으로 살아갑니다. 그리고 자발적인 마음으로, 기쁜 마음으로 율법에 순종하는 사람으로 변하는 것입니다.

성경의 많은 비유 가운데 기독교를 대표하는 비유는 탕자의 비유입니다. 한 아버지에게 두 아들이 있는데, 사실 둘 다 탕자입니다. 그러나 특별히 집 나간 탕자는 허랑방탕한 생활을 합니다. 율법의 행위 가운데 아버지의 집에서 살다가, 집을 나가서도 그렇게 삽니다. 그러다 결국 모든 것을 잃고, 허무를 경험하며, 죽음 직전까지 갑니다. 그 고통 속에서 이제 그는 생각합니다. '아버지 집으로 가자. 차라리 거기서 종으로 사는 게 낫겠다.' 그런데 가서 보니, 아버지가 기다리고 있었습니다. 먼저 자기를 발견하고 뛰어 달려옵니다. 그리고 안고 입맞추며 잔치를 벌입니다. 아버지는 어떤 인생을 살았느냐, 왜 그랬느냐고 묻지 않습니다. 아버지께로 왔다는 것 자체를 기뻐합니다. 성도 여러분, 기쁘신 뜻대로 하나님 아버지께서 독생자를 이 땅에 보내시고, 십자가에 죽게 하셨습니다. 한 사람의 영혼 구원을 위해서, 한 사람의 죄인이 돌아오기를 기뻐하시기에 복음의 역사를 펴심으로 우리에게 율법과 복음을 주셨다고 기록한 성경을 선물로 주셨습니다.

네덜란드의 유명한 화가인 렘브란트의 작품 중에 십자가에 못 박힌 예수님을 그린 그림이 있습니다. 한 번쯤은 다 보셨을 것입니다. 그 그림에서 먼저 눈이 가는 것은 당연히 예수님이고, 십자가에 달리신 모습입니다. 그다음에는 주변에 있는 사람들입니다. 예수님을 십자가에 못 박은 로마 군병들, 더 나아가 조롱하고 비난하는 무지하고 미천한 죄인들의 얼굴이 그려져 있습니다. 그리고 자세히 보면 저 구석에 좀 그늘지게, 희미하게 그려져 있는 한 인물의 얼굴이 있습니다. 그것은 렘브란트 자신입니다. 자신을 슬며시 그려 놓았습니다. 왜 그렇습니까? 이 사건 속에 자신이 있다는 것을 알리고 싶었던 것입니다.

성도 여러분, 십자가의 복음을 알고, 오직 믿음으로 살아가는 사람에게는 십자가를 보며 '나는 율법에 대하여 죽었다'는 고백이, '나는 그리스도와 함께 십자가에 못 박혔다'는 고백이 있어야 합니다. 율법에 속한 자로 저주를 받았지만, 예수님께서 나를 위하여 대신 저주를 받으셨고, 그래서 그 율법의 저주에서 속량 받았다는 고백이 있어야 하는 것입니다. 거듭난 그리스도인은 율법의 행위를 버리고, 믿음의 행위로 오늘을 살아가도록 변화된 사람입니다. 더 이상 나 중심의 자아 성취를 위한 삶을 살아가는 것이 아니라, 하나님 중심에서 하나님의 뜻이 이루어지기를 소망하며 오늘을 살아갑니다. 그래서 세상 속에서 하나님의 은혜와 진리를 믿음으로 그 은혜와 진리에 합당한 삶을 살도록 변화된 사람입니다. 구별된 사람입니다. 진리의 성령께서 우리 안에 계셔서 항상 그리스도께로 인도하시며, 그리스도 안에서 살아 계신 그리스도만을 바라보며, 십자가의 도를 묵상하며, 십자가의 길을 따라 놀라운 권세 있는 삶을 살도록 우리를 인도하십니다. 더 이상 율법의 행위에 속한 자가 아닙니다. 믿음의 행위로 살아가는 자신의 변화를 체험하며, 복음의 증인으로 담대한 인생을 살아가야 할 것입니다.

† 기도

창조주이시며 거룩하신 하나님 아버지. 하나님 앞에 분명 미천한 죄인이요, 진노의 자녀요, 한낱 피조물이건만, 이처럼 사랑하시고, 은혜를 베푸셔서 은혜의 복음, 십자가의 복음을 믿음으로 하나님의 자녀 되는 권세를 주시어 이제는 영의 눈을 떠서 하나님을 경외하는 자로, 하나님께 순종하는 자로 새사람의 인생을 살게 하여 주심을 진심으로 감사드립니다. 그러나 또다시 세상에서 바쁘게 살며, 세상 풍조에 휩쓸리어 율법 행위에 속한 자로 살며, 무지무각한 자로 살며, 위선적인 신앙생활을 할 때가 많은 미천한 죄인을 용서하여 주옵소서. 진리의 성령이시여, 진실로 십자가 복음의 증인으로 살아 계신 그리스도를 소망하며, 복음의 포로가 되어 복음의 영광을 나타내며, 하나님의 일에 힘쓰며, 믿음의 행위로 날마다 승리하는 주의 사람 되게 지켜 주옵소서.

주 예수 그리스도의 이름으로 간절히 기도드리옵나이다. 아멘.

LONDON

08.

그리스도로 옷 입은 자

믿음이 오기 전에 우리는 율법 아래에 매인 바 되고 계시될 믿음의 때까지 갇혔느니라 이같이 율법이 우리를 그리스도께로 인도하는 초등교사가 되어 우리로 하여금 믿음으로 말미암아 의롭다 함을 얻게 하려 함이라 믿음이 온 후로는 우리가 초등교사 아래에 있지 아니하도다 너희가 다 믿음으로 말미암아 그리스도 예수 안에서 하나님의 아들이 되었으니 누구든지 그리스도와 합하기 위하여 세례를 받은 자는 그리스도로 옷 입었느니라 너희는 유대인이나 헬라인이나 종이나 자유인이나 남자나 여자나 다 그리스도 예수 안에서 하나이니라 너희가 그리스도의 것이면 곧 아브라함의 자손이요 약속대로 유업을 이을 자니라_**갈라디아서 3:23-29**

08.

그리스도로 옷 입은 자

한 목사님이 미국에 갔다가 기념품을 사려고 기독교 용품점에 방문했습니다. 이것저것 둘러보다가 십자가 문양과 함께 'WWJD'라는 글자가 적힌 모자를 발견했는데, 무척 마음에 들었습니다. 그래서 목사님은 점원에게 그 WWJD가 무슨 뜻이냐고 물었습니다. WWJD가 'What Would Jesus Do(예수님이라면 어떻게 하실 것인가)'라는 설명을 들은 목사님은 그냥 모자를 내려놓았습니다. 점원이 안 살 거냐고 묻자, 목사님은 이렇게 대답했습니다. "그 말을 듣고 잠시 생각해 보니까 예수님이라면 이 모자를 20달러나 주고 사지 않으셨을 것 같습니다. 그래서 안 사겠습니다."

성도 여러분, 거듭난 그리스도인은 예수 그리스도께 속한 사람입니다. 이것은 그리스도의 것으로 변화되었다는 의미입니다. 예수님을 나의 구세주요 구주로 영접하고, 그 믿음으로 살아가는 자녀이기에 하나님의 자녀는 그리스도께 속한 사람입니다. 그래서 그리스도를 본받고 따르는 삶을 지향합니다. 자기를 부인하고 자기 소원에 집착하지 않습니다. 오직 그리스도께 순종하는 인생을 통하여 은혜와 평강을 누리는 삶을 살게 됩니다. 그 이유는 단 하나입니다. 십자가의 복음을 믿음으로 하나님의 자녀가 되었기 때문입니다. 십자가의 복음이 나를 그렇게 만듭니다.

거룩하신 창조주 하나님

그리스도인은 육신의 행위로 구원받은 것이 아니고, 나의 힘과 결심과 공로와 선행으로 하나님께 인정받아 의롭다 칭함을 받은 것도 아닙니다. 이것을 항상 기억하며 살아가야 합니다. 요즘 남자들은 살다가 너무 힘이 들면 지갑에서 아내의 사진을 꺼내 보며 이렇게 생각한다고 합니다. '내가 이 사람과도 사는데, 세상에 못할 일이 어디 있나.' 아내 역시도 살다가 힘들면 남편의 사진을 꺼내 보면서 생각한다고 합니다. '내가 이것도 사람이라고 데리고 사는데, 세상에 못할 일이 어디 있나.' 성도 여러분, 거듭난 그리스도인은 항상 예수 그리스도 안에 연합한 자로 믿음으로 생각하며, 그리스도께 속한 자임을 기뻐하고 십자가의 복음을 깊이 묵상하며, 복음의 증인으로 살아갑니다. 예수 그리스도 안에서 다시 생각하고, 그리스도의 영광을 나타내며 살아가는 사람임을 항상 기억해야 합니다.

성도 여러분, 오직 한 분이신 창조주 하나님은 거룩하신 분이십니다. 거룩하신 하나님이십니다. 성경을 대할 때마다, 예수 그리스도를 생각할 때마다 그것을 분명히 기억해야 합니다. 예수님께서 그렇게 계시하셨습니다. 또한 성경은 하나님의 첫째 성품으로 거룩을 수없이 반복하고 강조하며 우리에게 알려 주십니다. 무엇보다도 십자가가 그렇게 계시하고 있습니다. 십자가 사건을 생각해 보시기 바랍니다. 왜 하나님은 독생자를 십자가에 피 흘려 죽게 하셨습니까? 예수님과 십자가를 생각하면 이 질문은 자연스럽게 나오게 됩니다. 전지전능하신 하나님께서 왜 이런 방식으로 구원의 역사를 행하셨습니까? 왜 하나님의 아들이 십자가에 피 흘려 꼭 죽으셔야 했습니까? 이 질문의 답은 단 하나입니다. 하나님은 거룩하신 분이시기 때문입니다. 거룩하신 하나님은 죄를 반드시 심판하십니다. 죄를 미워하십니다. 죄와 함께할 수 없는 분이십니다. 거룩하신 분이십니다. 그래서 죄를 심판하시고, 죄에 대하여 진노하십니다. 성경 전체에, 특별히 구약성경에 가득 기록되어 있습니다.

그래서 전지전능하신 하나님조차도 죄의 문제를 해결하지 않으시고는 죄인을 구원하실 수 없는 것입니다. 은혜로우시고, 긍휼과 자비가 넘치시며, 신실하신 하나님이십니다. 진리의 하나님이시요, 말씀대로 역사하시는 하나님이시요, 거룩하신 하나님이시기에 죄 문제의 해결 없이는 구원의 역사를 펼 수가 없으셨던 것입니다. 그래서 인류의 죄를 대속하기 위하여 성자 하나님이 십자가에 죽으셔야 했습니다. 하나님의 진노와 심판을 받으셔야 했습니다. 그래야 공의로운 하나님이, 신실하신 하나님이, 거룩하신 하나님이 온전히 계시되시기 때문입니다. 그래서 하나님께서는 이 죄의 문제를 해결하시기 위해 일찍이 모세를 통해서 율법을 주셨습니다. 그것이 구약성경 전체의 내용입니다. 그리고 예수님을 통하여 십자가의 복음을 주셨습니다. 이것이 신약성경 전체의 메시지입니다. 하나님께서 율법과 복음을 친히 주셨습니다. 그 이유는 죄의 문제를 해결하시기 위해서입니다. 죄가 무엇인지를 가리키시기 위해서입니다. 왜 그렇습니까? 그분은 거룩하신 하나님이시기 때문입니다. 그래서 율법을 먼저 주셨습니다. 이것을 항상 기억해야 합니다. 시간적으로도 먼저이지만, 하나님의 경륜 속에 율법이 항상 먼저입니다. 율법을 모르면 그리스도의 복음을 알지 못합니다. 다른 종교가 되고 맙니다. 율법이 먼저입니다. 하나님의 뜻에 따라 율법이 먼저 온 것입니다. 그 율법은 죄를 깨닫게 하고, 죄를 억제하게 하는 것입니다. 그 율법 안에서 내가 누구인지 아는 것입니다. 미천한 죄인일 뿐임을 깨닫습니다. 율법이 구약성경 전체의 메시지입니다.

그러나 율법 안에는 죄의 해결책이 없습니다. 온전히 죄 사함을 받는 해결책이 없습니다. 그러므로 구원의 능력도 없습니다. 어느 누구도 율법의 행위와 율법을 지킴으로 의롭다고 칭함을 받을 수 없고, 하나님의 자녀가 될 수 없습니다. 이것이 성경 전체의 메시지입니다. 항상 기억해야 합니다. 하나님의 사람 아우구스티누스는 율법에 관한 명확한 진술을 이렇게 기록하고 있습니다. "우리가 할 수 없는 일을 하나님께서 명령하시는 것은 우리가 하나님에게서 구해야 할 것을 알게 하시려는 뜻이다. 율법을 주신 것은 우리를 책망하며, 책망을 받은 우리가 두려워하며, 두려워함으로 용서를 빌며, 우리 자신의 힘을 믿고 감히 행동하지 않게 하시려는 뜻이다. 율법을 주신 목적은 위대한 체하는 우리를 작게 만드시며, 우리 자신에게는 의를 얻을 힘이 없다는 것을 증명하시며, 무력하고 무가치하고 빈궁한 우리가 은총으로 피난하게 하시려는 것이다."

율법의 목적과 기능

성도 여러분, 율법의 목적과 기능을 항상 명백하게 알고 오늘을 살아가야 합니다. 그렇지 못하면 모두가 율법의 저주 아래 갇히게 됩니다. 하나님께서 주신 고귀한 선물인 율법이 우리에게 저주가 됩니다. 하나님의 진노와 심판을 받게 됩니다. 그 대표적인 것이 율법주의입니다. 구약성경 전체도 말씀하고, 신약성경 전체도 항상 율법주의가 문제인 것을 말씀합니다. 율법은 그런 목적과 기능으로 주신 것이 아닌데, 하나님을 믿는 사람들이 율법을 왜곡하고 가감해서 율법주의에 빠집니다. 내가 율법을 지키면 지킬수록 하나님께서 나에게 복을 주신다고 생각하는 아주 이상한 시나리오를 써서 결국 복음을 왜곡하고, 종교화시킵니다.

또한 기복신앙이 문제입니다. 이것은 한국에만 있는 것이 아닙니다. 성경에도 있었고, 전 세계적인 문제입니다. 대다수 신앙인이 기복신앙에 빠집니다. 물론 거기에 불교와 샤머니즘의 영향, 유교의 영향도 있지만, 핵심적인 것은 율법의 문제입니다. 그래서 하나님의 일을 많이 하고, 전도와 구제와 봉사를 하고, 새벽기도도 나오면 뭔가 더 큰 하나님의 복을 받고, 더 큰 은총을 받는다는 잘못된 신앙생활에 빠집니다. 결국 그 속에 위선이 있고, 자기 의에 빠지게 됩니다. 또한 오늘날 '번영의 신학'이 판을 치고 있습니다. 예수 믿고 구원받으면, 하나님의 일에 힘쓰면, 성수주일 잘하면 부와 건강을 얻고, 만사형통하고, 자아 성취한다고 말하는데, 이것은 새빨간 거짓말입니다. 기독교 안에서 통하는 이런 어처구니없는 말들은 사탄의 말입니다. 이 모두가 율법의 행위이고, 그래서 율법이 저주가 됩니다. 이러한 현실을 직시하며 오늘을 살아가야 합니다.

디모데전서 1장 8절의 말씀입니다. "율법은 사람이 그것을 적법하게만 쓰면 선한 것임을 우리는 아노라." 여기서 "사람"

은 거듭난 그리스도인을 말합니다. 거듭난 그리스도인은 율법을 적법하게 써야 합니다. 그 기능과 목적에 따라 하나님의 뜻에 합당하게 쓰면 귀한 것입니다. 그런데 위법하게 씁니다. 여기에 문제가 있습니다. 그때 율법은 우리에게 저주가 되고, 심판이 됩니다. 그 사건을 성경이 가득 기록하고 있습니다. 그래서 오늘 성경에 우리에게 주신 말씀으로 이렇게 기록되어 있습니다. "믿음이 오기 전에 우리는 율법 아래에 매인 바 되고 계시될 믿음의 때까지 갇혔느니라." 여기서 "믿음"이라는 것은 예수 그리스도를 말하고, 정확하게 십자가의 사건을 말합니다. 예수 그리스도와 십자가의 복음을 믿음으로 구원받았기에 그것을 믿음이라고 함축해서 설명합니다. 우리는 율법 아래에 매인 바 되고 갇혔습니다. 율법의 종이 되었고, 율법의 감옥에 갇혔다는 것을 우리에게 말해 줍니다.

하나님의 사람 마르틴 루터는 갈라디아서 주석을 통해서 수없이 반복하여 말합니다. "율법은 신학적으로 영적인 감옥이며 지옥이다." 왜 그렇습니까? 성경에 율법의 저주라는 말이 있기 때문입니다. 그 안에서 깊이 하나님의 뜻을 분별하니, 이 율법을 잘못 사용해서 모두에게 저주와 심판이 되었습니다. 감옥이 된 것입니다. 다시 한 번 생각해 보시기 바랍니다.

율법의 기능이란, 죄를 깨닫게 하는 것입니다. 죄가 무엇인지 모르는 죄 가운데 있는 사람이 율법을 통해서 죄가 무엇인지를 명백히 깨닫게 되는 것입니다. 그리고 죄를 억제하기도 합니다. 그런데 이 율법을 다 지킬 수가 없습니다. 항상 지킬 수가 없습니다. 그러니까 무기력하고 무능력해집니다. 하나님 앞에, 율법 앞에 참으로 미천한 죄인임을 깨닫습니다. 그때 우리 안에 절망이 몰려옵니다. 무기력함이 있고 두려움이 있습니다. 왜 그렇습니까? 죗값은 사망임을, 반드시 하나님께서는 죗값을 치르게 하시고 죄를 심판하시는 것을 알기에 두렵습니다. 절망합니다. 이 모든 게 율법 아래 갇힌 것입니다. 율법의 감옥 속에 있는 것입니다.

성도 여러분, 이것은 2천 년 전의 사건을 얘기하는 것이 아니라, 율법을 주신 이후로 예수님이 다시 오실 그날까지의 현재 상태를 말합니다. 율법이 무엇입니까? 하나님의 관점으로 세상을 보아야 합니다. 그래야 모두가 죄인이고, 의인이 하나도 없다는 이 말씀이 참으로 진리임을 깨닫게 됩니다. 그런데 하나님의 섭리 가운데 어느 날 갑자기 하나님의 시간에 예수님이 오셨고, 십자가의 사건이 일어났습니다. 그것이 믿음의 때입니다. 그 사건을 믿음으로, 그 은혜를 믿음으로 자유인이 됩니다. 오직 십자가의 복음을 믿음으로 우리는 자유롭게 됩니다. 죄의 문제를 해결하고, 하나님의 의를 얻고, 하나님의 자녀 됨의 권세를 받고, 율법의 감옥에서 벗어나게 됩니다. 어떻게 가능합니까? 십자가의 사건 때문입니다. 십자가의 사건으로 말미암아 그 복음을 믿음으로 우리는 이러한 수혜자가 됩니다. 이것이 하나님의 지혜이고, 능력이며, 경륜입니다. 이것을 항상 기억해야 합니다.

후견인의 역할을 하는 율법

그리고 오늘 성경 24절은 이렇게 기록합니다. "이같이 율법이 우리를 그리스도께로 인도하는 초등교사가 되어." 참으로 신비하며 난해한 말씀입니다. 그러나 그 메시지를 알면 간단한 이야기입니다. "초등교사"라는 언어가 문제인데, 이전 성경을 보면 "몽학선생"으로 되어 있습니다. 그 말도 어려워서 제가 영어성경을 모두 찾아봤습니다. 그리고 한국어로 번역된 성경을 살펴보니 가정교사, 개인교사, 후견인 등 일치된 말이 없습니다. 다 적절하지 못합니다. 영어성경도 다양한 언어로 번역되어 있습니다. 그러나 제가 알기로 가장 정확한 번역에 가까운 것은 guardian, '보호자'라는 말입니다. 그런 의미로 보면 '후견인'으로 번역하는 것이 적당합니다. 이것을 원어로 보면 '파이다고고스'라는 말인데, '늙은 종'을 의미합니다. 당시 문화권 안에서 늙은 종은 오랫동안 함께한 충성된 종을 말합니다. 선생이 아닙니다. 그에게는 특별한 임무가 있었습니다. 자녀들을 보호해 주는 임무입니다. 특별히 학교에 데려다 주고, 데리고 오는, 그리고 학교에 가서 선생님에게 맡기는 보호자의 역할입니다. 그러므로 율법이 무엇입니까? 율법은 예수 그리스도께로 인도하는 역할을 하는 것입니다. 먼저 율법은 죄를 깨닫게 합니다. 죄가 무엇인지 모르는 사람은 예수 그리스도께 오지를 않습니다. 와도 잘 믿지 못합니다. 내 소원을 들어주는 분으로, 그러한 종교적 믿음만 가질 뿐입니다. 이것은 잘못된 신앙생활입니다. 죄가 무엇인지 알려 주는 것은 율법입니다. 율법 앞에서 나는 죄인이요, 무가치한 죄인이요, 무능력한 죄인임을 깨닫게 됩니다. 그래서 여기서 벗어나고 싶은 것입니다. 내 힘으로는 안 되니까, 이제 예수 그리스도께로 옵니다. 율법은 그리스도께로 인도하는 은혜의 방편입니다. 이것이 하나님의 놀라운 경륜입니다.

이제 예수 그리스도 안에 죄의 해결책이 있습니다. 그래서 그분이 구세주이십니다. 그분만이 죄를 해결하시며, 하나님의 의를 주시고, 하나님의 자녀가 되게 하시고, 하나님과 바른 관계를 맺게 하십니다. 율법에는 그러한 기능이 없습니다. 하나님께서 그렇게 정하셨습니다. 그런데도 율법의 행위로 나는 선한 사람이요, 의인이요, 하나님께로부터 더 큰 복을 받는다고 말하며 율법을 남용하고, 오히려 율법의 저주를 받는 비참한 인생을 살게 되는 것입니다. 다시 말하면, 율법은 구약성경입니다. 구약성경은 한마디로 복음, 즉 예수 그리스도의 십자가 복음을 계시하는 역할을 합니다. 그러니 어느 쪽을 많이 읽어야 하겠습니까? 신약을 열 번 보면, 구약은 한 번만 보면 됩니다. 비교가 안 됩니다. 구약, 즉 율법은 예수 그리스도께로 인도합니다. 예수 그리스도를 만나고, 예수 그리스도의 계시를 알면 구약성경이 달리 보입니다. 그렇지 못하면 온갖 난해한 문자, 사건, 문화, 인물 같은 것들에 시선이 분산되어 복음을 잊어버리게 됩니다. 이것은 성경의 본질이 아닙니다. 율법은 예수 그리스도께로 인도하는 것이라고 오늘 성경은 명백하게 기록합니다.

그러므로 모든 종교에는 좋은 가르침이 있고, 좋은 사건도 있고, 능력이 있을지 모르지만 분명한 것은 죄 사함, 죄의 해결책이 없다는 것입니다. 애초에 죄가 무엇인지 몰라서 하나님을 알지 못합니다. 율법을 알지 못하니, 죄가 무엇인지 모릅니다. 도덕적 수준에서만 알 뿐입니다. 그러니 하나님께로부터 더 멀어질 수밖에 없습니다. 세상 모든 지식을 생각해 보시기 바랍니다. 아무리 현대 지식이라 할지라도 죄가 무엇인지 모릅니다. 그래서 현대 지식을 많이 받을수록 자꾸 시원찮은 사람이 되는 것입니다. 부모를 공경하지 않고, 하나님을 경외하지도 않고, 다 추상적으로 여깁니다. 그 안에는 죄의 해결책이 없습니다. 율법이 없습니다. 하나님을 경외하는 것을 가르치지 않기 때문입니다. 그러한 종교와 세상 지식이 교회 안에 들어와서 복음을 가감하고, 율법의 행위로 더 의로운 구원의 완성에 이른다고 말하는 것입니다. 그것을 다른 복음이라고 하며, 성경은 저주를 받을 것이라고 반복하여 선언하고 있습니다. 오직 십자가의 복음을 믿음으로 의롭게 되고, 죄 사함을 받고, 하나님의 자녀가 됩니다. 이것은 단지 암기 사항이 아닙니다. 묵상해야 합니다. 그래야 분별력이 생기고, 성경을 보는 눈이 확 뜨이게 되는 것입니다.

그리스도와 연합됨의 의미

그리고 명료하게 오늘 본문 27절에 우리에게 주신 하나님의 말씀이 이렇게 기록됩니다. "누구든지 그리스도와 합하기 위하여 세례를 받은 자는 그리스도로 옷 입었느니라." 두 가지 비유를 통해서 십자가의 복음을 믿는 하나님의 자녀는 어떠한 사람인지를 명확하게 다시 우리에게 알려 줍니다. 먼저, 세례라는 비유입니다. 세례는 눈에 보이는 사건이지만, 세례의 방식은 다 다릅니다. 본래 예수님 당시에는 물속에 담갔다가 꺼내는 것이었습니다. 그 방식이 옳다고 해서 침례교회는 목욕탕 같은 것을 만들어 놓고 꾹 집어넣었다 뺍니다. 제가 신학교 때 침례교 신학교를 다녔는데, 어떤 효과가 있나 궁금해서 침례를 받아 봤습니다. 그래서 제가 세례를 두 번 받았습니다. 그런데 아무 일도 없었습니다. 이것은 하나의 방식인 것입니다. 메시지는 오늘 성경에 기록된 대로 그리스도와 연합되는 것을 의미합니다. 이것을 잊어서는 안 됩니다. 로마서 6장 3절도 말씀합니다. "그리스도 예수와 합하여 세례를 받은 우리는." 세례는 하나의 방식이고, 그 메시지는 그리스도와 합하였다는 것입니다. 적어도 세 가지 차원에서 그렇습니다. 성경은 그것을 명확하게 진술합니다.

먼저 세례를 통해 예수님을 나의 구주로, 구세주로 받아들였습니다. 나와 예수님과의 관계는 전적인 순종의 관계입니다. 그러므로 연합된 관계입니다. “예수님은 나의 구주이십니다”라고 말하면서 내 마음대로 사는 것은 의미상 세례 받지 않은 것입니다. 형식적으로만 받은 것입니다. 또한 세례를 받았다는 것은 예수 그리스도와 함께 죽었다가 살아났다는 것입니다. 에베소서 2장 1절은 말씀합니다. “허물과 죄로 죽었던 너희를 살리셨도다.” 예수님의 십자가와 함께 내가 죽었습니다. 의미상 영적으로 율법에 대하여 죽고, 그리스도와 함께 십자가에 못 박혔고, 부활로 다시 태어나는 것입니다. 죽었다가 다시 태어났다는 것을 거듭남이라고 합니다. 그 메시지의 표현이 세례입니다. 그리고 무엇보다도 세례는 믿음의 고백입니다. 그리스도와 함께 연합하였다는 것은 이성적으로나 감성적으로 느낄 수 있는 것이 아닙니다. 영적인 것입니다. 믿음으로 그리스도와 함께 연합했다는 것이 세례입니다. 그러므로 다시는 율법의 행위로 돌아가지 않습니다. 율법의 저주에서 벗어난 것을 확연히 알기에 오직 복음의 증인으로 살아가게 되는 것입니다.

그리고 더 강하게 우리에게 비유로 같은 메시지를 말씀해 주십니다. 그것이 바로 "그리스도로 옷 입었다"입니다. 이것은 당시 문화로 봤을 때, 신분이 바뀌는 것입니다. 왕의 옷이 있고, 제사장의 옷이 있습니다. 또 평민의 옷이 있습니다. 그리스도로 옷 입었다는 것은 신분이 완전히 바뀌었다는 것입니다. 새 사람 됨을 말합니다. 거듭남의 역사를 말합니다. 그리스도께 속한 자가 되었음을 말합니다. 그리스도의 것이 된 것입니다. 왜 그렇습니까? 오직 십자가의 복음을 믿음으로 이렇게 되었기 때문입니다. 믿음의 사람은 이것을 믿으며 살아가는 것입니다. 항상 하나님 앞에서, 십자가 앞에서 그리스도로 나의 신분이 바뀌었음을 믿고 오늘을 살아가게 됩니다. "옛 사람을 벗어버리고 새 사람을 입으라"는 말씀의 의미가 이것입니다. "너희는 주 안에서 새로운 피조물이 되었느니라." 이것은 추상적인 이야기가 아닙니다. 그리스도로 옷 입었기 때문입니다. 예수 그리스도의 십자가 사건이 이것을 말해 준다는 것을 성경은 증언하고 있습니다. 그리스도로 옷 입었다는 것은 무슨 의미입니까? 다음 네 가지를 생각해야 합니다.

첫째가 의의 옷입니다. 인간의 의가 아니라 하나님의 의의 옷을 입었습니다. 죄 사함을 받고, 하나님의 의를 선물로 받았습니다. 이것을 망각하면 안 됩니다. 그래서 그 의를 생각할 때 행위 중심의 삶이 없어집니다. 자기를 부인하게 됩니다. 더욱이 그리스도로 옷 입었다는 것은 은혜와 진리의 옷을 입었다는 것입니다. 요한복음에서 말씀합니다. "예수 그리스도 안에 은혜와 진리가 충만하더라." 이것은 성경 전체의 메시지입니다. 그러므로 그리스도로 옷 입었다는 것은 은혜와 진리의 충만함을 받은 것입니다. 이제 그것을 알아가며 지식의 세계가 변합니다. 모든 생각이 변합니다. 이전에는 예수 그리스도와 상관없는 것이 지식이고 또 은혜라고 생각했는데, 그게 다 없어십니다. 예수 그리스도 안에 있는 은혜와 진리, 그것만이 참임을 알게 됩니다. 생각과 사고방식이 변하게 됩니다. 더 나아가 그리스도로 옷 입었다는 것은 성령의 옷을 입었음을 의미합니다. 예수님의 영이 성령이십니다. 예수님은 항상 성령 충만한 인생을 사셨습니다. 그 옷을 우리에게 주십니다. 어떻게 주십니까? 십자가의 복음을 믿음으로 그 사건이 우리에게 은총을 주는 것입니다. 더 이상 육신의 생각에 끌려가지 않게 되는 것입니다.

또한 그 옷은 하나님 나라의 옷입니다. 왜 그렇습니까? 예수님은 하나님 나라를 전하셨고, 하나님 나라의 왕이시고, 우리는 그 백성입니다. 그 나라의 옷을 입었기에 세상에서 살지만, 세상에 속한 자로 살아가지는 않습니다. 영의 눈이 열렸기 때문입니다. 안 믿는 사람들은 도대체 하나님 나라가 어디 있고, 천국이 어디 있느냐며 묻습니다. 때로는 믿는 자도 회의적인 생각이 들어서 하나님 나라가 어디 있는지 질문할 때가 있습니다. 그런데 그 질문의 답은 딱 하나입니다. 예수 그리스도가 계신 곳이 하나님 나라입니다. 예수 그리스도 안에서 연합한 자, 예수 그리스도와 함께하는 자는 이미 하나님 나라에 있는 것입니다. 잊어서는 안 됩니다. 그것을 알고 믿는 자로 변한 사람이 하나님의 자녀입니다.

그리고 그리스도로 옷 입는 것은 단번에 되는 것입니다. 내가 열심히 이제부터 노력해서, 하나님의 일을 많이 하는 것을 통해서 이루어지는 것이 아닙니다. 그것은 하나님의 교회가 아닙니다. 다른 복음을 전하는 것입니다. 이것은 단번에 되는 것입니다. 왜 그렇습니까? 십자가의 사건에서 이미 이루어졌기 때문입니다. 하나님께서 베푸신 것입니다. 그 은혜를 알고, 믿음으로 받는 것입니다. 또한 이것은 지속적이어야 합니다. 한 번 받았다고 계속 저절로 되는 것이 아닙니다. 받은 줄로 여기라는 말씀처럼, 받았음을 믿고 여기면서 십자가의 복음을 묵상할 때, 그리스도로 옷 입은 자의 정체성으로 담대한 인생을 살아가게 되는 것입니다.

십자가에 나타난 복음

저명한 신학자 칼 바르트는 자신의 모든 신학을 대변하는 매우 인상적인 비유의 하나로 독일의 화가 마티아스 그뤼네발트가 그린 이젠하임 제단화의 중앙에 있는 예수님의 십자가 처형 장면 그림을 손꼽았습니다. 이 그림을 보신 분들이 많이 있을 것입니다. 이 그림을 살펴보면 예수님이 십자가에 매달려 계시고, 그 왼편에 막달라 마리아가 무릎을 꿇고 기도하고 있으며, 그 옆에는 예수님의 제자 요한이 예수님의 어머니 마리아를 품에 안고서 위로하는 모습을 그렸습니다. 그리고 예수님의 오른편에는 세례 요한이 서 있는데, 사실은 훨씬 전에 세례 요한이 죽었으니까 그 자리에는 없는 것이 맞겠지요. 이것은 하나의 상상, 창작인 것입니다. 세례 요한이 서 있는데, 과장되게 크게 그린 집게손가락으로 예수님을 가리키도록 그렸습니다. 예수님을 보라는 시늉을 하고 있는 것입니다. 그리고 거기에 성경말씀을 라틴어로 적어 놓았습니다. 요한복음 3

장 30절입니다. "그는 흥하여야 하겠고 나는 쇠하여야 하리라." 이 그림을 보며 칼 바르트는 세례 요한의 손가락이 가리킨 방향을 주목해야 함을 강조하며 이렇게 말했습니다. "우리는 감히 그뤼네발트의 세례 요한이 가리키는 방향으로 눈을 돌릴 수 있겠는가? 우리는 그의 손이 어디를 가리키고 있는지 알고 있다. 바로 그리스도를 가리킨다. 그런데 그냥 그리스도가 아니라 십자가에 달리신 그리스도다. 바로 그것이 우리가 바라보아야 할 것이라고 그 손은 말하고 있다."

성도 여러분, 예수님을 생각할 때 우리는 십자가를 먼저 생각해야 합니다. 예수님의 생애, 예수님의 기적, 예수님의 말씀, 예수님의 능력과 같은 것들을 먼저 생각하면 다른 복음으로 끌려갑니다. 하나님의 뜻을 분별하지 못합니다. 왜 그렇습니까? 부분적 진리가 그 안에 나타나기 때문입니다. 그 모든 것은 예수님의 십자가를 말하고 있습니다. 예수님이 십자가에서 "다 이루었다" 말씀하십니다. 십자가의 복음을 떠나서 예수님을 생각하거나 성경을 읽으면, 눈 깜짝할 사이에 잘못된 신앙에 끌려갑니다. 그것을 역사가 말해 주고, 성경이 말씀해 줍니다. 성경을 읽을 때 항상 율법과 복음의 관계에서 대해야 합니다. 간단합니다. 구약의 핵심이 율법입니다. 구약이 그것을 설명합니다. 신약은 예수 그리스도, 특별히 십자가를 말합니다. 그리고 모든 성경은 성령의 인도하심을 따라 십자가의 복음으로 해석해 나가야 합니다. 그러지 못하면 하나님의 뜻을 온전히 분별치 못하고, 가감함으로 다른 복음에 끌려갑니다. 율법의 저주에 놓이게 되는 것입니다.

성도 여러분, 예수님의 십자가를 항상 바라보며 오늘을 사시기 바랍니다. 십자가 안에 예수님의 계시가 충만히 나타나 있고, 십자가 안에 완전한 하나님의 지혜와 능력과 은혜와 사랑이 나타나 있습니다. 오직 십자가 안에만 율법과 복음의 관계가 명료히 나타납니다. 거룩하신 하나님, 사랑의 하나님이 명료하게 계시됩니다. 진노의 하나님, 구원의 하나님이 선명하게 계시됩니다. 오직 십자가 안에만 율법의 성취와 복음의 완전성이 나타납니다. 그래서 진리의 성령께서는 항상 우리를 예수 그리스도께로 인도하시며, 그리스도 안에서 십자가의 복음을 묵상하게 하십니다. 그 안에서 복음의 비밀을 알고, 기뻐하며, 감사하며, 그 은혜와 사랑에 응답하며, 그리스도로 옷 입은 자임을 깨닫게 하십니다. 어두운 세상에 빛의 자녀로 담대한 인생을 살게 하십니다. 거듭난 그리스도인은 그리스도로 옷 입은 사람입니다. 십자가의 복음이 그것을 약속했고, 십자가의 은혜가 그것을 깨닫게 하십니다. 그래서 오직 그리스도만을 소망하며, 복음의 증인으로 하나님께 영광 돌리는 구별된 인생을 살아가게 되는 것입니다.

† 기도

창조주이시며 거룩하신 하나님 아버지. 오직 하나님의 은혜와 경륜 속에 십자가의 복음을 듣고 믿음으로 하나님의 자녀 되었지만, 아직도 복음의 비밀을 온전히 깨닫지 못하고, 그리스도의 계시 안에 거하는 삶을 살지 못하고, 십자가의 복음을 온전히 나타내는 삶을 살아가지 못하여 또다시 다른 복음에 끌려가고, 자기 소원에 매이며, 자기 유익과 행위 중심의 삶에 이끌려 살아가는 미천한 죄인을 불쌍히 여겨 주옵소서. 진리의 성령이시여, 항상 성령의 인도하심을 따라 예수 그리스도를 바라보며, 특별히 십자가 사건에 집중하여 그 안에 나타난 그리스도 계시의 충만함에 이르게 하시고, 온전한 지혜와 능력, 은혜와 사랑, 그 모든 것을 깨닫고 영접하여 이제는 사탄의 역사에 휘둘리지 아니하고, 다른 복음에 매이지 아니하고, 세상과 구별된 온전한 믿음의 사람으로 날마다 승리하게 지켜 주옵소서. 우리 안에 십자가의 복음의 흔적이 있음을 몸으로, 삶으로, 생각으로, 마음으로 알게 하시사 주가 부르시는 그날까지 믿음의 생각에 이끌리어 주와 연합하는 그리스도로 옷 입은 자로 날마다 승리하도록 지켜 주옵소서.

주 예수 그리스도의 이름으로 간절히 기도드리옵나이다. 아멘.

09.

유업을 받을 자

내가 또 말하노니 유업을 이을 자가 모든 것의 주인이나 어렸을 동안에는 종과 다름이 없어서 그 아버지가 정한 때까지 후견인과 청지기 아래에 있나니 이와 같이 우리도 어렸을 때에 이 세상의 초등학문 아래에 있어서 종 노릇 하였더니 때가 차매 하나님이 그 아들을 보내사 여자에게서 나게 하시고 율법 아래에 나게 하신 것은 율법 아래에 있는 자들을 속량하시고 우리로 아들의 명분을 얻게 하려 하심이라 너희가 아들이므로 하나님이 그 아들의 영을 우리 마음 가운데 보내사 아빠 아버지라 부르게 하셨느니라 그러므로 네가 이 후로는 종이 아니요 아들이니 아들이면 하나님으로 말미암아 유업을 받을 자니라_**갈라디아서 4:1-7**

09.

유업을 받을 자

20세기에 세계적으로 영향을 끼친 신학자인 위르겐 몰트만 박사는 2024년 6월 3일, 98세의 일기로 하나님의 부름을 받았습니다. 그분은 세상을 떠나기 1년 전, 가족 모두가 모인 자신의 생일 축하 모임에서 다음과 같은 말을 유언으로 남겼습니다. "나는 내가 97세가 된 것이 전혀 믿어지지 않습니다. 1943년 전쟁에서 내 옆에서 친구가 폭탄에 맞아 죽었을 때, 나도 죽을 수 있었습니다. 나는 매일 아침 내가 여전히 살아 있고, 생명의 기쁨과 함께 새로운 날로 들어간다는 사실이 너무나도 놀랍습니다. 물론 나는 죽게 될 그 시간에 대하여 생각합니다. 그러나 나는 그리스도의 부활에 근거하여 죽음을 넘어 영원한 생명으로 부활할 것을 믿습니다. 영원한 생명으로 부활한다는 것은 삶과 죽음 속에서 나의 희망입니다. 그것은 하나님의 새로운 창조입니다. 따라서 죽음은 하나님의 나라에서 영원한 생명으로 태어나는 생일과 같습니다. 그것은 새로운 날의 아침마다 내게 신선한 용기를 줍니다." 깊이 생각해 보시기 바랍니다.

성도 여러분, 거듭난 그리스도인은 세상에 살면서 항상 주의 나라와 주의 의를 먼저 구하고, 부활 신앙을 가지고 담대한 인생을 살도록 변화된 사람입니다. 예수 그리스도 안에서 믿음으로 연합하여 예수님과 같이 하나님 중심의 삶을 살며, 하나님께 영광 돌리는 인생을 살아갑니다. 예수님께서 이 땅에 오셔서 하나님 나라를 선포하셨습니다. 예수님께서 전파하신 복음은 하나님 나라입니다. 이것을 항상 기억해야 합니다.

그리스도인이 가져야 할 분별력

예수님은 세상의 개선과 개혁, 나아가 유토피아를 언급하지도, 약속하지도 않으셨습니다. 예수님은 처음부터 끝까지 하나님의 나라를 선포하셨습니다. 천국 복음을 선포하셨다는 사실을 항상 기억해야 합니다. 오직 십자가의 복음을 듣고 믿음으로 하나님의 자녀가 되며, 천국에 들어가 천국 백성이 됩니다. 어떤 인간의 행위와 선행으로, 율법적 행위로 되는 것이 아닙니다. 오직 복음을 믿음으로 천국에 들어가는 길이 열린 것입니다. 그래서 하나님의 자녀는 세상에 살지만, 세상에 속한 자가 아님을 인식하며, 세상에 속한 자로 살아가지 않습니다. 하나님의 자녀는 하나님 나라에 속한 사람입니다. 하나님 나라의 백성임을 스스로 믿고, 알고, 고백하며, 기뻐하기 때문입니다. 그러므로 세상 속에서 복음 진리에 대한 분별력을 가지고 지혜를 얻어 '예'또는 '아니요'를 명백하게 해야 합니다. 세상과 관련해서 거부할 것에 대해서는 '아니요'를, 받아들일 것에 대해서는 '예'를 할 수 있는 분별의 지혜가 필요합니다. 그럴 때 우리는 구별된 인생을 살아갈 수 있습니다.

『돈의 심리학』이라는 유명한 책에 나오는 이야기입니다. 어떤 사람이 매년 연례행사처럼 라스베이거스를 방문해서 그때마다 카지노에 들렀습니다. 한 번은 카지노 딜러에게 물었습니다. "당신은 일을 안 하실 때 어떤 게임을 하십니까? 어느 카지노에 가서 게임을 하십니까?" 지금 이 사람은 돈을 따는 비결이 그에게 있다고 생각하고, 그것을 묻고 있는 것입니다. 딜러는 돌처럼 차가운 얼굴로 심각하게 대답했습니다. "라스베이거스에서 이기는 유일한 방법은 들어오자마자 바로 나가는 것입니다." 성도 여러분, 정말 내가 하나님의 백성이고, 하나님의 나라에 소속된 사람이라고 믿는다면, 세상에 동화되어서는 안 됩니다. 성경은 세상이 어둠이라고 말씀합니다. 어둠에 동화될 때 내게 주신 복을 누리지 못하고 잃어버립니다. 잘못된 신앙생활을 하게 됩니다. 세상의 풍조와 관점에 대해서 분명하게 복음 안에서 '아니요'라고 말할 수 있는 용기가 있어야 합니다. 그렇지 않으면 잠시 잠깐 사이에 옛사람의 본성에 이끌려 세상 중심의 삶을 살아가게 됩니다.

예수님께서 산상수훈을 통해서 말씀하셨습니다. "한 사람이 두 주인을 섬기지 못할 것이다." 그리스도인은 예수님을 나의 주로, 나의 왕으로 영접했습니다. 그러므로 예수 그리스도 말고는 어떤 것에 대해서도 끌려가서는 안 됩니다. 세상에 대해서 '아니요'라고 말하며 오늘을 살아가야 합니다. 주께서 다시 말씀하십니다. "너희가 하나님과 재물을 겸하여 섬기지 못하리라." 하나님의 자녀는 하나님과 세상, 둘 중에 하나님을 선택해야 합니다. 하나님과 재물, 둘 중 하나입니다. 둘 다를 얻겠다는 생각은 잘못된 것입니다. 하나님을 선택하고, 하나님의 나라를 믿을 때 우리는 그 믿음으로 구별된 인생을 살아가게 됩니다. 성도 여러분, 나의 눈과 나의 마음은 어디를 향하여 가고 있습니까? 매일매일 스스로 질문하며 답해야 합니다.

신령한 복을 유업으로 받을 사람

오늘 성경에 "유업을 받을 자"라는 말씀이 두 번 반복하여 강조됩니다. 바로 직전 3장 29절까지 포함하면 세 번이나 "유업"이라는 표현이 반복되어 강조되고 있습니다. 그만큼 중요한 계시적인 용어입니다. 유업이라는 말은 영어로 'heir'입니다. '상속자'라는 뜻입니다. 하나님의 자녀는 상속자입니다. 하나님의 자녀는 하나님께 복을 받은 상속자입니다. 우리에게 주신 복음입니다. 무엇을 상속받았다는 말입니까? 세상이 아닙니다. 세상의 것들이 아닙니다. 절대 아닙니다. 이것은 하나님 나라를 상속한다는 것입니다. 하나님 나라에 속한 모든 것들을 상속받는다는 것입니다. 이것을 항상 기억해야 합니다. 세상에 있는 것들과 하나님 나라에 있는 것을 다 얻을 수는 없습니다. 믿음은 하나를 선택하고 영접하는 것을 의미합니다.

에베소서 1장 3절은 말씀합니다. "하늘에 속한 모든 신령한 복을 우리에게 주시되." 성경의 선포입니다. 신령한 복은 세상에 속한 것이 아닙니다. 성경은 말씀합니다. "하늘에 속한", 즉 하나님 나라에 속한 신령한 복을 주셨다고 말씀합니다. 신령한 복이 무엇입니까? 환경이 아닙니다. 물질이 아닙니다. 신령한 복은 사람을 변화시키는 복입니다. 나 같은 죄인을 하나님의 자녀 되게 하는 복입니다. 그리고 복 있는 자로 복을 누리며 승리하게 인도하십니다. 신령한 복은 눈에 보이는 것이 아닙니다. 물질적인 것이 전혀 아닙니다. 거기에 끌려가면 안 됩니다. 신령한 복은 하나님께 속한 영원한 것입니다. 신령하고 영적인 것입니다. 하나님의 자녀는 하나님 나라의 백성이 되었으며, 하나님 나라의 상속자입니다. 이것을 잊어서는 안 됩니다. 우리에게 주시는 위대한 복음입니다. 이것이 복음의 극치입니다. 그런데 예수님을 믿으면서도, 내가 하나님의 자녀가 되어 구원 받았다는 것을 믿으면서도 천국에 대해서 모호하고, 천국의 상속자가 되었다는 것에 대해서 무지무각하고, 신령한 복에 대해서는 관심이 없다면 그 사람은 거듭난 그리스도인이 아닙니다.

오늘 시대에 교회와 기독교 안에 다른 복음이 가득 차 있습니다. 왜 그렇습니까? 신령한 복이 무엇인지 몰라서 그렇습니다. 자꾸 세상에 끌려가서 그렇습니다. 세상과 구별된 인생을 살지 못해서 그렇습니다. 예수 믿으면서 세상에서 복 받겠다고 하며, 세상의 것들을 사랑하면서도 신령한 복을 얻기를 기대합니다. 그것은 다른 복음입니다. 성경을 놓고 짜깁기를 하면 그런 말씀이 나올 수 있습니다. 그러나 성경은 항상 예수 그리스도 안에서, 십자가의 복음 안에서 재해석되어야 합니다. 문자에 끌리면 잘못된 신앙생활을 하게 됩니다. 그래서 예수 믿으면 만사가 형통하고, 소원을 성취하고, 부와 건강과 성공을 얻는다고 말하는데, 이것을 싫어할 사람이 어디 있겠습니까? 그러나 이것은 복음이 아닙니다. 자기 욕구에 끌려서 "아멘"하고는 종교생활을 하는 것일 뿐입니다. 그 결과 일생이 허무합니다. 정말 예수 믿는다는 것은 곧 예수 그리스도의 계시를 믿고 영접한다는 것을 뜻합니다. 이것을 분별해야 합니다. 십자가의 복음은 항상 하나님 나라로 우리를 인도합니다. 세상으로 인도하는 것이 아닙니다. 십자가의 복음은 항상 믿는 자를 하나님의 자녀, 천국 백성이 되게 하고, 그리고 천국의 상속자임을 우리에게 깨닫게 해 주십니다.

한 초등학교 교실에서 이런 일이 있었습니다. “여러분, 오늘 미술 시간에는 모두 목장 풍경을 한번 그려 봅시다.” 그러고는 선생님이 돌아다니면서 아이들 그림을 칭찬해 주었습니다. 그런데 한 아이는 백지 상태 그대로였습니다. 깜짝 놀라서 “너는 뭘 그렸니?” 했더니, 아이가 진지하게 대답합니다. “저는 풀을 뜯는 소의 그림을 그렸습니다.” 선생님이 “그럼 풀이 어디 있니?”라고 묻자, “소가 다 먹었는데요?” 하고 대답했습니다. 선생님이 다시 묻습니다. “그럼 소는 어디 갔니?” 이 질문에 아이가 이렇게 대답했습니다. “선생님, 소가 풀을 다 먹었는데, 지금 여기 있겠어요?” 하나님의 나라는 이성적으로, 경험적으로, 과학적 지식으로 설명할 수 있는 것이 아닙니다. 눈에 보이는 것이 아닙니다. 하나님의 나라는 오직 예수 그리스도 안에서 믿음으로 영의 생각에 이끌려 생각할 수 있고, 느낄 수 있고, 체험할 수 있고, 소망할 수 있습니다. 항상 그리스도의 마음으로 영의 생각에 이끌려 하나님의 나라를 소망해야 땅의 것도 얻게 됩니다. 이것이 하나님의 섭리입니다. 하나님의 방식입니다.

때가 차매

오늘 성경에 매우 귀중한 계시적인 성경용어가 나타나 있습니다. 그것이 4절에 기록된 "때가 차매"라는 말씀입니다. 이것은 신학적으로 굉장히 중요한 용어입니다. 하나님의 때를 말합니다. 하나님의 경륜 안에서 이루어진 약속의 시간입니다. 정확하게 말씀드리면, 성육신의 시간을 말합니다. 예수님께서 이 땅에 오신 것은 우연히, 갑자기 된 일이 아닙니다. 구약성경이 말씀해 주십니다. 미리 예언되었고, 그 예언이 성취되는 시간입니다. 하나님의 경륜 속에서 정확하게 전지전능하신 하나님의 시간에 오신 것입니다. 바로 그 성육신과 하나님의 자녀 됨, 천국 백성 됨, 천국의 상속자가 됨이 직접 연결되기 때문에 이 말씀이 기록된 것입니다. 그런데 "때가 차매"라는 시간을 조금 더 살펴보면, 먼저는 어둠의 때에 오신 것입니다. 의인은 없었습니다. 하나도 없었습니다. 모든 인류가 하나님의 진노 아래에 있었습니다. 그때 예수님께서 이 땅에 오셨습니다. 또 하나는 이스라엘이 타락한 때에 오셨습니다. 율법을 소유했고, 지키며, 스스로 율법의 행위로 의롭게 될 수 있다는 율법의 왜곡, 하나님의 뜻을 왜곡할 때 예수님께서 오셨습니다. 하나님께서 그때 아들 예수님을 보내셨습니다. 더 나아가서는 로마가 세계를 통치할 때입니다. 로마로 인해서 언어가 통일되고 도로가 확장되어 쉽게 세계로 뻗어나갈 수 있던 때입니다. 더 나아가 헬라철학과 문화가 쉽게 여러 곳으로 퍼져 나가던 때입니다. 이런 방식과 도구를 활용하게 되는 때에 예수님께서 오시니, 쉽고 빠르게 십자가의 사건이, 복음이 전파되었습니다. 분명한 것은 하나님께서 살아 계시며 역사하시어 하나님의 경륜 속에, 하나님의 때에 예수님께서 이 땅에 오신 것입니다.

그러면서 오신 목적을 5절에서 이렇듯 간단명료하게 진술합니다. "율법 아래에 있는 자들을 속량하시고." 이 일을 하시기 위하여 예수님께서 오신 것입니다. 온 인류가 율법에 속한 자로 하나님의 심판 아래에 놓였습니다. 거기로부터 속량하시기 위하여 이 땅에 오셨습니다. '속량'이라는 말은, 제가 종종 쓰는데, 이것은 구원과 다른 언어입니다. 구원이라는 것은 악에서 구원하고, 세상에서 구원하는 것입니다. 마치 출애굽의 구원을 생각하시면 됩니다. 애굽의 속박에서 구원하셨습니다. 그런데 '구원'이 누가 대신 피의 값을, 죄의 값을 치른 것이 아니라면, '속량'은 대신 값을 치르는 행위입니다. 그것이 십자가의 피입니다. 예수님께서 인류의 죄를 대속하기 위하여 대신 하나님의 진노를 받아서 죽으십니다. 대가를 치르는 것입니다. 이것이 기독교의 속량으로서의 구원입니다. 이것이 십자가의 복음입니다. 다른 어떤 종교에도 비슷한 것이 없습니다. 다른 어떤 종교가 구원이라는 말은 쓸 수 있어도 속량이라는 말, 속량의 구원이라는 말은 어림도 없는 이야기입니다.

오직 예수 그리스도의 십자가로 인하여 율법의 저주에서 벗어날 수 있습니다. "우리로 아들의 명분을 얻게 하려 하심이라." 율법의 속박과 죄의 권세에서 벗어나 하나님의 자녀가 되게 하십니다. 천국 백성이 되게 하십니다. 천국의 상속자가 되게 하시기 위하여 때가 차매 아들 예수님이 이 땅에 오셨습니다. 그것을 지금 기록하고 있습니다. 어떻게 이러한 놀라운 일이 우리에게 벌어지는 것입니까? '오직 믿음으로'입니다. 무엇을 행하고, 착한 일을 하고, 율법을 지켜서가 아닙니다. 복음을 믿음으로 이런 상태로, 이런 신분으로, 이런 미래로 우리를 이끌어 가신다고 약속하십니다. 얼마나 감사한 일입니까? 몰라서 못 믿을 수는 있어도, 알고는 믿지 않을 수 없는 일입니다.

성도 여러분, 십자가의 복음을 생각할 때 많은 사람이, 심지어 그리스도인도 자꾸 죄 사함만을 생각합니다. 항상 죄를 지으니 이렇게 기도합니다. "내 죄를 사해 주셔서 감사합니다. 아멘." 맞는 말이지만, 이것은 십자가의 복음을 왜곡하는 것입니다. 죄 사함은 시작일 뿐입니다. 먼저 거룩하신 하나님은 죄가 있는 자와 만나실 수가 없으므로, 죄 사함이 먼저입니다. 그러나 그것은 시작입니다. 그다음에 하나님의 의를 주시고, 하나님의 자녀 되게 하시고, 천국 문을 여시어 천국을 알게 하시고, 천국 백성이 되게 하십니다. 무엇보다도 천국의 상속자가 되게 하십니다. 참 감사한 일입니다. 다시 한 번 생각해 보시기 바랍니다. 십자가의 복음을 믿음으로 하나님의 자녀, 천국의 백성, 천국의 상속자가 되었습니다. 천국에 있는 신령한 모든 것의 상속자가 되었습니다. 이것을 믿는다면 과거로 돌아가지 못합니다. 세상으로 돌아가지 못합니다. 율법으로 돌아가지 못합니다. 자기의 의, 인간의 선행과 공로, 율법을 지켜 의롭다는 칭함과 복을 받는다는 것으로 돌아갈 수가 없습니다. 만일 돌아간다면 십자가의 계시를 잘못 알고 있는 것입니다. 또는 바로 알았어도 믿지 않는 것입니다. 눈에 보이지 않는 것이니 필요한 것만 믿고, 믿고 싶은 것만 믿는 것입니다. 정말 내가 천국의 상속자라는 것을 믿고 오늘을 살아가십니까? 그러면 세상에 끌려가지 않습니다. 자기의 의에 빠지지 도 않습니다. 이것을 분명히 알아야 합니다.

그러나 불행하게도 현실은 전혀 다릅니다. 초대교회로부터 하나님의 교회에서 복음이 계속 왜곡되고, 다른 복음이 전파되면서 세상에 끌려갑니다. 자아 성취에 끌려가고, 세상 것들을 사랑함으로 복음이 무너집니다. 그런 일들이 계속 진행됩니다. 주님께서 다시 오실 그날까지 이런 일은 계속될 것입니다. 이것을 분별해야 합니다. 하나님의 기준인 복음은 작아지고, 사라지고, 왜곡되며, 대신 인간이 만든 기준이 점차 자리를 잡아 갑니다. 전통과 제도, 관습, 수많은 교단, 나아가서 새로운 프로그램과 이벤트를 지키고 훈련을 받아야만 더욱더 하나님의 자녀가 되고, 복을 받고, 구원이 완성된다고 말합니다. 이런 주장이 도대체 무엇에 근거하여 나온 것입니까? 그런데도 오늘날 교회에 가득 차 있습니다. 왜 그렇습니까? 지금 내가 천국에 대한 의심과 회의 속에 살아가기 때문입니다. 자꾸 세상에 끌려가기 때문입니다. 내가 천국의 상속자임을 믿지 않기 때문입니다. 불행한 일입니다. 그러다 보니 다른 복음이 전파되고, 다른 복음에 끌려갑니다. 종교적 성장만 이루어지고, 성경이 말씀하는 부흥은 없습니다. 복음에 그 어떤 다른 것도 합해서는 안 됩니다. '조금'도 안 됩니다. 그렇게 되면 복음의 완전성이 파괴됩니다. 이것은 무서운 죄입니다. 그러한 현실 속에 있을 때마다 우리는 깨어 기도하며, '아니다'라고 말해야 합니다. 즉시 회개하고, 다시 복음으로 돌아가야 합니다.

오직 십자가의 복음

중동에 유래를 두고 있는 교훈적인 낙타와 천막의 이야기를 전해 드리겠습니다. 아랍의 한 상인이 여행 중에 야영을 하게 되었습니다. 사막의 밤은 몹시 추워서 천막을 단단히 치지 않으면 살아남을 수가 없습니다. 그래서 천막을 잘 만들고 그 안에서 잠을 자려고 하는데, 조금 있다 보니 낙타가 천막 안으로 코를 살짝 들이미는 것입니다. 너무 추우니까 이런다고 생각해 모르는 척했습니다. 그런데 조금 있다 보니, 머리통이 쑥 들어왔습니다. 그렇게 추운가 싶었지만, 그래도 그냥 봐주자는 마음에 자리를 조금 비켜 줬습니다. 그리고 조금 있다 보니, 이번에는 앞발이 들어오고, 이어서 목이 들어오더니 몸통과 뒷발이 들어오면서 결국은 낙타가 온통 천막을 독차지하게 되었습니다. 당연히 주인은 천막 밖으로 쫓겨났지요. 작은 빌미가 천막의 주인인 상인을 오히려 밖으로 밀려나게 했다는 교훈입니다. 성도 여러분, '오직 복음'이란 복음 외에 다른 것이 없음을 말합니다. 십자가의 복음, 그 외에는 어떤 것도 생각하지 마시기 바랍니다. 오직 약속의 계시, 복음의 메시지, 그 외에는 가감하지 마시기 바랍니다. 아무리 그것이 유익이고, 상식적이고, 내게 좋은 것이라 할지라도 복음을 파괴하는 것입니다. 이것이 사탄의 역사로 아주 교활하게 우리를 유혹하기 때문에 끌려가게 됩니다. 그러므로 세상과 구별되어야 합니다.

오늘 우리에게 주시는 하나님의 말씀이 7절에 이렇게 기록되어 있습니다. "그러므로 네가 이 후로는 종이 아니요 아들이니 아들이면 하나님으로 말미암아 유업을 받을 자니라." 항상 묵상하시기 바랍니다. 종이 아닙니다. 종은 유업을 받지 못합니다. 아무리 충성된 종이고, 훌륭한 종이라 할지라도 그 종은 노력에 대한 삯을 받을 뿐입니다. 상속을 받을 수는 없습니다. 그럴 권리가 없습니다. 오직 아들, 자녀에게만 상속이 있다는 것을 다시 한 번 우리에게 깨우쳐 줍니다. 오직 복음을 믿음으로 하나님의 백성이 되었고, 상속자가 되었습니다. 그런데 어찌하여 과거로 돌아가려고 하십니까? 이어서 9절에서도 계속 같은 말씀을 합니다. 갈라디아서 전체를 넘어 신약성경 전체가 그 이야기를 합니다. 복음을 믿고도 다시 복음 이전으로 돌아가려느냐고 계속 말씀하십니다. 성도 여러분, 오직 예수 그리스도를 믿음으로, 십자가의 복음을 믿음으로 하나님의 자녀가 되었습니다. 그 자녀는 유업을 받을 자입니다. 하나님의 약속입니다. 그러므로 율법을 지킴으로 복을 받고, 선행을 통해서 복을 받고 더 의로운 사람이 된다는 종의 믿음을 싹 치워버려야 됩니다. 오직 믿음으로, 이미 아들 되었으므로 아들의 믿음으로 오늘을 살아가야 합니다. 거기에 구별된 인생이 있습니다. 그리고 성경은 말씀합니다. "아들이면 하나님으로 말미암아 유업을 받을 자니라." 이 복음의 시작은 하나님께서 하신 것입니다. 하나님으로 말미암아 상속자가 되었습니다. 이것을 안 믿고 어떻게 신앙생활을 합니까? 십자가의 복음을 믿음으로 천국을 믿게 되고, 천국의 상속자가 되었습니다. 현재적으로, 미래적으로 복을 누리며, 복을 받을 것입니다. 이 믿음으로 우리는 나를 이기고, 세상을 이기며, 승리하게 되는 것입니다.

미국인들이 가장 존경하는 빌리 그레이엄 목사님의 일화입니다. 이분은 죽음에 관한 말씀을 할 때마다 항상 다음과 같은 이야기를 하셨답니다. "여러분, 빌리 그레이엄이 죽었다는 소식이 신문에 나면 그 신문 기사를 믿지 마십시오. 나는 죽은 것이 아니라, 주소를 옮긴 것뿐입니다." 이것이 거듭난 그리스도인의 삶의 방향이고, 철학입니다. 항상 주의 나라와 주의 의를 먼저 구합니다. 나는 하나님 나라의 백성이고, 세상에 속한 자가 아닌 하나님 나라의 상속자입니다. 그래서 오늘 이 어두운 세상에서도 의와 평강과 희락을 누리며, 하나님께 감사하며, 찬송하며 살아갑니다. 내 앞에 신령한 세계, 영원한 세계가 열려 있습니다. 나는 하나님 나라의 상속자입니다. 항상 하나님 나라를 묵상하고, 갈망하고, 기뻐하고, 소망하고, 체험하고, 증언하며 살아가야 합니다.

로마서 8장 17절에 기록된 말씀입니다. "그리스도와 함께 한 상속자." 성도 여러분, 하나님의 자녀는 그리스도와 함께하는 공동 상속자입니다. 예수님께서 부활하시어 하나님 우편에 앉아 계시고 영원히 하나님 나라를 통치하십니다. 우리는 모두 그리스도와 함께 그와 같은 영광의 참여자가 될 것입니다. 그래서 하나님의 자녀는 항상 그리스도 안에서 그리스도와 함께하는 삶을 지향합니다. 그리스도를 본받고 따르며, 그리스도를 아는 지식을 갈망하며, 믿음으로 승리하게 됩니다. 예수 그리스도 밖에서는, 그리스도를 떠나서는 어떤 열매도 맺을 수가 없습니다. 상속자가 된 것을 잃어버릴 것입니다. 오직 믿음으로 그리스도를 영접한 자는 그리스도와 함께 한 상속자임을 믿고, 오늘을 살아가야 합니다. 진리의 성령께서는 이 진리를 깨닫고, 알고, 믿고, 확신하게 하십니다. 예수님께서 전파하신 복음, 하나님 나라의 복음, 십자가의 복음, 천국 복음을 믿음으로 하나님 나라의 백성이 되었고, 천국의 상속자가 되었음을 항상 깨닫게 해 주십니다. 그래서 세상에 나아가 구별된 인생을 살며, 복음의 증인으로 하나님의 일에 힘쓰며, 세상을 이기고 날마다 승리하는 영광된 인생을 살아갈 수 있는 것입니다.

† 기도

창조주이시며 거룩하신 하나님 아버지. 이 어두운 세상에 독생자 예수 그리스도를 하나님의 때에 보내 주시어 이제 그 이름을 믿는 자에게 영생을 허락하시고, 하나님 나라를 보고 믿게 하시며, 하나님 나라에 속한 모든 신령한 복을 받게 하시고, 천국의 상속자임을 항상 확신하며 날마다 승리하는 인생을 살게 해 주심을 진심으로 감사드립니다. 그러나 또다시 자기 성취에 매이고, 세상 것들을 사랑하며, 세상에 매이고 끌려 내게 주신 복을 누리지도 못한 채 자신의 정체성을 잃어버리고, 죄와 타협하며, 죄에 빠져 살며, 복음을 왜곡하고, 다른 복음에 이끌려가는 어리석은 죄인들을 용서하여 주옵소서. 진리의 성령이시여, 하나님의 자녀는 하나님 나라의 상속자임을 깨닫고 확신케 하셔서 어두운 세상에 복음의 빛을 전하며, 구별된 인생을 살며, 오직 하나님의 일에 힘쓰며, 하나님의 이름을 영화롭게 하는 권세 있는 승리의 삶을 살도록 지켜 주옵소서. 주 예수 그리스도의 이름으로 간절히 기도드리옵나이다. 아멘.

10.

그리스도의 형상을 이루기까지

너희의 복이 지금 어디 있느냐 내가 너희에게 증언하노니 너희가 할 수 만 있었더라면 너희의 눈이라도 빼어 나에게 주었으리라 그런즉 내가 너희에게 참된 말을 하므로 원수가 되었느냐 그들이 너희에게 대하여 열심 내는 것은 좋은 뜻이 아니요 오직 너희를 이간시켜 너희로 그들에게 대하여 열심을 내게 하려 함이라 좋은 일에 대하여 열심으로 사모함을 받음은 내가 너희를 대하였을 때뿐 아니라 언제든지 좋으니라 나의 자녀들아 너희 속에 그리스도의 형상을 이루기까지 다시 너희를 위하여 해산하는 수고를 하노니 내가 이제라도 너희와 함께 있어 내 언성을 높이려 함은 너희에 대하여 의혹이 있음이라_**갈라디아서 4:15-20**

10.

그리스도의 형상을 이루기까지

세계적인 부자 빌 게이츠는 혁신적인 접근 방식으로 세계 보건 개선, 빈곤 퇴치, 교육 향상과 같은 글로벌 문제 해결을 위해 여러 자선 활동을 하고 있습니다. 어느 날, 그가 한 기자와의 인터뷰에서 이런 질문을 받았습니다. “당신은 얼마나 뛰어난 두뇌를 가졌기에 선구적인 기술 혁신과 영향력이 있는 자선 활동, 그리고 세계적인 부자가 될 수 있었습니까?” 그때 빌 게이츠의 대답은 전혀 다른 차원의 간단한 것이었습니다.

"저는 유별나게 머리가 똑똑하지는 않습니다. 특별한 지혜가 많은 것도 아닙니다. 다만 저는 변화하고자 하는 마음을 생각으로 옮기고, 그 생각을 행동으로 옮기는 데 노력했을 뿐입니다." 깊이 생각해 보시기 바랍니다.

오늘날 모든 사람이 변화를 추구하고 소원합니다. 특별히 세상이 급변하다 보니, 더욱더 세상에 발맞추어 변화하고자 모두가 노력하고 있습니다. 세상에서의 성공은 변화하는 삶만이 얻을 수 있는 열매입니다. 변화하지 않고서는 결코 이 시대에 성공할 수 없습니다. 그래서 모두가 변화를 소원하며 추구합니다. 그리스도인도 마찬가지입니다. 항상 변하고자 하고, 변화를 추구합니다. 성도 여러분, 나는 변화된 삶을 살고, 변화를 향한 의지를 가지고 오늘을 살아가고 있습니까?

변해야 하는 목적과 이유

10년간 한 직장을 다니면서 매사에 무사안일하게 지낸 한 남자가 있었습니다. 그 남자는 창의력이 전혀 없어서 주어진 일에 적당히 대처하며 지냈습니다. 이런 소극적인 불성실한 태도로 인해 승진에서 계속 밀려나다가, 그는 회사 고위 간부에게 이렇게 하소연했습니다. "그래도 제게는 10년간의 경험이 있지 않습니까?" 그 말에 간부는 간단하게 답했습니다. "바로 그 점이 당신의 문제입니다. 당신은 10년을 보냈지만, 매년 같은 경험을 반복했을 뿐 전혀 달라진 것은 없었습니다." 성도 여러분, 내가 구원받은 그리스도인이라고 하면서 수년간, 수십 년간 주일마다 교회에 출석하고 봉사해도 진정으로 변화되지 않았다면 하나님께서 그 사람에게 무엇이라고 말씀하실 것 같습니까? 하나님께서는 우리에게 변화를 위하여 세 가지 은혜의 방편 즉 선물을 주셨습니다. 첫째가 성경입니다. 하나님의 말씀인 성경을 묵상하며, 하나님을 경외하는 마음으로 그 말씀에 순종할 때 우리는 변화됩니다. 변화될 수밖에 없습니다. 둘째가 예수 그리스도입니다. 그리스도를 아는 지식의 충만함에 이를 때 믿음으로 그 사람은 변화됩니다. 십자가의 복음을 깊이 묵상하며 십자가의 길을 따라갈 때 변화되는 것입니다. 셋째가 성령 하나님이십니다. 성령을 받아야 변화됩니다. 그리고 날마다 성령의 은총과 성령 충만함을 받아야 영의 생각에 이끌려 변화된 인생을 살아갈 수 있는 것입니다.

그리고 성경은 변화에 대한 중요한 두 가지를 우리에게 알려 주고 있습니다. 첫째가 변화의 목적입니다. 어떤 존재로 변화될 것인지를 분명히 해야 합니다. 둘째가 변화의 방식입니다. 어떻게 변화될 것인지가 명백해야 합니다. 세상에서는 변화를 통해서 오직 성공, 오직 자아실현을 추구합니다. 그것이 잘못된 것입니다. 어떤 존재로의 변화이고 또한 어떤 방식으로의 변화인가가 불분명하면 잘못된 인생을 살게 됩니다.

영국 대성당에 있는 한 비문에는 이런 글이 적혀 있다고 합니다. "내 나이 스무 살 되었을 때 나는 세상을 변화시키리라고 마음을 먹었습니다. 그러나 그것이 불가능하다는 것을 깨달았습니다. 마흔이 되었을 때는 사회를 변화시킬 수 있다고 믿었습니다. 그러나 그것 역시 불가능하다는 것을 깨닫게 되었습니다. 예순이 되어서는 내 가족을 변화시키리라고 마음을 먹었습니다. 그러나 역시 불가능하다는 것을 깨달았습니다. 이제 무덤에 누워 가만히 생각해 봅니다. 무엇보다 나 자신이 먼저 변화되었더라면 나를 통해 내 가족이 변화되었을 것이며, 나아가 사회와 세상을 변화시킬 수 있었을 텐데." 성도 여러분, 하나님의 말씀인 성경은 사람의 변화를 강조하며 약속합니다. 무엇보다도 나의 변화가 우선순위임을 항상 기억해야 합니다. 예수 그리스도 안에서 성령을 통하여 내가 변화되는 것입니다. 사람이 변화됩니다. 성경은 환경의 변화나 세상의 개혁, 개선을 약속하고 있지 않습니다. 또한 그 변화는 세상을 향한 방향으로의 변화가 아닙니다. 사람들의 관점으로의 변화도 아닙니다. 전혀 다른 차원의 변화를 말하고 있습니다. 하나님을 향한 변화입니다. 하나님의 뜻에 합당한 변화입니다. 하나님 나라를 향한 변화를 우리에게 말씀해 주고 있습니다. 이 사실을 항상 기억해야 합니다.

기독교의 구원은 명백하게 옛사람이 변화되어 새사람이 되는 것입니다. 이것은 추상적인 이야기가 아닙니다. 그런데 오랜 신앙생활을 하면서도 그 변화를 내가 체험하지 못하고, 변화의 의지가 없다면 잘못된 믿음입니다. 새사람으로의 변화는 하나하나를 뜯어고치는 개선이 아닙니다. 전적인 변화를 말합니다. 또한 인간의 행위나 율법을 지킴으로 되는 변화가 아닙니다. 그런 종교적 변화가 아닙니다. 오직 믿음으로 변화됨을 성경은 약속하고, 선포하고 있습니다. 이것은 새로운 창조의 변화를 말합니다. 우리들 모두는 예수 그리스도를 믿음으로, 십자가의 복음을 믿음으로 하나님의 자녀가 되었습니다. 자녀가 되었다는 것은 추상적인 것이 아닙니다. 생명의 변화요, 신분의 변화요, 마음의 변화요, 인격적인 변화입니다. 구체적인 변화를 체험하지 못하고 지향하지 않았다면, 다시 회개하고 복음으로 돌아와야 합니다. 거듭남이란 그러한 변화를 말합니다. 그래서 'born again'이라고 하는 것입니다. 다시 태어났다는 것입니다. 이제부터 열심히 공부해서 의지적으로 하나씩 고쳐서 되는 존재가 아니고, 다시 태어나야 하는 것입니다. 새로운 창조를 말합니다. 십자가의 복음을 믿음으로 하나님의 은혜로 말미암아 죄 사함을 얻고, 의롭다 칭함을 받고, 하나님의 자녀가 되고, 천국 백성이 되고, 상속자가 되는 새로운 약속입니다. 우리에게 주어진 변화의 방향입니다. 나는 예수 그리스도 안에서 이러한 변화를 체험하며 오늘을 살아갑니까? 만일 그렇지 못하면 즉시 회개하고, 다시 성경으로 돌아가야 합니다.

그리스도의 형상을 이루기까지

오늘 성경에 "그리스도의 형상을 이루기까지"라는 놀라운 계시의 말씀이 기록되어 있습니다. 오늘 우리에게 주신 하나님의 말씀입니다. "그리스도의 형상을 이루기까지." 이것이 하나님의 뜻입니다. 성도의 기도이고, 소원이 되어야 합니다. 하나님의 자녀는 그리스도의 형상으로 지음을 받은 새사람입니다. 나는 그리스도의 형상을 받은 자로 그 형상으로의 변화를 추구하며 오늘을 살아갑니까? 구원은 만사형통도 아니요, 자아성취도 아니요, 세상에서 성공하기 위한 변화도 절대 아닙니다. 구원은 그리스도의 형상으로 변화되는 것을 말합니다. 이것을 항상 기억해야 합니다. 그리스도의 형상으로의 변화, 그 속에 하나님의 약속과 지혜와 능력이 우리 앞에 놓여 있습니다. 오늘 현대 교육을 생각해 보시기 바랍니다. 우리가 항상 영향 받는 세상의 교육 말입니다. 모든 현대 교육은 자아성취를 추구합니다. 자아 성취를 위한 변화를 말합니다. 세상에서의 성공을 진정한 변화라고 우리에게 가르칩니다. 이것은 잘못된 변화를 교육받은 것입니다. 그래서 인간이 더 비인간화됩니다. 교육을 받을수록, 열심히 공부할수록 참 인간이 되는 것이 아니라, 기능적 인간이 됩니다. 성공적인 인간이 될 수 있을지는 모르지만, 비인간화됩니다. 그것이 오늘 우리 삶의 현 주소입니다.

변화의 모델이 중요합니다. 잘 아시는 대로, 서점에서 베스트셀러인 책들을 보면 다 성공한 사람들의 이야기이고, 그런 사람들을 닮으라는 내용입니다. 그런데 그런 사람들처럼 변해서 성공적인 인생을 살라고 하는 것은 거의 사기 수준의 이야기입니다. 몇 사람이나 이렇게 되겠습니까? 그것을 분별해야 합니다. 그런데 교회와 기독교 안에서도 그러한 잘못된 모델을 제시합니다. 그러한 성공을 위한 변화를 선언합니다. 이것은 하나님의 뜻이 아닙니다. 심지어 성경을 보면서도 세상의 방식에 끌려갑니다. 대표적으로 성공한 인물들, 지도자 모세, 국무총리 요셉, 왕 다윗과 같은 사람들을 항상 말합니다. 그러면서 그 사람들의 리더십을 배우고, 그런 성공 모델을 향해 나아갈 때 하나님께서 우리에게 복을 주신다는 거짓을 말합니다. 이것은 하나님의 뜻이 아닙니다. 성도 여러분, 모든 그리스도인에게는 오직 한 모델이 있습니다. 바로 그리스도이십니다. 항상 예수 그리스도 안에서 그리스도를 따라, 그리스도를 본받으며 살아갈 때 하나님이 주시는 복을 누리며, 권세 있는 삶을 살아가게 되는 것입니다.

오늘 성경은 “너희 복이 지금 어디 있느냐”라는 경고의 말씀을 주십니다. 성도 여러분, 하나님께서는 예수 그리스도의 복음을 믿을 때 우리에게 신령한 복을 주시겠다고 약속하십니다. 그 신령한 복을 받고 누림으로 하나님의 자녀가 되고, 복 있는 사람이 되고, 그리스도의 형상을 받은 자가 됩니다. 그래서 하나님의 복을 누리며 구별된 인생을 살아갑니다. 예수님을 믿고 하나님의 은혜로 충만할 때, 회개와 믿음으로 새로워집니다. 그리고 성도의 교제가 이루어지고, 화평하며, 봉사하며, 참 선을 행합니다. 하나님이 주시는 복을 누리는 삶을 나타내게 됩니다. 갈라디아교회도 마찬가지였습니다. 그런데 시간이 흘러 그 교회가 변질됩니다. 교인들의 삶과 모습에서 은혜와 화평이 깨어지고, 서로 사랑함이 없어지고, 다툼과 정죄와 비난으로 가득 찹니다. 그래서 성경은 말씀합니다. "너희가 받은 그 복이 어디에 갔느냐?" 더 말하면, 도대체 그렇게 살면서 스스로가 복 있는 자요 하나님의 자녀라 말할 수 있겠느냐는 선언입니다. 왜 초대교회가 이러한 지경에 이르게 된 것입니까? 오늘도 왜 이러한 모습이 교회 안에 나타나게 된 것입니까? 성경은 그 답을 명료하게 줍니다.

먼저는 다른 복음에 끌려갔기 때문입니다. '아니다'라고 말해야 하는데, 영적 무지와 무감각 속에 끌려가는 것입니다. 왜 그렇습니까? 자기 소원, 자아실현이라는 것이 있기 때문입니다. 잘못된 변화를 꿈꾸기 때문입니다. 여기에 맞아떨어져 가니 결국 복음이 파괴되고, 복음의 은총이 실종됩니다. 하나님이 주시는 복을 누릴 수 없습니다. 모든 것이 추상적인 것이 될 뿐입니다. 더 나아가 다른 복음을 전하다 보니, 율법주의에 빠집니다. 율법의 행위에 속한 자가 됩니다. 모든 것이 행위 중심의 변화입니다. 그래서 내가 열심을 낼 때 다른 사람이 열심을 내지 않는 모습을 보면 비난하고 정죄합니다. 하나님의 은혜가 사라졌습니다. 화평이 사라졌습니다. 그리고 그 마음 중심이 잘못된 방향으로 향하고, 그것을 소원하며 예배하고 기도하면서 기다리는 것입니다. 참으로 어처구니없는 일입니다.

그리스도의 형상을 입은 새사람

오늘도 신앙생활을 한다고 하는 사람들에게서 그런 모습을 많이 봅니다. 전도도 열심히 하고, 봉사도 열심히 하면서 하나님 일도 많이 하는 것 같은데, 도무지 은혜가 없습니다. 평강이 없습니다. 화평이 없습니다. 계속 부정적인 생각을 품고서 다른 사람을 비난하고 정죄하니, 도대체 어쩌자는 것입니까? 그래서 진심으로 권면하는데도 알아듣지 못합니다. 이런 형편이니 기다릴 수밖에 없습니다. "너희 복이 지금 어디 있느냐?" 성도 여러분, 나는 하나님께서 주시는 복을 항상 누리고 기뻐하며 오늘을 살아갑니까? 그래서 17절에 보면, 잘못된 열심에 대하여 "열심"이라는 용어를 반복해서 강조하고 있습니다. 이것은 사탄의 역사입니다. 사탄이 슬그머니 교회 안에 들어와 말씀과 함께 율법주의로 만들고, 다른 방향으로의 변화를 꿈꾸게 하면서 이상한 종교 집단을 만들어 간 것입니다. 열심을 가지고 활동하는데, 방향이 잘못되었습니다. 동기가 잘못되었습니다. 방식도 잘못되었습니다. 그러면 하나님의 영광을 가로막게 됩니다.

대표적인 사람들이 예수님 당시의 바리새인입니다. 그 당시 대제사장도 있고, 서기관도 있었습니다. 그러한 종교 지도자들을 신약성경에서 자세히 보여줍니다. 그들은 분명 오직 하나님께 영광 돌리며, 하나님이 살아 계심을 믿고 찬양했습니다. 그래서 성경을 읽고, 묵상하고, 연구하며, 가르치는 일에 모든 시간을 쏟아 부은 사람들입니다. 또한 율법을 철저히 지켰습니다. 과하게 지켰습니다. 그 정도로 선행을 하고, 많은 공로를 나타낸 사람들입니다. 도덕적으로는 흠이 없을 만큼, 그렇게 열심을 갖고 살았습니다. 그런데 그들이 예수님을 잡아 죽입니다. 예수님을 십자가에 못 박습니다. 로마 사람들이 아니라, 하나님을 믿는 하나님의 백성들이 그런 일을 했다고 성경은 기록합니다. 교회를 핍박합니다. 성도를 정죄하고 비난합니다. 하나님이 주신 복을 다 잃어버렸습니다. 은혜를 망각했습니다. 그런데도 무엇이 잘못되었는지 모릅니다.

대표적인 사람이 사울입니다. 이 서신을 기록한 바울의 회심 이전의 이름이었던 사울, 그는 보통의 열심이 있는 사람이 아닙니다. 자기 지역뿐만이 아닙니다. 멀리 몇 날 며칠을 갑니다. 다메섹에까지 가서 예수 믿는 사람을 죽이려고, 교회를 핍박하려고 갑니다. 어디부터 잘못된 것입니까? 열심의 문제가 아닙니다. 로마서 10장 2절에서 그는 말합니다. "하나님께 열심이 있으나 올바른 지식을 따른 것이 아니니라." 하나님을 향한 열심은 있는데, 잘못된 열심입니다. 왜 그렇습니까? 하나님의 뜻을 분별하지 못했습니다. 성도 여러분, 나는 열심히 산다고 하는데, 정말 그 열심 속에 하나님의 뜻이 명백히 나타나고 있습니까? 잘못된 열심처럼 심각한 문제가 없습니다. 그러면서 이것이 하나님의 뜻이라고 믿습니다. 그런데 하나님의 뜻이 아닙니다. 그것을 알지 못하고 열심을 냅니다. 자기도 망하고, 다른 사람에게도 큰 폐를 끼칩니다.

오늘날 대표적인 것 한두 가지를 살펴보면, 연합운동이 그중 하나입니다. 많은 교파와 교단이 있어 하나 되기 운동, 에큐메니컬 운동을 하지만 도무지 이해가 안 갑니다. 그렇게 분열시킨 것은 사람인데, 회개는 안 하고 자꾸 하나가 되겠다고만

합니다. 예수 그리스도의 십자가 복음 안에서 하나 되는 것이지, 그것을 떠나서 인위적으로 묶어 놓고 조직을 만들어서 회장을 세우는 일들은 사탄의 역사입니다. 잘못된 열심이 교회의 위기를 초래합니다. 또한 설교에서 계속 "이웃을 사랑합시다. 가난한 사람을 사랑합시다. 구제합시다. 봉사합시다. 전도합시다" 하는데, 이러한 것들이 선한 것 같으나 모두 행위 중심입니다. 성도 여러분, 먼저 그리스도의 형상이 나타나야 합니다. 먼저 하나님의 사람이 되면, 하지 말래도 전도하고, 봉사하고, 사랑하고, 구제합니다. 그런데 계속 행위에 초점을 맞추고, 이런저런 행위를 해야 복을 받는다고 말하는 것에서부터 빗나가는 것입니다. 이것은 하나님의 뜻을 왜곡한 잘못된 열심입니다. 항상 분별하며 살아가야 합니다.

13세기에 하나님의 사람 아시시의 성 프란치스코라는 인물이 있었는데, 그분의 유명한 일화입니다. 그가 섬기는 수도원에서 금식 기간이 있었는데, 제자 중 누가 몰래 죽을 훔쳐서 먹었습니다. 이것이 발각되었습니다. 그러니 난리가 났지요. 제자들이 정죄하고 비난하면서 이런 괘씸한 놈이 있냐고, 이런 자를 제자라고 할 수 있느냐며 내쫓아야 한다고 아우성을 칩니다. 그때 프란치스코가 말합니다. "다들 죽을 가져오

너라. 우리 같이 먹자." 제자들이 너무나 놀라서, "그거 죄 아닙니까? 어떻게 금식 기간에 똑같은 일을 할 수 있습니까? 스승님, 왜 그러십니까?"라고 물었습니다. 프란치스코가 이렇게 대답했습니다. "죽 먹은 사람을 정죄하다가 있던 은혜도 다 없어지겠다. 이제 함께 죽을 먹고 하나가 되자."

성도 여러분, 그리스도의 형상은 추상적인 이야기가 아닙니다. 그리스도의 형상이 회복되고, 내 안에 나타나고, 그것이 내 기도가 되어야 그 약속이 내 안에 성취되며 복 있는 자로 승리하게 됩니다. 성도 여러분, 이러한 변화를 위해 변화의 의지를 가지고 믿음으로 살며, 기도하며, 주의 말씀을 따라 순종하고 계십니까? 저절로 되지 않습니다. 저절로 그리스도의 형상을 가진 자로 회복되는 것이 아닙니다. 예수 믿어 자아 성취하는 것이 아닙니다. 세상에서 성공하는 것이 아닙니다. 그리스도의 형상을 입은 자로, 그 형상의 존재로 변화되는 것입니다. 예수 그리스도 안에서 연합하여 그리스도가 내게 진정 주가 될 때, 그리스도의 형상이 나타나기 시작합니다. 그리스도의 마음과 지식과 태도를 본받으며 그리스도와 동행할 때, 그 믿음의 생각과 삶을 통하여 그리스도의 형상으로 변화하는 것입니다.

창세기를 한번 생각해 보시기 바랍니다. 인간은 하나님의 형상으로 지음을 받았습니다. 그래서 하나님의 형상을 입었기에 창조주이신 하나님과 함께 교제하며, 바른 관계를 맺으며, 복을 누렸습니다. 그런데 사탄의 역사로 말미암아 죄를 범하고 하나님의 형상을 잃어버립니다. 그것은 아담과 하와 때문이 아닙니다. 모든 인류가 죄 중에 있는 한, 하나님과 분리되고 하나님을 경외하지 않으면서 하나님의 말씀에 순종하지 않습니다. 하나님의 진노와 심판 아래 놓이게 되었습니다. 세상이 어둠이 됩니다. 모든 인간이 이기적인 탐심과 정욕에 이끌려 살아갑니다. 사아싱취에 집중하며 살아갑니다. 이러한 세상에 하나님께서 예수 그리스도를 보내신 것입니다. 십자가에 피 흘려 죽게 하셨습니다. 온 인류의 죄를 대속하시기 위하여, 새로운 창조를 이루시기 위하여 그렇게 행하셨습니다.

이제 우리가 그 복음을 믿음으로 새사람이 됩니다. 새사람이란, 그리스도의 형상을 입은 것입니다. 하나님의 형상이 회복된 자로 변화하는 것을 말합니다. 그 약속이 내게 임함으로 나는 그 약속을 믿고, 갈망하며, 변화의 의지를 가지고 그리스도와 함께하며 변해 가는 것입니다. 그런데 그리스도의 형상으로 변화하고 싶은 마음이 전혀 없습니다. 내 마음대로 살고,

내 뜻대로 되고, 내 소원이 이루어져야 합니다. 그렇다면 아무런 변화도 성경에 약속되어 있지 않습니다. 어떻게 그리스도의 형상으로 변화됨이 이루어집니까? 나의 열심과 노력, 행위, 율법을 지킴으로 되는 것이 아닙니다. 불가능한 것입니다. 가능한 길은 오직 하나입니다. 오직 믿음입니다. 정말 믿어야 합니다. 십자가의 복음을 믿는 자는 그리스도의 형상으로 새롭게 지음 받았음을 믿어야 합니다. 그래야 그 삶의 과정에서 하나님이 주신 복을 누리며, 하나님과 바른 관계에서 승리하는 인생을 살아가게 됩니다.

18세기경에 오스트리아의 한 사교 모임에 성공한 예술가들이 대거 참석했습니다. 그 자리에 교향곡의 아버지인 하이든도 함께했습니다. 참석자들이 자기 작품을 자랑하며 설명하다가 한 가지 화제로 집중하게 됩니다. 어떻게 새로운 영감을 얻고 창조적인 아이디어를 얻는지, 내적인 힘을 얻는 비결이 무엇인지에 대한 것이었습니다. 각자가 자기의 비결을 말합니다. 어떤 사람은 여행을 다니면서 힘을 얻고, 어떤 사람은 다른 사람의 작품을 보거나 오페라에 참석해 더 큰 영감을 얻고, 어떤 사람은 책을 통해서 얻고, 어떤 사람은 실컷 자는 것을 통해서 얻는다고 각자의 비결을 말할 때, 하이든은 이렇게 말했습니다. "저는 집안에 작은 기도 방을 하나 마련해 두었습니다. 그래서 피곤하거나 작품 구상이 되지 않을 때마다 그 방에 들어가서 기도를 합니다. 저는 이 방법으로 새로운 영감과 내적인 힘을 얻을 수 있었습니다. 저의 대표작인 '천지창조'역시 이 방에서 드린 기도의 결과입니다."

성도 여러분, 어떤 사람들이 저에게 이런 말을 했습니다. 사업에 성공하고, 형통한 삶을 살기 위해서 지혜를 달라고 하나님께 매달리고 기도한다고요. 그런데 가만히 보면 아무것도 안 하는 것 같습니다. 창의력이란, 지능과 지식의 문제가 아닙니다. 창의력은 태도의 문제입니다. 하나님을 경외하는 자에게 하나님께서 지혜를 주십니다. 하나님을 의존하고, 하나님 앞에 믿음으로 사는 자에게 하나님께서 총명을 주십니다. 하나님의 약속을 믿고, 변화의 의지를 가지고, 영의 생각에 이끌리어 복음을 묵상하며, 하나씩 실천해 나갈 때 그리스도의 형상을 입은 권세 있는 인생을 살며, 그 속에서 하나님께서 지혜와 능력을 주십니다. 거듭난 그리스도인은 이미 그리스도로 옷 입은 자요, 그리스도의 형상을 받은 자입니다. 내가 정말 믿고 살아갈 때 하나님께서 그 약속을 내 안에 이루실 것입니다. 그리스도의 형상을 입은 자로 변화되지 못하면 하나님께서 주신 복을 누릴 수 없습니다. 은혜와 평강도 사라지고, 옛사람의 본성에 이끌리어 하나님의 말씀은 추상화되고 맙니다. 오직 그리스도 안에서 그리스도의 마음과 기도와 지식과 태도를 본받으며 그리스도를 따를 때, 성령께서 우리 안에 그리스도의 형상이 나타나게 하시며 신령한 복으로 충만케 하십니다. 진리의 성령께서 이것을 깨닫게 하시고, 하나님의 자녀로 항상 예수 그리스도 안에 믿음으로 연합하게 하십니다. 그리스도의 형상을 이루도록 부르심을 받은 하나님의 자녀임을 깨닫게 해 주십니다. 이 방향으로의 변화, 그것이 그리스도인의 기도이며 갈망입니다. 성령께서 우리를 그리스도의 형상으로 새롭게 지음 받은 자로 만들어 가시며, 하나님께 영광을 돌리는 승리의 삶으로 인도해 가실 것입니다.

† 기도

창조주이시며 거룩하신 하나님 아버지. 하나님의 그 기쁘신 뜻대로 인간을 하나님의 형상으로 지으셨건만, 우리는 하나님을 경외하지 아니하고, 죄 가운데 빠져 그 은혜를 망각하고, 그 복을 누리지 못한 채 자아성취를 목적으로 세상에서 성공하기를 꿈꾸며 잘못된 신앙생활을 하며, 허탄한 인생을 반복하는 죄인임을 고백하오니 용서하여 주옵소서. 예수 그리스도 안에서 십자가의 복음을 믿는 자마다 하나님의 은혜로 말미암아 그리스도의 형상이 약속되어 있음을 항상 기억하며 묵상함으로, 그 형상으로서의 변화를 기도하며 갈망하여 이제는 주와 동행하며, 주의 마음과 기도와 지식과 태도를 본받아 날마다 하나님이 주신 신령한 복을 누리며, 어두운 세상에 빛의 자녀로 날마다 승리할 수 있도록 지켜 주옵소서. 진리의 성령이시여, 오직 복음으로 승리하며, 복음의 진리 안에 거하며, 복음의 능력을 체험하며, 복음의 영광에 이끌리어 살아가는 하나님의 형상을 회복한 권세 있는 삶을 살도록 지켜 주옵소서.
주 예수 그리스도의 이름으로 간절히 기도드리옵나이다. 아멘.

11.

종의 멍에를 메지 말라

그리스도께서 우리를 자유롭게 하려고 자유를 주셨으니 그러므로 굳건하게 서서 다시는 종의 멍에를 메지 말라_**갈라디아서 5:1**

11.

종의 멍에를 메지 말라

오래전에 있었던 일입니다. 미국에서 남북전쟁이 끝나고 링컨의 노예해방이 선포된 직후에 있었던 일입니다. 조지아 주 애틀랜타에 있는 새를 파는 가게에 흑인 노인 한 사람이 들어왔습니다. 노인은 새장에 있는 새를 유심히 바라보더니 새장 앞에 서서 새의 가격을 물어 보았습니다. 그는 돈을 지불하고 새를 산 다음에 가게를 나서는 즉시 새장 문을 열어서 새를 밖으로 날려 보냈습니다. 가게 주인은 이 노인의 행동이 참으로 이상했습니다. 그런데 노인이 다시 가게로 들어왔습니다. 그리고 다시 한 마리의 새를 산 이후에 역시 밖으로 나가 새를 창공에 날려 보냈습니다. 이것을 계속 지켜보던 가게 주인은 정색하며 노인에게 말했습니다. "어르신, 돈이 많다고 이렇게 낭비해도 됩니까?" 그때 노인은 고개를 저으며 이렇게 대답했습니다. "당신은 두 가지를 이해하지 못하고 있습니다. 하나는 자유를 빼앗긴 생명이 겪는 아픔이요, 다른 하나는 자유의 감격입니다." 깊이 생각해 보시기 바랍니다.

성도 여러분, 나는 자유의 가치와 의미를 바르게 인식하며, 그 자유에 대한 감사로 오늘을 살아갑니까? 나는 이 세상 속에서 정말 참 자유인으로 담대한 인생을 살아갑니까? 자신에게 깊이 질문해야 할 것입니다.

자유에 항상 따르는 대가

자유는 당연한 것이 아닙니다. 만일 당연하다고 생각하는 사람이 있다면, 그는 자유에 대한 바른 의미를 깨닫지 못한 어리석은 사람입니다. 진정한 자유인이 아닙니다. 자유는 공짜로 주어지지 않습니다. 당연한 것이 아님을 먼저 항상 기억해야 합니다. 인류 역사를 보시기 바랍니다. 인류 역사에 가장 오래된 제도가 노예제도입니다. 가장 악한 제도입니다. 물론 오늘날에 노예제도는 거의 보이지 않는 것 같습니다. 어떻게 노예제도가 없어진 것입니까? 저절로 된 것입니까? 당연한 것입니까? 절대 아닙니다. 대부분 수많은 전쟁을 통해서 노예제도를 없앨 수 있었습니다. 그리고 수많은 희생과 피를 대가로 노예제도를 없애고 자유를 얻게 된 것입니다. 이것을 기억해야 합니다. 오늘날 북한은 자유가 없는 대표적인 국가입니다. 북한의 주민들이 얼마나 험악한 인생을 살아가겠습니까? 이제는 자유가 무엇인지도 모를 것입니다. 물론 본성적으로는 자유를 갈망합니다. 그런데 그 자유는 저절로 찾아오지 않습니다. 공짜가 아니기 때문입니다. 어떻게 해야 자유로운 인생을 살 수 있습니까? 엄청난 피의 대가를 치러야 하는 것입니다. 대문호 괴테는 말합니다. "자신이 자유인이라고 그릇되게 믿고 있는 자들보다 소망 없는 노예는 없다." 오늘날 사람들은 자신이 자유인이라고 말하지만, 실제로는 자유롭지 못합니다. 자유가 무엇인지도 모릅니다. 그러면서 자유가 당연하다고 생각합니다. 그런 생각을 가지고 있다면, 그는 자유인이 아닙니다. 진정한 자유인은 자유의 의미와 가치를 바르게 인식하며,

자유를 소중히 여기며, 자유를 굳게 지키고 감사하며 살아가는 사람입니다.

이런 이야기가 있습니다. 뚱뚱하다고 놀림을 받던 한 여자가 포도 외에는 아무것도 먹지 않는 포도 다이어트를 했습니다. 그렇게 3일 동안 하다가 집에서 쓰러졌습니다. 가족들이 깜짝 놀라서 그 여성을 병원에 데리고 갔습니다. 어머니가 의사에게 묻습니다. "얘가 왜 쓰러졌을까요? 영양실조입니까? 얘는 포도밖에 안 먹었는데요?" 의사가 고개를 저으며 말했습니다. "아닙니다. 농약 중독입니다." 성도 여러분, 부지불식간에 자유를 잃어버리고 세상의 노예로, 죄의 종으로 살아간다는 사실을 항상 기억해야 합니다. 드와이트 에드워드 박사는 『내면의 혁명』이라는 저서에서 자유에 대한 명료한 정의를 내립니다. 자유에는 항상 두 가지 질문이 뒤따릅니다. 첫째는 무엇으로부터 자유를 얻었으며, 둘째는 무엇을 위한 자유인가를 질문해야 합니다. 무엇으로부터 자유이며, 무엇을 향한 자유인가를 항상 질문하고, 그 질문에 대한 답을 알며 오늘을 살아가는 사람이 진정한 자유인입니다.

성경은 명료하게 선포합니다. "의인은 없으되 하나도 없다." 모두가 죄 아래, 죄의 권세 아래 갇혀 죄의 종으로 살아갑니다. 그런데 인류는 그렇게 생각하지 않습니다. 불신앙의 사람들은, 심지어 그리스도인조차도 영적 무지와 무감각 속에 살아갑니다. 자신의 현주소를 알지 못합니다. 참으로 비참하고 불행한 일입니다. 갈라디아서 3장 22절도 말씀합니다. "성경이 모든 것을 죄 아래에 가두었으니." 이것이 하나님의 판단이요, 선언입니다. 율법 아래에서 나를 보니 죄인입니다. 구제불능한 죄인입니다. 율법을 지킬 마음조차도 없습니다. 지키고자 해도 그럴 만한 능력이 없습니다. 하나 혹은 두 개는 지킬 수 있지만, 온전히 지킬 수가 없습니다. 또한 지속적으로 지킨 수가 없습니다 율법 아래 모두가 죄의 종인 것입니다.

이런 비참한 상황 속에 하나님께서 인류를 불쌍히 여기시어 예수 그리스도를 보내셨습니다. 죄의 종에게 자유를 주시기 위해서, 자유인이 되게 하시기 위해서 예수님을 십자가에 죽이셨습니다. 그것이 십자가의 복음입니다. 이것을 분명히 알아야 합니다. 그러므로 오직 예수 그리스도 안에서만 자유의 의미와 가치를 바르게 인식할 수 있습니다. 참 자유라는 것은 하나님 앞에서만 인식되는 것이지, 무슨 책이나 개인적인 경험으로 알 수 있는 게 아닙니다. 그것은 부분적인 지식일 뿐입니다. 스스로 자유인이라 하지만, 실상은 노예였던 것입니다. 성도 여러분, 오직 십자가의 복음을 믿음으로 하나님의 은혜로 말미암아 우리에게 자유가 주어진 것입니다. 자유를 받는 것입니다. 진정한 자유는 획득하는 것이 아닙니다. 쟁취하는 것이 아닙니다. 싸워서 폭력으로 빼앗아 얻는 것도 아닙니다. 인간의 힘과 능력과 열심으로 얻을 수 있는 것이 아닙니다. 이것을 분명히 알아야 합니다. 참 자유는 성경의 선포대로 하나님의 은혜로 말미암아 복음을 믿음으로 내게 주어진 것입니다. 그 사실을 알 때 우리는 놀라고 기뻐하며, 하나님께로 돌아오게 됩니다.

그리스도께서 주신 자유

그래서 오늘 성경은 이렇게 선포합니다. "그리스도께서 우리를 자유롭게 하려고 자유를 주셨으니." 엄청난 선언입니다. 항상 묵상하며 살아가야 합니다. 다시 말해서 오직 예수 그리스도 안에서만 자유를 얻을 수 있습니다. 십자가의 복음을 믿는 죄의 종들에게 자유를 선물로 주신다는 것을 증언하고 있습니다. 자유에는 두 가지 차원이 있습니다. 한번 생각해 보시기 바랍니다. 첫째, 세상적인 차원에서 자유라는 것이 있습니다. 우리가 잘 아는 대로 경제적 자유가 얼마나 중요합니까? 특별히 정치적 자유가 아주 중요합니다. 또한 신앙의 자유, 종교의 자유, 언론의 자유, 인권의 자유 등이 있습니다. 그런가 하면, 둘째로 영적 차원의 자유가 있습니다. 이것은 죄와 사망으로부터의 자유입니다. 모든 인류는 죄 중에 살며, 죄의 삯인 사망이 내 앞에 놓여 있습니다. 영원한 죽음이 뒤따라옵니다. 그것으로부터 자유해지는 것입니다. 또한 율법으로부터의 자유, 세상으로부터의 자유, 사탄으로부터의 자유, 하나님의 진노와 심판으로부터의 자유가 있습니다. 그러한 신비로운 영역이 있습니다. 예수님께서 우리에게 주시는 자유는 두 번째인 영적 자유를 의미합니다. 이것을 분명히 알아야 합니다. 영적 자유를 우리는 구원이라고 합니다. 구원을 말하는 영어 동사는 'save'입니다. '건지다', '구조됐다'는 뜻입니다. 그러면 어떤 위험과 위기로부터 건져진 것입니까? 어디로부터 구원되고 구조된 것입니까? 죄와 사망으로부터, 세상으로부터, 율법으로부터, 하나님의 진노와 심판으로부터, 사탄으로부터 구조되었습니다. 그 의식이 있고서야, 그 확신이 있고서야 비로소 구원받은 자요, 거듭난 그리스도인이 됩니다. 그런데 영적 무지무각 속에 살아갑니다. 그냥 예수님만 좋다고 하고, 복음의 능력과 자유의 의미와 가치를 알지 못한다면 아직 종교인일 뿐입니다.

세상적인 차원의 자유와 영적 자유는 비교 대상이 되지 않습니다. 영적 자유는 참으로 크고 깊고 신비롭습니다. 영적 자유를 우리는 두 가지로 정의 내립니다. 먼저 소극적인 자유(freedom from)가 있습니다. '죄로부터, 사망으로부터'와 같이 무엇으로부터 벗어난 자유입니다. 온 인류는 죄와 사망으로 두려움을 경험하지만, 그런 것으로부터 벗어나 자유로워짐으로 두려움이 사라집니다. 세상으로부터, 종교로부터, 율법으로부터, 사탄으로부터, 하나님의 진노와 심판으로부터 자유로워지는 것입니다. 얼마나 감사합니까?

그러나 그것보다 더 높은 차원의 자유가 있습니다. 이것은 적극적인 자유(freedom to)입니다. 나 같은 죄인이 죄 사함을 받습니다. 회개와 믿음으로, 십자가의 은혜로 죄 사함을 받았습니다. 그러면서 경험하는 의롭다 칭함을 받는 자유, 하나님의 자녀가 되는 자유, 천국 백성이 되는 자유, 그리스도로 옷 입는 자유, 그리스도의 형상을 받은 자유, 천국의 상속자가 되는 자유, 하나님과 함께하는 자유입니다. 엄청난 복입니다. 이제 생각해 보시기 바랍니다. 왜 세상은 어둡습니까? 인류는 왜 이처럼 불행하고 비참한 인생을 스스로 걸어가는 것입니까? 자유의 가치와 의미를 알지 못해서입니다. 진정한 자유가 무엇인지 몰라서입니다. 참으로 불행한 일입니다. 더욱더 불행한 일은 그 자유를 인간의 힘과 능력과 열심을 통해 얻을 수 있고, 쟁취할 수 있다고 교육 받고, 그 믿음으로 살아가는 것입니다. 참으로 비참한 일입니다.

세상에서의 자유를 한번 생각해 보시기 바랍니다. 경제적, 정치적, 종교적, 인권적 자유는 쉽게 얻어지는 것이 아닙니다. 오늘날 21세기에도 이러한 자유를 온전히 누리는 나라는 많지 않습니다. 참으로 어렵습니다. 그런데도 아무런 거리낌 없이 자신이 자유인이라고 말하는 것은 모순입니다. 더욱이 영적인 자유는 인간의 힘과 능력으로는 불가능합니다. 이러한 영적 자유의 세계를 알지 못합니다. 그러니 항상 근심과 절망과 두려움 속에 사로잡힐 수밖에 없습니다. 특별한 또는 원치 않는 사건을 만나거나 죽음의 위기가 닥쳐오면 벌벌 떨고 공포 속에 살아갑니다. 왜 그렇습니까? 자유롭지 못했기 때문입니다. 노예생활을 한 것입니다. 그것을 이런 사건이 있고서야 비로소 깨닫게 됩니다. 그런데도 스스로 덫에 갇혔습니다. 노예의 덫에, 노예의 함정에 빠져서 나오지 못합니다. 때로는 스스로 그 덫이 있는 길로 들어갑니다. 애처로운 일입니다. 그래서 하나님께서 예수 그리스도를 이 땅에 보내시어 십자가에 죽게 하심으로 우리에게 자유를 주셨다고 선언합니다. 십자가 사건, 이 복음으로 종교개혁이 일어납니다.

다시는 종의 멍에를 메지 말라

마르틴 루터의 글에 자유에 관한 기고가 상당히 많습니다. "우리는 자유인이다. 오직 복음으로 자유인이 된 것이지, 교황과 교황제도, 사람이 만든 전통을 따름으로 자유를 얻는 것이 아니다." 이렇게 담대한 선포를 합니다. 성도 여러분, 내 안에 이러한 열정이, 확신이 있습니까? 그리스도께서 나에게 자유를 주셨고, 복음을 믿음으로 내게 자유를 주셨다고 확신하며 증인으로 살아가야 합니다. 그래서 오늘 성경은 말씀합니다. "다시는 종의 멍에를 메지 말라." 강한 명령어입니다. 다시는 종의 멍에를 메지 말라고 오늘 내게 주신 하나님의 말씀입니다. 예수 그리스도께서 내게 자유를 주셨고 자유인으로 창조하셨으니, 다시는 과거로 돌아가지 말라는 것입니다. 세상의 종, 죄의 종으로 살아가지 말라고 말씀하십니다.

성도 여러분, 예수님께서 주신 자유의 가치를 항상 인식하며 살아가야 합니다. 그 가치는 십자가입니다. 성자 하나님께서 십자가에 피 흘려 죽으셨습니다. 죽으실 수 없는 분이 죽으셨고, 의인이 죽으셨습니다. 그 피의 가치만큼 하나님께서 대가를 치르시고서야 우리에게 자유를 주실 수 있는 것입니다. 창조주 하나님은 신실하시기에 하신 말씀을 마음대로 없애실 수 없습니다. 말씀대로 역사하시기에 죗값을 치러야 합니다. 죄로부터 자유하게 하시기 위해서, 세상으로부터 자유하게 하시기 위해서 대가를 치러야 하는 것입니다. 그냥 말로 하실 수 있지만, 그러면 신실하신 하나님이 되지 못하시기에 사건으로, 능력으로 나타나셔서 성자 하나님이 십자가에 죽으십니다. 그것이 자유의 가치입니다. 믿는 자에게 주신 자유의 가치입니다. 어떻게 잊을 수가 있습니까? 십자가의 죽음, 그리스도가 화목 제물이 되심으로 우리에게 자유를 주셨다는 사실을 항상 묵상하며 이 진리에 응답하면서 오늘을 살아가야 합니다.

그리고 자유와 자유인은 차원이 다릅니다. 오늘 민주주의 시대를 살고 있지만, 다 민주주의 시민은 아닙니다. 그러니까 범죄가 있고, 별 이상한 사건이 다 나타납니다. 왜 그렇습니까? 민주주의 시민이 아니기 때문입니다. 이처럼 자유를 주었지만, 모두가 자유인인 것은 아닙니다. 성도 여러분, 자유를 받은 자유인으로 살아가십니까? 이것을 물어야 합니다. 출애굽의 역사가 이것에 대한 계시입니다. 구약성경 모두는 복음의 계시일 뿐입니다. 하나의 예표입니다. 이스라엘 백성이 하나님의 은혜와 능력으로 출애굽을 해서 정치적 자유를 얻었습니다. 세상으로부터의 자유를 얻었습니다. 애굽은 세상을 상징합니다. 이제 광야에서 하나님 중심으로 살아가면 됩니다. 하나님께서 인도하셨으니, 그들을 젖과 꿀이 흐르는 땅으로 인도하실 것입니다. 그런데 무슨 사건이 생길 때마다 물과 식량이 없다고 하나님을 향해 원망하고, 불평하고, 서로 정죄하면서 말합니다. "애굽으로 돌아가자. 애굽의 종 되었던 때가 더 좋았다. 그때로 돌아가자." 모세를 원망하고, 하나님께 불평합니다. 그래서 그들은 다 하나님의 진노 속에 죽습니다. 다시 종의 멍에를 메고, 자유를 버렸습니다. 스스로 노예 되기를 자청합니다. 이러한 어처구니없는 일이 인류 역사요, 오늘의 현실이요, 성경에 있는 이야기입니다.

오늘도 마찬가지입니다. 초대교회인 갈라디아교회는 사도 바울의 헌신과 성령의 역사로, 오직 복음을 믿음으로 거듭남의 역사가 나타나면서 하나님의 교회로 탄생했습니다. 그러나 시간이 지나면서 똑같은 일이 벌어집니다. 원망하는 출애굽 백성의 모습이 나타납니다. 또다시 세상 방식으로 살다가 세상의 종으로, 죄의 종으로 돌아갑니다. 끝없이 자기 소원을 이루고자 성공과 부로 향하는 유혹을 받고 잘못되어 갑니다. 그래서 성경은 말씀합니다. "다시는 종의 멍에를 메지 말라." 왜 이런 비참한 상황으로 돌아간 것입니까? 하나님을 모르는 자라면 그렇다 치겠지만, 어떻게 복음의 은혜를 아는 자가 거꾸로 돌아갑니까? 오늘도 왜 그런 일이 계속 반복되는 것입니까? 성경이 말씀해 줍니다. 나든 복음 때문입니다. 예수 그리스도와 성령의 이름으로 말한다고 하지만, 십자가의 복음을 왜곡하고 가감했습니다. 그것은 복음이 아닙니다. 참으로 안타깝습니다.

오늘도 이런 일이 얼마나 많습니까? 기독교 안에, 교회 안에 이단과 사이비가 얼마나 많습니까? 누구의 잘못을 떠나 내가 먼저 생각해야 합니다. 나는 분별의 지혜가 있는지, 나는 정말 오직 복음을 믿고 복음의 증인으로 살아가는지 항상 물어야 합니다. 그렇지 못하면 그냥 부지불식간에 끌려가고 맙니다. 왜 그렇습니까? 자아가 하나님보다 더 세기 때문입니다. 내 소원이 하나님의 뜻보다 더 강하기 때문입니다. 그럴 때 넘어갑니다. 결국 율법주의에 빠지고 맙니다. 복음을 믿음으로 구원이 시작되었지만, 율법을 지킴으로 더 훌륭한 사람이 되고, 선한 사람이 되고, 많은 선행과 공로로 더 큰 복을 받고, 구원을 완성한다고 말하는데, 이것은 새빨간 거짓말입니다. 그러면 구원받을 사람이 하나도 없습니다. 신앙생활 몇 십 년 해보셨으니 알고 계시지 않습니까? 위선자가 되고 맙니다. 다른 복음으로 교인들의 열심을 끌어내며, 잘못된 열심 중에 다 종교화되도록 만들어버립니다. 이것이 오늘날의 교회 모습입니다. 그런데 개신교회는 마르틴 루터가 갈라디아서를 통해서 복음의 충만함에 이르러 종교개혁을 일으키고, 하나님께서 그것을 완성시키시어 시작되었습니다. 과거로 돌아가고, 죄와 세상의 종으로 돌아가는 것을 끊어야 합니다. 그런데도 하나님의 기준은 축소되고, 인간의 기준은 확대됩니다. 오늘날 교회의 모든 제도나 전통, 관습이나 프로그램을 보면 다 사람이 만든 것입니다. 이것은 본질이 아닌데, 자꾸 여기에 끌려갑니다. 너무나 안타깝습니다. 왜 사람들이 저기에 끌려갈까 생각해 보면, 그 사람이 문제인 것입니다. 스스로가 복음에서 벗어났습니다. 십자가의 복음에서 멀어졌습니다. 성령의 역사가 없습니다. 애초에 복음을 잘못 전해들은 것입니다.

굳건하게 서라

성도 여러분, 이런 상황에서 어떻게 문제를 해결하고, 다시 하나님께로 돌아갈 수 있습니까? 오늘 성경은 간단명료하게 말씀합니다. "그러므로 굳건하게 서라." 그것뿐입니다. "그러므로"가 무슨 말입니까? 갈라디아서 전체, 복음 전체를 말합니다. 예수 그리스도께서 너희를 자유롭게 하시기 위해 자유를 주신 것이지, 언세 너희가 율법을 지키고 선행과 공로로 자유인이 되었느냐고 묻습니다. 오직 십자가의 복음을 믿음으로 하나님의 자녀가 되었고, 복을 받고, 영생의 삶을 살아가는 것임을 알아야 합니다. 오직 하나님의 은혜로 말미암아 믿음으로 하나님의 자녀가 되었습니다. 항상 이것을 생각해야 합니다. 그리고 굳건하게 서라고 합니다. Stand firm, 굳건한 믿음으로 서라는 것입니다. 오직 믿음입니다. 99퍼센트가 제일 위험합니다. 적은 누룩이 전체를 망치듯이 1퍼센트 때문에 복음이 왜곡됩니다. 100퍼센트가 되어야 합니다. 단순한 100퍼센트의 믿음입니다. 그 믿음을 가질 때 우리에게 하나님께서 먼저 영적 분별력을 주십니다. 진짜를 확실히 알면, 가짜를 금방 알아볼 수 있습니다. 진짜 같은 것도 분별이 됩니다. 그래서 복음과 율법을 구별하기 시작합니다. 율법주의에 빠지지 않습니다. 은사주의에 넘어가지 않습니다.

또한 세상과 구별됩니다. 세상에서 살아도 세상에 속한 자가 아님을 구별하게 됩니다. 더 나아가 종교와 구별됩니다. 종교는 인간의 행위, 인간의 기준에 근거해서 만들어진 것입니다. 인간의 깨달음일 뿐입니다. 그러나 복음은 하나님의 계획이요, 경륜이요, 능력이요, 지혜입니다. 예수 그리스도가 이 땅에 오셨다는 것입니다. 십자가에 죽으셨습니다. 그 복음을 믿는 자에게 영생을 주시고, 놀라운 복이 선언되는 것입니다. 그래서 하나님의 자녀는 항상 예수 그리스도 안에서 믿음으로 연합하며, 그리스도를 본받으며 따르는 삶을 살아가야 합니다. 이것은 믿음의 응답이고, 믿음의 행위입니다. 율법의 행위가 아닙니다. 그래서 항상 그리스도의 계시에 집중하며, 십자가의 복음을 묵상하며 오늘을 살아가야 합니다.

성도 여러분, 예수님께서 주신 영적 자유는 놀랍게도 우리가 생각하는 자유에 역행합니다. 다시 말해서 역설적 자유를 의미합니다. 쉽게 표현하면, 하나님께서 우리에게 자유를 주셨습니다. 그래서 그 자유를 가지고 내 마음대로 하는 것이 아니라, 자유를 하나님께 반납하고 하나님께 속한 자로 살아가기를 자청합니다. 내 뜻대로 되기를 바라는 것이 아니라, 하나님의 뜻대로 되기를 기도하며 살아갑니다. 이것은 어떻게 보면 하나님의 종이 된 것입니다. 분명 예수 그리스도께서 우리를 자유롭게 하셨는데, 거듭난 그리스도인은 자발적으로 그 자유를 오직 그리스도께 초점을 맞추며 그리스도를 따라갑니다. 이것이 참자유의 역설적 진리입니다. 그래서 성경은 그러한 영적 자유를 향하여 이렇게 말씀합니다. "복음에 포로 되었다. 의의 종이 되었다. 하나님께 속한 자가 되었다. 그리스도의 종이 되었다." 그 안에 참 자유의 가치와 의미가 있고, 참 자유인의 인생이 있습니다. 이 비밀을 알며, 증인으로 살아가야 할 것입니다.

19세기 캐나다의 유명한 북극 탐험가인 로버트 바틀렛이 경험한 교훈적인 이야기를 소개하겠습니다. 그는 한 항해에서 하나님께서 주신 자유와 속박에 대한 큰 깨달음을 받았다고 합니다. 여러 나라의 다양한 새들을 잡아서 고국 캐나다로 돌아갈 때 겪었던 일입니다. 배 안의 수많은 새들 중에서 유독 한 마리가 막 소리를 지르고 새장을 발톱으로 파괴하면서 난리를 부렸습니다. 이런 일을 선원들이 보았습니다. 그러다 결국 이 새가 망망한 바다 한가운데로 도망칩니다. 도망 나온 새가 기쁘다는 듯이 활기차게 창공을 향해 날아가는 것을 모두 보았습니다. 그래서 다들 절대 돌아올 리가 없겠다고, 이제 저 새는 잃어버렸다고 생각했습니다. 그런데 몇 시간 후에 놀라운 광경이 벌어졌습니다. 이 새가 날개의 힘이 다 빠진 채, 다시 배로 돌아온 것입니다. 맥이 다 빠진 새는 헐떡이며 갑판 위에 쓰러졌습니다. 이 새가 필사적으로 배를 다시 찾은 것입니다. 이제 새에게는 배가 더 이상 감옥이 아닙니다. 왜 그렇습니까? 망망대해를 안전하게 건너는 길은 배뿐이기 때문입니다. 성도 여러분, 성경은 분명히 말씀합니다. "죄와 세상에서, 사망에서 너희를 구원했다." 이것이 복음의 은총인데, 이 복음을 붙잡지 않으면 세상에서 사는 동안 자유가 무엇인지도 모르고 자유를 잃은 어둠의 세상에 휩쓸려 살아가게 됩니다. 그래서 항상 두려움이 있고, 근심이 있고, 하나님께서 주신 은혜와 평강을 누리지 못하는 것입니다. 오직 예수 그리스도 안에서만 믿음으로 우리는 자유를 알고, 자유인으로 살아갈 수 있습니다. 참 자유는 오직 예수 그리스도 안에서만 인식되고, 고백되고, 찬송됩니다.

진정한 자유인은 오직 예수 그리스도 안에서 거듭난, 재창조된 하나님의 자녀뿐입니다. 세상에서 사람들이 자유롭게 자유가 있는 인생을 사는 것 같지만, 천만의 말씀입니다. 복음 안에서, 하나님 앞에서 다시 생각해 보시기 바랍니다. 그 속에 절망이 있고, 두려움이 있고, 죄의 본성이 있습니다. 죄의 종으로 살지만, 다만 그렇지 않은 것처럼 위장하며 살아갈 뿐입니다. 하나님의 자녀는 오직 십자가의 복음을 묵상하며 다른 복음에 끌리지 않고, 그리스도의 계시를 갈망하며 그리스도를 아는 지식의 충만함에 이르러야 믿음으로 어두운 세상에서 빛의 자녀로서 참 자유인의 삶을 살아가게 됩니다. 이 일을 위해 하나님께서 우리에게 진리의 성령을 주십니다. 세상과 죄로 갈 때, 진리의 성령께서 우리를 돌이키십니다. 회개하게 하시고, 믿음으로 회복시켜 주십니다. 오직 예수 그리스도 안에서만 참 자유를 알고, 자유인으로 살아갈 수 있음을 깨닫게 하시고, 주의 길로 우리를 인도하십니다. 정말로 진리의 성령께서 거듭난 그리스도인으로 하여금 항상 십자가의 복음을 묵상하고, 복음의 진리 안에 거하며, 복음의 능력을 체험하면서 신령한 복을 누리며 승리의 삶을 살게 하십니다. 우리는 자유를 모르고 방황하는 어둠의 세상 속에서 이 자유를 전파하도록 부르심을 받은 하나님의 자녀입니다. 성령께서 항상 자유를 누리며, 기뻐하며, 영적 자유인으로 날마다 승리케 하시어 하나님께 영광 돌리도록 역사하십니다.

† 기도

창조주시며 거룩하신 하나님 아버지. 어둠의 세상 속으로 성자 하나님을 보내주시어 예수 그리스도 안에서 십자가의 복음을 믿는 자마다 자유를 선물로 주시며, 자유인으로 오늘을 살게 하여 주심을 진심으로 감사드립니다. 주 밖에서는 참 자유를 인식할 수 없고, 자유인의 삶을 살 수도 없음을 다시금 깨닫고 믿게 하셔서, 이 어두운 세상에, 자유를 잃은 험악한 세상에 십자가의 복음을 전파하며, 자유의 의미와 가치를 증언하며, 영적 자유인으로 담대한 구별된 인생을 살게 하여 주심을 진심으로 감사드립니다. 진리의 성령이시여, 항상 우리를 주의 길로 인도하시며, 주의 복음으로 강권하시어 날마다 복음의 능력을 체험하며, 참 자유를 느끼고 체험하며, 진실로 세상의 소금과 빛의 사명을 잘 감당하는 승리의 삶을 살아가는 하나님의 자녀 되게 지켜 주옵소서.

주 예수 그리스도의 이름으로 간절히 기도드리옵나이다. 아멘.

12.
십자가의 걸림돌

너희가 달음질을 잘 하더니 누가 너희를 막아 진리를 순종하지 못하게 하더냐 그 권면은 너희를 부르신 이에게서 난 것이 아니니라 적은 누룩이 온 덩이에 퍼지느니라 나는 너희가 아무 다른 마음을 품지 아니할 줄을 주 안에서 확신하노라 그러나 너희를 요동하게 하는 자는 누구든지 심판을 받으리라 형제들아 내가 지금까지 할례를 전한다면 어찌하여 지금까지 박해를 받으리요 그리하였으면 십자가의 걸림돌이 제거되었으리니 너희를 어지럽게 하는 자들은 스스로 베어 버리기를 원하노라_**갈라디아서 5:7-12**

12.

십자가의 걸림돌

영국의 저명한 조직신학자인 알리스터 맥그라스 박사가 쓴 『종교개혁 시대의 영성』이라는 책에 나오는 중요한 내용을 소개합니다. 종교개혁자 마르틴 루터가 1518년 4월 26일 하이델베르크 대학교 강당에서 수도사들과 논쟁을 벌였습니다. 십자가 신학이 핵심 주제였던 하이델베르크의 논쟁에서 마르틴 루터는 40개 항목으로 가톨릭을 비판했습니다. 그중에 영광의 신학자와 십자가의 신학자를 비교하며 이렇게 설명했습니다. “이것은 분명하다. 그리스도를 모르는 사람은 그 누구든지 고난 속에 감추어진 하나님을 알지 못하는 사람이다. 그러기에 그는 고난보다 업적을, 십자가보다는 영광을, 약함보다는 강함을, 어리석음보다는 지혜를 더 좋아한다. 이런 사람들이야말로 사도 바울이 ‘십자가에 대적하는 자들’이라고 불렀던 사람들이다. 그들은 십자가를 증오하고, 업적 세우기를 좋아하며, 그 업적에 따른 영광을 사랑하는 사람들이다.” 깊이 생각해 보시기 바랍니다.

성도 여러분, 나는 진실로 예수님의 십자가를 사랑하며, 기뻐하며, 십자가의 복음을 알고, 믿고, 증언하며 살아갑니까? 나는 진정 매일 십자가의 복음을 묵상하며, 십자가의 길을 따라가며, 주와 동행하는 삶을 살아갑니까? 아니면, 예수 그리스도는 사랑하지만, 십자가의 도와 길은 불편하게 여기고 외면하며 망각하면서 살아갑니까? 그리고 십자가보다 영광을, 십자가보다 자아성취를, 십자가보다 세상의 성공을 더 소원하며 오늘을 살아갑니까?

십자가의 복음을 전하는 성경

고린도전서 1장 18절에 기록된 하나님의 말씀입니다. “십자가의 도가 멸망하는 자들에게는 미련한 것이요 구원을 받는 우리에게는 하나님의 능력이라." 십자가의 진리는 세상의 모든 지혜와 능력을 소멸시킵니다. 무력화시킨다는 말씀입니다. 세상에서 자랑하는 능력과 지혜와 업적으로는 어느 누구도 죄사함을 받을 수 없고, 의롭게 되지도 못하고, 하나님께 나아가지도 못하며, 하나님이 주신 복을 누리지도 못합니다. 천국에 들어갈 수가 없습니다. 십자가의 복음을 믿음으로 하나님의 자녀가 되며 의롭게 된다는 사실을 항상 기억해야 합니다. 하나님께서 예수 그리스도 안에서 인류에게 하나님의 복음을 선물로 주셨습니다. 그 복음의 핵심은 예수님의 십자가입니다. 항상 여기에 초점을 맞추어야 합니다.

성경 전체를 읽을 때도 성령의 역사 속에 십자가의 복음에 초점을 맞추어야 합니다. 그러지 못하면 다 다른 길로 빠지고 맙니다. 그래서 성경은 그 복음을 '십자가의 복음'이라고 말씀합니다. 성도 여러분, 교회와 기독교는 십자가로 시작해서 십자가로 끝나는 것입니다. 구원에 이르는 믿음은 십자가로 시작해서 십자가로 완성됩니다. 그 외에 다른 방식, 다른 길은 없습니다. 이것을 잊어서는 안 됩니다.

신약성경의 복음서를 읽어 보시기 바랍니다. 다시 한 번 상

기해 보시기 바랍니다. 예수님의 말씀과 능력, 기적은 모두 십자가로 향하고 있습니다. 서신서를 읽어 보시기 바랍니다. 초점은 예수 그리스도의 십자가입니다. 교회와 기독교의 탄생과 역사를 말하는 사도행전을 읽어 보시기 바랍니다. 처음부터 끝까지 어느 곳을 가든지 예수님의 십자가와 부활만을 선포합니다. 예수님의 가르침도 아니요, 생애도 아니요, 능력과 기적도 아닙니다. 오직 십자가와 부활을 선포했습니다. 그 복음을 믿는 자에게 구원의 역사가 일어나고, 부흥이 일어납니다. 하나님의 역사가 구체적으로 나타납니다. 그래서 초대교회 교인들은 예수님의 십자가를 자신과 동일시했습니다. 사도 바울이 기록한 갈라디아서 2장 20절이 신앙고백이 되었습니다. "내가 그리스도와 함께 십자가에 못 박혔다. 십자가를 볼 때마다 그리스도의 사건과 동일시하여 내가 저 십자가에 못 박혀 죽었다. 나의 모든 죄와 허물이 죽었다. 그리고 부활생명으로 다시 태어났다." 죽었다가 다시 살아났음을 고백하게 됩니다. 이것이 거듭남의 역사입니다.

그리고 종교개혁의 역사도 동일합니다. 모든 종교개혁자는 십자가의 신학에 집중했습니다. 십자가의 복음을 선언했습니다. 그래서 그들은 오직 은혜, 오직 믿음을 말할 뿐이었습니다. 이제 오늘날 교회와 비교해 보시기 바랍니다. 성경, 초대 교회, 종교개혁과 너무나 거리가 멉니다. 오늘날도 십자가를 찬양하지만, 단지 구호만이 되어버렸습니다. 십자가의 복음이 왜곡되고, 상실되었습니다. 그래서 복음이 실종된 것입니다. 그 결과 예수 그리스도의 이름으로, 십자가의 이름으로 다른 복음이 전파됩니다. 십자가를 믿음으로 은혜로 말미암아 예수 그리스도 안에서 나의 성공과 행복과 자아 성취가 약속된다고 말하는데, 이것은 복음을 파괴하는 것입니다. 이들은 복음의 파괴자들입니다. 참 교회의 모습이 아닙니다.

한 남자가 애지중지 기르던 개가 죽자, 신부님을 찾아가서 말했습니다. "신부님, 이 가엾은 것을 위해 장례식을 치러 주실 수 있으시겠습니까?" 그랬더니 신부가 단호하게 거절했습니다. "우리 성당에서는 짐승을 위해 장례를 치를 수 없습니다. 짐승은 영혼이 없습니다. 안 됩니다. 하지만, 이 길로 내려가다 보면 조그만 개신교 교회가 하나 있습니다. 거기 가면 어쩌면 무언가 해 주지 않을까요?" 그 사람이 이렇게 말했답니다. "알겠습니다. 신부님, 그런데 장례를 치르는 대가로 헌금 천만 원을 준비했는데 더 준비해야 할까요?" 그 말을 듣자마자 신부님이 이렇게 얘기했답니다. "아니, 그 개가 신자라고 왜 진작 말씀하지 않으셨나요?"

성도 여러분, 어떤 상황에서도 십자가의 복음은 타협될 수 없습니다. 예수님께서 십자가상에서 말씀하셨습니다. "다 이루었다." 기적을 행하실 때도 아니고, 말씀을 전파하실 때도 아닙니다. 오직 십자가상에서 말씀하셨습니다. "다 이루었다." 하나님의 뜻을 이루신 것이요, 구원을 향한 하나님의 지혜와 능력을 온전히 나타내신 것입니다. 그래서 십자가의 진리만이 완전한 진리요, 십자가의 복음만이 온전한 복음입니다. 어떤 것도 십자가의 복음에 가감해서는 안 됩니다. 그럴 때 다른 복음이 선포됩니다. 성경은 명확하게 선언합니다. "다른 복음을 전파하는 자는 저주를 받을 것이다. 하나님의 심판을 받을 것이다."

마태복음 19장을 비롯해 공관복음에 다 나오는 이야기입니다. 부자 청년이 예수님께 다가옵니다. 큰돈을 상속받은, 당시에 성공한 부자 관리입니다. 그런데 예수님께 나와서 했던 질문은 이것이었습니다. "제가 어떻게 해야 구원을 얻겠습니까? 어떻게 해야 영생을 얻겠습니까?" 굉장한 수준의 신자입니다. 예수님께 나온 대부분의 사람은 기적을 행해 달라, 건강을 달라, 성공을 달라고 하는데, 그에게는 그런 요구사항이 없습니다. 단지 영생을 구합니다. "어떻게 해야 영생을 얻겠습니까?" 아주 훌륭한 질문입니다. 예수님은 그의 상황을 다 아시고, 그를 시험하시어 이렇게 말씀하셨습니다. "네 소유를 다 팔아 가난한 자들에게 주라. 그리하면 하늘의 보화가 네게 있으리라. 그리고 나를 따르라." 그는 재물이 너무 많아 근심하며 영생을 포기하고 예수님을 떠납니다. 영생을 포기하고, 구원을 포기하고, 세상의 길로 나아갔습니다. 이것은 계시적인 사건입니다. 성도 여러분, 그에게는 재물이 걸림돌이 되었습니다. 재물이 온전히 복음을 믿는데, 구원에 이르는 믿음을 갖는 데 큰 장애물이 된 것입니다. 돈이 그리스도를 따르는 데 장애물이 되었다는 말입니다. 성도 여러분, 신앙생활을 하며 그리스도를 따르는 데 무엇이 장애물입니까? 그것을 분별해야 합니다. 한 기자가 하나님의 사람 무디 목사님에게 물었습니다. "어떤 사람이 당신께 가장 큰 장애물이 됩니까?" 이 질문에 무디 목사님은 단호하게, 지체 없이 대답했습니다. "나는 그 어떤 사람보다도 무디라는 작자, 나 자신 때문에 항상 골치를 썩고 있습니다."

십자가의 복음을 가로막는 장애물

항상 그리스도의 복음을 묵상하고, 십자가의 도를 생각하며 십자가의 길을 따라가고 싶은데, 내게 가장 장애물이 되는 것이 무엇입니까? 하나님께 나아가며 하나님께 영광 돌리는 삶을 살고 싶은데, 내 인생에 있어 가장 큰 장애물은 무엇입니까? 이것을 분명히 알아야 합니다. 오늘 성경에 "십자가의 걸림돌"이라는 계시의 말씀이 기록되어 있습니다. 이것은 복음에 걸림돌이 있다는 것입니다. 그리스도의 복음, 하나님이 일으키신 십자가의 사건에 수많은 걸림돌이 있습니다. 장애물이 있다는 것을 항상 인식해야 합니다. 다시 말하면, 걸림돌이 없으면 십자가의 복음이 아닙니다. 장애물이 없다면 하나님의 복음이 아닙니다. 그리스도의 복음은 만사형통이 아닙니다. 오히려 없던 장애물까지도 생기는 것이 하나님의 복음입니다.

사도 바울은 자신의 삶을, 삶의 체험을 근거로 지금 증언하고 있습니다. 그래서 성령께서 그를 쓰십니다. 예수 믿기 전에는 사울이라는 이름으로 하나님께 영광 돌리기 위하여 십자가의 복음을 믿는 자들을 핍박했습니다. 교회와 성도를 핍박하고 죽였습니다. 그런데 훗날 그가 살아 계신 그리스도를 만나

회심하고, 이제 온 세상에 나가 복음을 전하자 박해를 받습니다. 이유는 하나입니다. 십자가의 복음을 전파했기 때문입니다. 이것을 항상 기억하시기 바랍니다. 십자가의 복음은 불신자와 세상으로부터 미움과 무시와 박해를 항상 받습니다. 우리가 예수 믿고 십자가의 복음을 붙듦으로 세상 사람들이 칭찬하고, 지지하고, 응원하고, 우리를 높이는 게 아닙니다. 전혀 아닙니다. 그런데 이 모든 상황과 현실을 하나님은 이미 아십니다. 하나님의 경륜 속에서 하나님은 십자가의 사건을 일으키신 것입니다. 그래서 보아도 보지 못하고, 들어도 듣지 못하고, 정말 영적 무지와 무감각 속에 살아가는 인류를 고발하게 됩니다.

성도 여러분, 성경에서 보면 이 십자가의 걸림돌, 신앙생활의 가장 큰 장애물들 다섯 개가 우리에게 선언되고 있습니다. 먼저는 세상입니다. 하나님 없는 세상입니다. 하나님을 경외하지 않습니다. 그래서 세상은 어둠입니다. 어떤 것이 좋아 보이고 설득력이 있어 보여도 세상의 지식과 가치관, 세상의 관점은 모두 십자가 복음의 걸림돌입니다. 성경은 말씀합니다. "세상을 사랑하지 말라. 세상 것들을 사랑하지 말라." 그런데 세상과 타협하며 적당히 모르는 척하면 어떻게 되겠습니까?

박해 받지 않습니다. 지지를 받습니다. 하지만 그것은 불신앙입니다. 그래서 오늘날 그것을 세속화라고 말합니다. 세속화된 신앙, 이것은 아주 교묘한 것입니다. 나름대로 열심히 그리스도인으로 선행도 하면서 착하게 살지만, 그 중심에 세속화된 신앙이 있습니다. 왜 그렇습니까? 세상이 그 속으로 들어온 것입니다. 세상과 타협하고 있습니다. 복음이 세상을 깨뜨려야 하는데, 거꾸로 세상 것들이 내 안으로, 교회로 들어와 십자가의 복음을 왜곡하고 파괴하는 것입니다. 그래서 예수 믿으면 만사형통이고, 부와 건강과 성공을 얻고, 모든 일이 잘된다고 말하지만, 이것은 거짓말입니다. 이 번영의 복음은 명백히 사탄의 역사인데도, 오늘날 아주 대놓고 예수 믿으면 모든 것이 잘되고, 만사형통하고, 나라와 민족이 잘되고, 개인이 잘되고 성공한다고 말합니다. 가슴 아플 뿐입니다. 그것은 다른 복음입니다.

또한 재물이 장애물입니다. 돈이 걸림돌입니다. 그래서 예수님께서 미리 아시고 말씀하십니다. “하나님과 재물을 겸하여 섬길 수 없느니라.” 이미 인간이 재물의 가치를 하나님 수준에 올려놓았습니다. 왜 그렇습니까? 돈이 있으면 안 되는 일이 없기 때문입니다. 예수님 당시에도 황제를 대부분 돈으로 세웠습니다. 많은 군병을 돈으로 샀습니다. 돈이야말로 권력과 능력 이상의 힘을 가졌습니다. 마치 하나님의 능력을 대신하는 것 같습니다. 그 당시나 지금이나 미래 사회를 예상해 보면 소중한 시간과 열정과 은사와 건강을 온통 돈 버는 데 쏟아붓습니다. 거기서 행복을 논하고, 기쁨을 논합니다. 참으로 불쌍합니다. 복음 안에서 보시기 바랍니다. 십자가 안에서 보시기 바랍니다. 얼마나 비참한 인생입니까? 이처럼 돈이 십자가의 복음에 걸림돌이 됩니다. 예수님을 찾아온 부자 청년과 같습니다. 차라리 없으면 예수님을 믿기 쉬운데, 그것 때문에 결국은 영생을 포기하고, 세상의 길로 나아가더라는 것입니다.

또 하나는 자아입니다. 나 자신이 십자가의 걸림돌이라는 것을 항상 기억해야 합니다. 예수님께서 말씀하십니다. "자기를 부인하고 나를 따르라." 누구든지 예수님을 따르려거든 자기 부인이 먼저 일어나야 합니다. 자기 소원, 자기 성취, 자아를 가지고는 예수님께 가지 못합니다. 십자가의 복음이 무엇을 말합니까? 오직 하나님의 은혜로 말미암아 구원받습니다. 그런데 거기다가 조금씩 자아를 집어넣고, 자기 상식과 자기 소원을 집어넣고, 자기 이익을 집어넣으면 복음을 파괴하게 됩니다. 이미 거기서 빗나간 것입니다. 걸림돌입니다. 또한 오늘날은 십계명을 하나님의 말씀으로 받아들이지 않는 분위기입니다. 거의 무율법주의입니다. 왜 그럴 것 같습니까? 자아가 문제입니다. 그런데 십계명에 자아라는 존재는 없습니다. 그것이 하나님의 뜻입니다. 온 마음을 다해 하나님을 사랑하고, 내 이웃을 사랑하는 것이 하나님의 뜻이므로 거기에는 자아가 없습니다. 나라는 존재가 없습니다. 그러니 불편하고, 꺼리는 것입니다. 무시하며, 무율법주의로 살아갑니다. 하나님이 주신 율법이 걸림돌이요, 십자가의 복음에 장애물이 벌써 되었다는 것입니다.

더 나아가서 율법주의가 장애물입니다. 율법을 지킴으로 많은 선행을 하고, 공로를 통해서 의롭게 되고, 하나님의 자녀가 되고, 천국 들어간다고 말하는 것은 거짓입니다. 이것은 합리적이고 이성적이라고 여기는 세상 지식으로 생각하는 것입니다. 율법을 오용하고 남용한 것입니다. 이것은 무서운 죄입니다. 오늘 성경본문에 할례가 나타나는데, 할례는 율법의 핵심입니다. 율법은 십계명이지만, 할례는 십계명 이전에 주어진 것입니다. 모세를 통해서 율법을 주셨지만, 할례는 아브라함을 통하여 주신 것입니다. 그러니 격이 높습니다. 이처럼 율법의 상징이 할례입니다. 그래서 누구든지 하나님의 자녀가 되려면 할례를 받고, 율법을 지켜야 한다고 생각했습니다. 하지만 성경은 이런 인간의 행위로 의롭게 되고 하나님의 자녀가 된다고 말하는 것은 십자가의 복음을 파괴하는 것임을 말씀합니다. 십자가의 걸림돌입니다.

그런데도 그런 다른 복음이 거침없이 전해집니다. 많은 선행으로 하나님의 일을 열심히 해서 더 큰 복을 받고, 더 훌륭한 사람이 된다고 말합니다. 새빨간 거짓말입니다. 우리는 하나님의 의를 받아 하나님의 사람이 되고, 하나님의 복을 누리는 것입니다. 내가 나쁜 짓을 하든 좋은 일을 하든, 하나님의 의에는 아무 영향을 끼치지 못합니다. 이것은 절대적인 의이기 때문입니다. 그런데 십자가의 복음을 왜곡합니다. 왜 그렇습니까? 인간의 기준과 행위로, 이성으로 생각하기 때문입니다. 오늘날 교회가 인간의 기준으로 이성적이고 합리적인 것을 좋아하다 보니, 하나님의 기준이 무너졌습니다. 십자가의 복음이 왜곡되었습니다. 새로운 전통과 제도, 관습은 도대체가 복음과는 아무 상관이 없는 것들입니다. 교단과 교파도 마찬가지입니다. 새로운 이벤트, 프로그램, 제자화만 아니라 앞으로 더 새로운 것들이 나올 것입니다. 하지만 이러한 모든 것들은 본질이 아닙니다. 십자가의 복음을 왜곡시킬 뿐입니다.

그리고 마지막으로 사탄의 역사입니다. 사탄과 마귀의 역사가 십자가 복음에 가장 큰 장애물입니다. 복음을 왜곡하는 유혹에 빠지게 하기 때문입니다.

세상에는 걸림돌인 십자가의 복음

성도 여러분, 그런데 이 모든 것보다 더 큰 장애물이 있습니다. 특별히 불신자에게 더욱더 그렇습니다. 또한 온전한 믿음을 갖지 못한 사람에게도 이 장애물이 가장 큰 유혹입니다. 그것은 바로 예수님의 십자가 사건, 그 자체입니다. 그래서 멸망하는 자들에게 미련한 것입니다. 불신자에게는 십자가 사건이 미련한 것입니다. 그 이상이 아닙니다. 그러니 예수님의 십자가가 걸림돌이 됩니다. 왜냐하면, 하나님이시라면서 오병이어의 기적을 일으키고, 모든 경제 문제를 해결하고, 죽은 자를 살리고, 바다를 건너는 분이 왜 십자가에 죽습니까? 그것도 아무 소리도 못 하고 끌려가듯이 처형당합니다. 이것이 걸림돌입니다. 십자가 사건은 온전한 믿음을 갖지 못한 자에게는 항상 걸림돌입니다. 구원의 역사가 마치 신화처럼 구름 타고 신적 현현이 나타나 인류에게 충격을 주는 사건으로 있었다면 걸림돌이 되지 않았을 것입니다. 최소한 당시 로마 황제의 대관식 같이 온 세상에 알려지는 영향력이 있는 사건이었다면 문제가 심각하지 않았을 것입니다. 그런데 십자가의 사건은 은밀하게 예루살렘 구석, 골고다 언덕에서 조용히 나타났습니다. 그런데 그 복음을 믿는 자마다 구원을 받습니다. 그 외에 다른 길이 없습니다. 그러니 이 십자가의 사건이 걸림돌이 되는 것입니다. 하나님의 방식과 뜻이 마음에 안 드는 것입니다.

그러나 거룩하신 하나님은 우리에게 구원을 선물로 주시기 위해서 죄의 문제를 먼저 해결하셔야 했습니다. 하나님은 죄를 반드시 심판하십니다. 진노의 하나님이십니다. 그래서 그 죄를 누군가 대신 짊어져야 합니다. 그러므로 예수님을 화목제물로 주셨습니다. 십자가에 피 흘려 죽게 하셨습니다. 그런데 그것을 사람들이 알 길이 없습니다. 하나님을 경외하지 않기 때문입니다. 더 나아가 신실하신 하나님이십니다. 말씀대로 역사하시고, 그 말씀을 반드시 이루십니다. 그래서 하나님은 회개하지 않는 자를, 복음을 믿지 않는 자를 구원하실 수가 없습니다. 왜 그렇습니까? 신실하신 하나님이시기 때문입니다. 하나님의 성품과 부딪히기 때문입니다. 그래서 십자가의 사건은 있어야만 하는 것입니다. 이것이 믿음이 없는 자와 불신자들에게는 가장 큰 걸림돌입니다. 하지만 하나님은 이 모든 것을 아시기에 이것이 복음의 비밀인 것입니다.

또한 십자가 복음의 메시지가 걸림돌입니다. 오직 은혜, 오직 믿음, 이것이 걸림돌입니다. '오직 은혜'를 생각해 보시기 바랍니다. 하나님의 은혜 없이는 누구도 구원받지 못합니다. 이것이 걸림돌이 됩니다. 왜 그렇습니까? 세상에는 이러한 은혜가 존재하지 않습니다. 세상 어떤 지식과 종교적 선언에도 이러한 은혜는 없습니다. 내가 열심히 노력하고, 깨닫고, 열심히 이웃을 향해 봉사하고, 선행을 해야 구원받는다고 말합니다. 여기에 은혜가 어디에 있습니까? 그러니 추상적으로 여길 수밖에 없습니다. 그래서 은혜가 걸림돌입니다. 더 나아가서 그 은혜는 오직 예수 그리스도 안에서, 예수 그리스도를 통해서만 우리에게 주어집니다. 이것이 더 기분 나쁩니다. 다른 종교 창시자들, 사상가들의 깨달음은 모두 다 무용지물이 됩니다. 세상의 모든 지식과 자랑은 소멸됩니다. 그래서 하나님의 은혜가 걸림돌입니다. 또한 오직 믿음만으로 구원받는데, 그게 또 걸림돌입니다. 왜 그렇습니까? 무엇인가 행위를 해야만 할 것 같고, 먼저 착한 일을 하는 것이 당연하다고 생각합니다. 어떻게 믿음으로 구원받느냐고 말합니다. 하지만 구원은 인간의 방식으로 이루어지는 것이 아닙니다. 세상의 지혜가 아닙니다. 그것과 부딪힙니다. 그래서 결국 '오직 믿음'이라는 것이 걸림돌이 됩니다.

더 나아가 십자가의 선언인 오직 예수만이 구세주시고 유일한 구주시라는 것이 걸림돌이 됩니다. 세상은 항상 종교다원주의입니다. 앞으로 더 그러할 것입니다. 수많은 이단과 사이비와 종교들이 나타납니다. 그런데 '오직 예수'라고 하니, 기독교만 배타적이라고 말합니다. 그들과 부딪힙니다. 오직 십자가의 복음을 말하니, 비난받을 수밖에 없습니다. 합리적이지 않나며 박해하는 것입니다. 무엇보다도 누구든지 예수 그리스도의 복음을 믿음으로 구원받는다는 것은 더 기분 나쁩니다. '누구든지'가 마음에 안 드는 것입니다. 잘 생각해 보시기 바랍니다. 나와 원수 되는 사람이나 악인이 갑자기 예수님을 믿고 구원받았다고 하면 짜증납니다. 그런 일이 있으면 안 되는 것입니다. 그래서 '누구든지'라는 선언이 걸림돌이 됩니다. 예수님 당시에도 세리도, 매국노도, 창녀도, 누구든지 복음을 믿으면 구원받았습니다. 기존의 지식인들이나 종교인들이 볼 때는 정말 분노할 일입니다. 모든 것을 뒤집어버리기에 걸림돌이 됩니다. 당시에 압제자인 로마 사람도 예수 이름을 믿고 구원받았습니다. 그러니 '누구든지'에 분노할 일입니다. 그래서 거절합니다. 오늘날도 독재자, 살인자, 폭행자, 정말 짐승 같은 사람도 누구든지 십자가의 복음을 믿음으로 구원받습니다. 이것이 십자가의 선포입니다. 이것이 걸림돌이 됩니다. 항상 분별해야 할 것입니다.

완전한 십자가의 복음과 성령의 역할

고린도전서 5장 6절에 이런 잠언이 있습니다. "적은 누룩이 온 덩이에 퍼지느니라." 조그마한 누룩이란, 오늘날 이스트 같은 것입니다. 이것이 빵을 부풀립니다. 온 덩이를 변화시킵니다. 성도 여러분, 사탄의 역사가 이와 같다는 것을 우리에게 경고합니다. 시작은 미미했지만, 결국 그것으로 전체가 다 오염될 것입니다. 십자가의 복음은 완전한데, 거기에 인간의 생각을 조금씩 더함으로 결국 복음이 파괴되고 실종됩니다. 하나님의 지혜와 능력은 무시됩니다. 이것을 항상 알아야 합니다. 그러면 어떻게 해야 십자가의 걸림돌을 제거하며 온전한 믿음으로 살아갈 수 있습니까? 신학교에 들어가면 될 것 같습니까? 박사학위 받으면 될 것 같습니까? 선교사가 되고 목회자

되면 될 것 같습니까? 수많은 교육을 받으면 될 것 같습니까? 어림도 없습니다. 더 나빠집니다. 방식은 하나뿐입니다. 오직 십자가의 복음을 믿음으로 됩니다. 맹목적으로 믿는 것이 아니라, 십자가의 복음이 무엇인지를, 그리스도의 계시가 무엇인지를 알아야 합니다. 성령께서 그렇게 시작하십니다. 이성을 변화시키고, 지식을 변화시키고, 가치관을 변화시켜서 오직 십자가의 복음을 믿음으로 날마다 승리케 하십니다. 성경은 말씀합니다. "십자가로 소멸시킨다." 십자가에 나타난 하나님의 지혜와 능력으로 온갖 걸림돌과 장애물을 소멸시켜야 합니다. 그러기 위해서는 무엇이 장애물인지를 먼저 인식해야 합니다. 성령께서 믿는 자에게 분별력을 주십니다.

신약성경에 보면 마태복음 16장에 엄청난 사건이 기록되어 있습니다. 우리가 잘 아는 사건입니다. 사도 베드로는 수석 제자입니다. 그가 신앙고백을 잘함으로 예수님께서 그에게 천국의 열쇠를 갑자기 주십니다. 그런데 베드로는 그런 수준도 아니고, 인격도 아닙니다. 조금 있으면 도망갈 것임에도 불구하고 주십니다. 그런데 이미 거둘 수 없는 말씀입니다. 하나님의 말씀이니 말씀대로 될 것입니다. 천국의 열쇠를 받을 만큼 복을 받았습니다. 이것은 계시적인 이야기입니다. 그런데 예루살렘에 가서 십자가를 지시고 수난을 받아 죽으실 것이라고 예고하니, 엄청난 상을 받은 베드로가 수석 제자로 정말 예수님을 사랑해서 간절히 말합니다. "그리하지 마옵소서. 결코 예수님에게 그런 일이 있으시면 안 됩니다." 아주 인간적이고 위로가 됩니다. 그런데 예수님은 무엇이라고 말씀하십니까? "사탄아, 물러가라." 베드로는 인간으로 가장 큰 복을 받은 자이며 하나님의 사람이지만, 동시에 사탄이 됩니다. 이런 말을 한 것이 베드로입니까, 아니면 사탄입니까? 예수님께서 말씀하십니다. "사탄아, 물러가라." 그리고 말씀하십니다. "너는 나를 넘어지게 하는 자로다. 십자가의 길을 가는데 막는 자로다. 네가 하나님의 일을 생각하지 아니하고, 도리어 인간의 일을 먼저 생각하는구나." 성도 여러분, 십자가의 길을 막고 십자가의 복음을 변질시키는 것은 가차 없이 끊어야 합니다. 그것이 믿음입니다. 왜 그렇습니까? 나는 십자가의 복음을 믿음으로 구원받았기 때문입니다. 그렇지 못하면 부지불식간에 옛사람으로, 세상의 종으로, 사탄의 종으로 끌려가게 됩니다.

하나님의 사람, 구세군의 창시자인 윌리엄 부스의 유명한 일화입니다. 그가 말년에 다음과 같은 질문을 받았습니다. 82세가 되실 때까지 끊임없이 그리스도의 종으로 승리하며 살아갈 수 있었던 비결이 무엇입니까?" 그는 조용히 생각한 후, 이렇게 대답했습니다. "비결 같은 거 없습니다. 나는 날마다 하나님께 '내 모든 것은 주님의 것이오니, 오늘도 주님의 마음대로 써 주세요' 하는 기도를 반복하여 되풀이했을 뿐입니다." 성도 여러분, 복음을 믿고 거듭난 하나님의 자녀는 모든 것이 하나님께로부터 왔고, 모든 것이 하나님의 것임을 기억해야 합니다. 그러므로 예수 그리스도 안에서 하나님을 경외하는 자로 하나님만을 소망하며, 먼저 자기 부인이 일어나야 합니다. 그리고 하나님의 뜻에 일치한 소원을 가지고 오직 하나님께 영광 돌리는 인생의 목적을 가지고 살아갈 때 승리할 수 있습니다.

내 안에 있는 장애물, 세상에 있는 모든 방해물이 단번에 사라지지 않습니다. 매일매일 은밀한 중에 성령께서 소멸시켜 가실 것입니다. 진리의 성령께서 거듭난 그리스도인 안에 계셔서 우리를 항상 예수 그리스도 안에서 십자가의 복음에 집중하며, 십자가의 길을 따라가며, 무엇이 장애물이고 걸림돌인지를 인식하며, 십자가의 지혜와 능력으로 소멸시키도록 우리를 인도하십니다. 그래서 날마다 그리스도인은 성령께 삶을 의탁하고, 성령께 기도하고, 성령께 순종하며, 영의 생각에 이끌리어 복음의 증인으로 하나님의 이름을 영화롭게 하는 승리의 삶을 살아갈 수 있는 것입니다.

† 기도

창조주이시며 거룩하신 하나님 아버지. 어둠의 세상에 성자 하나님을 보내 주시고, 화목제물로 내어 주시어 십자가의 사건을 일으키시며, 그 복음을 믿는 자에게 하나님의 자녀 되는 권세를 주시어, 이제는 영적 분별력을 가지고, 오직 십자가 복음의 증인으로 날마다 승리케 하여 주심을 진심으로 감사드립니다. 그러나 아직도 십자가 복음의 진수를 알지 못하고, 복음의 지혜와 능력을 온전히 신뢰하지 못하여, 부지불식간에 복음을 가감하여 다른 복음에 이끌리며, 이기적인 탐심과 소원에 붙들리며, 세상의 종으로, 죄의 종으로, 육신의 생각으로 살아가는 죄인이 되었음을 고백하오니 용서하여 주옵소서. 진리의 성령이시여, 구원받은 하나님의 자녀들 안에 계심을 믿고 확신하노니, 우리 모두가 진정 성령의 인도하심을 받고, 성령께 의탁하여 날마다 십자가의 능력으로 이 모든 장애물을 무효화시키고 소멸시켜 이제는 오직 복음의 증인으로 하나님의 은혜에 합당한 승리의 삶을 살며, 구별된 경건한 인생을 살아갈 수 있도록 지켜 주옵소서.
주 예수 그리스도의 이름으로 간절히 기도드리옵나이다. 아멘.

13.
성도의 자유

형제들아 너희가 자유를 위하여 부르심을 입었으나 그러나 그 자유로 육체의 기회를 삼지 말고 오직 사랑으로 서로 종 노릇 하라 온 율법은 네 이웃 사랑하기를 네 자신 같이 하라 하신 한 말씀에서 이루어졌나니 만일 서로 물고 먹으면 피차 멸망할까 조심하라_**갈라디아서 5:13-15**

13.

성도의 자유

항상 자신의 그림자를 벗어 던지고 싶어 하는 사람이 있었습니다. 그는 자기 그림자를 떼어내기 위해서 온갖 방법을 다 써 보았습니다. 마룻바닥에서 뒹굴기도 하고, 물속에 들어가기도 했지만 전혀 소용이 없었습니다. 여전히 자신의 그림자가 자신을 졸졸 따라다니는 것을 항상 경험했습니다. 이 고충을 전해들은 한 현자가 그에게 말했습니다. "세상에 그처럼 쉬운 일 가지고 왜 그렇게 고통을 받느냐? 걱정하지 마라. 조금도 걱정하지 마라." 그는 기뻐서 현자에게 물었습니다. "대체 어떻게 해야 그림자가 떨어지는 것입니까?" 현자는 남자를 큰 나무 그늘 아래로 데려가서 이렇게 말했습니다. "자신의 그림자를 벗어 던지고 싶은 사람은 이처럼 커다란 나무 그늘로 들어가면 된다."

성도 여러분, 창조주 하나님께서 인간을 하나님의 형상을 따라 창조하셨습니다. 그래서 인간에게 자유의지를 주시고, 자유인으로 창조하셨습니다. 하나님의 형상을 따라 지음을 받았다는 것은 인간에게 특별한 자유의지를 주셨다는 것을 의미합니다. 그러나 인간은 그 자유의지로 자유를 주신 하나님을 배반하고 떠나 살며, 하나님께 불순종하며, 죄를 지으며, 죄의 종이 되었습니다. 그 자유의지로 스스로 세상의 종이 되는 선택을 했다는 것을 기억해야 합니다.

자유의 바른 의미

성도 여러분, 자유의지는 선택의 의지를 말합니다. 선택의 자유입니다. 하나님이냐 나냐, 내가 선택하는 것입니다. 천국이냐 세상이냐, 선이냐 악이냐를 선택할 자유의지를 인간에게 주셨습니다. 이제 거듭난 하나님의 자녀는 자유의지로 전적으로 하나님을 선택합니다. 그렇지 않으면 타락한 자유의지를 가지고 나만을 위해 자기 유익을 좇아 살아가게 됩니다. 하나님의 자녀는 그 자유의지로 하나님을 경외하는 것을 선택하고, 하나님께 순종하는 것을 선택합니다. 그래서 하나님 안에서 진정한 자유를 누리며, 영적 자유인으로 살게 됩니다. 오직 하나님과 함께 있을 때만 우리는 참 자유인이며, 은혜와 평강의 삶을 살아갑니다. 그러나 그 자유의지로 하나님 외에 다른 것을 선택한다면, 하나님을 떠나 그 무엇을 더 중요하게 우선순위로 삼는다면, 그는 자유인이 아닙니다. 자유를 잃어버린 사람입니다. 결국 선택의 자유로 근심과 두려움과 절망과 불안 중에 살아갈 수밖에 없습니다.

성도 여러분, 자유를 당연하게 여기고, 자유의 권리만을 우선시하는 사람은 자유인이 아닙니다. 그는 참으로 위험한 상태에 놓여 있는 것입니다. 자유의 의미와 가치에 대하여 무지한 사람은 자유를 왜곡하고, 참 자유인으로 살아갈 수 없습니다. 성경은 명백하게 선언합니다. "그리스도께서 우리를 자유롭게 하려고 자유를 주셨다." 이것이 복음입니다. 십자가의 사건에서 이루어진 것입니다. 이것을 우리는 십자가의 진리라고 말합니다. 이 십자가의 진리 안에서 믿음으로 자유를 얻고, 자유인이 되었습니다. 그 사람을 우리는 하나님의 자녀라고 부릅니다. 오직 믿음으로 되는 영적 권세입니다. 내 힘과 노력과 열심과 도덕적인 삶으로 자유인이 되지 못합니다.

세상에서는 정치적 자유, 경제적 자유, 신앙의 자유, 언론과 표현의 자유, 인권의 자유 등 수많은 자유를 선언하고 추구합니다. 매우 중요합니다. 그러나 이것보다 더 크고, 더 중요한 자유가 있습니다. 소극적으로는 죄와 사망으로부터의 자유입니다. 율법과 세상과 사탄으로부터의 자유입니다. 하나님의 진노와 심판으로부터의 자유입니다. 그리고 적극적으로는 칭의와 성화와 영화의 삶을 추구하는 자유입니다. 그리스도와 동행하며, 신령한 복을 누리며, 은혜와 평강의 삶을 살아가는 자유를 의미합니다. 이런 차원의 자유를 영적 자유라고 말합니다. 그리스도께서 우리에게 주신 자유는 영적 자유입니다. 이것을 항상 기억해야 합니다. 세상이 모르는 자유요, 불신자는 전혀 알 수 없는 자유입니다. 아무리 철학자라 할지라도, 종교 창시자라 할지라도 깨닫지 못하는 자유입니다. 성도 여러분, 진정한 자유인이 되고, 그 자유를 누리기 위해서는 훈련이 필요하다는 것을 잊어서는 안 됩니다. 어떻게 생각하면 훈련과 자유는 정반대 개념이고 배타적인 것으로 서로 부딪힐 것 같습니다. 그러나 아닙니다. 이것은 항상 함께합니다. 예를 들어, 스케이트 선수를 생각해 보시기 바랍니다. 매끄러운 얼음판에 날카로운 신발을 신고 자유롭게 스케이트를 탑니다. 왜 그렇습니까? 훈련했기 때문입니다. 많은 시간 훈련했고, 고된 훈련을 했기 때문에 자유롭게 스케이트를 탈 수 있습니다. 이와 같습니다. 자유가 훈련되지 않으면 자유를 잃고, 자유를 남용하여 결국 죄의 종으로 전락하게 됩니다. 하나님의 자녀는 오직 십자가의 복음과 성령의 역사 안에서 날마다 훈련되어야 합니다. 믿음으로 다양한 상황 속에서 훈련되어야 합니다. 그때 하나님의 경륜 안에서 참 자유인으로 변해 가게 됩니다.

교도소에서 생활하는 한 신자가 신부님께 이런 자랑을 했습니다. “저는 요즘 고해성사가 필요 없을 정도로 착하게 살고 있습니다. 매일 저녁 8시만 되면 규칙적으로 잠을 잡니다. 저는 전혀 술을 마시지 않고, 외박도 안 합니다. 남의 것을 훔치지도 않습니다. 남을 못살게 괴롭히지도 않습니다. 그리고 주말마다 미사에 빠짐없이 참석하니, 이만하면 모범 신자 아닙니까?” 이 얘기를 듣던 교도소 사목 신부가 그에게 말했답니다. “하지만 여기서 석방되면 달라질 걸요.” 감옥 안에서야 착하게 살 수 있지만, 감옥 밖으로 나오면 엉망진창이 되기가 쉽습니다. 잘 생각해 보시기 바랍니다. 주일예배 시간만큼은 하나님의 말씀을 온전한 마음으로 듣고, 그 시간만큼은 하나님께 영광 돌리고 싶어 하는 자유인이지만, 이 시간을 떠나서도 정말 자유인입니까? 영적인 자유인으로 은혜 안에 산다고 하지만, 훈련 없이 자유인의 삶을 살아갈 수 없다는 것을 분명히 알아야 합니다.

그래서 오늘 본문은 이렇게 말씀합니다. 우리에게 주신 하나님의 말씀입니다. "형제들아 너희가 자유를 위하여 부르심을 입었으나 그러나 그 자유로 육체의 기회를 삼지 말고 오직 사랑으로 서로 종 노릇 하라." 자유를 생각할 때마다 이 말씀을 항상 묵상하시기 바랍니다. "그 자유로 육체의 기회를 삼지 말라." 너는 하나님께서 주신 자유로 자유를 위하여 부르심 받은 거듭난 하나님의 자녀이니, 그 자유로 육체의 기회를 삼지 말라고 하십니다. 그 자유로 육체의 욕심을 따라 살지 말라고, 네 마음대로 살지 말라고, 이기적인 탐심과 정욕에 이끌려 살지 말라고 하는 것입니다. 그 자유로 세상의 종이 되지 말고, 그 자유로 하나님께 불순종하지 말라고 말씀하십니다. 성도 여러분, 사탄의 역사가 바로 여기에 있습니다. 이 자유를 왜곡하고 남용하여 내 마음대로 쓰게 만듭니다. 인간은 내 마음대로, 내 즐거움대로 살 때 행복하다고 말할지 모르지만, 참으로 어리석은 것입니다. 결국은 깨달을 것입니다. 그 인생은 죄의 종, 세상의 종, 율법의 종이었음을 고백하게 될 것입니다. 그 자유를 육체의 기회로 삼지 말아야 합니다.

성경이 말씀하는 책임적 자유

성도 여러분, 자유에는 항상 책임이 뒤따릅니다. 책임 없는 자유, 훈련 없는 자유는 자유가 아닙니다. 우리가 자유의 권리만을 먼저 생각한다면, 그 사람은 참된 자유인이 아닙니다. 자유가 무엇인지 모르는 사람입니다. 성경이 말씀하는 자유, 영적 자유는 무엇보다도 책임적 자유입니다. 책임적 자유를 우리에게 선언하고 있습니다. 우리는 흔히 내 마음대로 하는 것이 자유라고 생각합니다. 그런데 그것이 타락한 본성입니다. 죽기 전까지 우리 마음을 이렇게 유혹합니다. 소원성취도 자유가 아닙니다. 세상의 종으로, 멸망의 길로 가는 것입니다. 고귀한 자유인 영적 자유를 알았는데, 그것을 옛사람의 본성에 이끌려서 또다시 내 마음대로 쓰고, 육체의 욕심을 따라 쓰고, 이기적인 탐심과 정욕에 이끌려서 사용한다면 잘못된 신앙생활을 하는 것입니다. 그러면서도 회개하지 않으니, 애초에 자유인이 아닌 것입니다. 현대 교육은 자아성취를 위한 것입니다. 거기에 모든 것을 쏟아 붓습니다. 그런데 그것 자체가 문제입니다. 교육을 많이 받을수록 온전한 인간이 되기 힘듭니다. 공부를 잘할수록 더 그렇습니다. 오늘날 세상에서 가장 큰 문제를 일으킨 사람 대부분이 대학을 졸업한 사람들입니다. 공부 많이 한 사람들이 더 세상을 망칩니다. 왜 그렇습니까? 꿈을 이루고, 자아성취를 하라고 외치고 다니지만 그들도 자유인이 아닙니다. 죄의 종일뿐입니다. 그러면서 누구에게 무엇을 말한단 말입니까? 하나님의 뜻을 거역하는 것일 뿐입니다.

『탈무드』에 이런 교훈적인 이야기가 있습니다. 많은 사람이 한 배를 타고 항해 중이었습니다. 그런데 어떤 청년이 자기 자리에서 끌로 구멍을 내고 있는 것입니다. 탑승했던 사람들이 막 소리를 치며, 그런 짓을 하면 안 된다고 외칩니다. 그럼에도 그는 꿈쩍도 안 합니다. 그리고 태연하게 말합니다. "내 자유요. 내 자리에 앉아서 내가 내 자유로 하는 일이니 조용히 하시오." 그러면서 계속 구멍을 팝니다. 어떻게 되겠습니까? 사람들과 함께 그 배는 수장됩니다. 자유를 말할 때, 우리는 항상 책임을 생각해야 합니다. “그리스도께서 우리에게 자유를 주셨다.” 그리스도께서 책임을 요구하십니다. 우리에게 주신 자유는 책임적 자유라는 것을 항상 기억해야 합니다.

20세기의 대표적인 지성인 에리히 프롬 박사가 쓴 『자유로부터의 도피』라는 유명한 고전이 있습니다. 저도 한 40년 전에 이 책을 읽고 정말 크게 감명 받았습니다. 아마 나이 드신 분들은 대부분 이 책을 아실 것입니다. 이 책의 총 주제는 간단합니다. 능동적 자유를 지향하는 자만이 진정한 자유인이라는 것입니다. 능동적 자유란 무엇입니까? 그것은 이웃과 함께 공동의 선을 지향하는 자유, 이타주의적 인생을 지향하는 자유, 소명 의식에 이끌려 살아가는 자유입니다. 그리고 그는 이 책에서 말합니다. “이 자유로부터 인간은 실패했다. 세상은 실패했다. 이것이 인간 실존이다. 그리고 이 자유로부터 도피해서 무책임한 인간이 되었다.” 자유로부터의 도피를 지적합니다. 그런데 따지고 보면 사람들에게 그런 의식조차도 없습니다. 자유를 말할 때면 언제나 내 마음대로 하는 것과 연관을 짓고 이러한 사고에서 벗어나지 못하니, 이러한 무지무각이 스스로를 멸망의 길로 이끌어 갑니다. 그래서 오늘 성경은 말씀합니다. “그 자유로 … 오직 사랑으로 서로 종 노릇 하라.” 항상 묵상하시기 바랍니다. 능동적 자유입니다. 이것이 성도의 자유입니다. 오직 사랑으로 서로 종노릇하는 것입니다. 여기서 “종”이라는 개념을 너무 불편하게 생각하지 마시기 바랍니다. 섬기라(serve)는 말입니다. 사랑은 항상 수고가 따릅니다. 희생이 따르는 것입니다. 사랑의 자유를 써서 적극적으로 봉사하라는 말입니다. 성도 여러분, 이러한 하나님의 말씀인 성도의 자유가 내게 가능합니까? 나는 이 말씀에 참여합니까, 아니면 도피합니까? 죄의 종에게는 불가능한 말씀이요, 자아실현의 추구를 자유로 인식하는 자에게는 불가능한 것입니다. 이기적인 탐심과 정욕에 끌려가는 자에게는 불가능합니다. 무엇보다도 다른 복음에 이끌리면서 예수를 주라고 고백하는 자에게는 불가능한 것입니다.

어느 가정에서 있었던 일입니다. 부부가 집안일을 어떻게 나눌지 상의하고 있었습니다. 그런데 갑자기 아내가 남편한테 화를 내면서, “왜 당신은 자꾸 쉬운 것만 하려고 해?”라고 했습니다. 그랬더니 남편이 태연하게, “나는 항상 제일 어려운 일을 하고 있잖아”라고 하더랍니다. 아내가 도대체 이해가 안 가서 궁금한 표정으로 물었습니다. “그게 뭔데?” 남편이 담담하게 대답하더랍니다. “난 너랑 살잖아.” 성도 여러분, 이기적인 사랑으로는 항상 불안과 불평과 싸움밖에 없습니다. 능동적인 자유인으로 사랑을 선택하지 않으면, 참사랑의 의미를 모르면, 어디에도 은혜와 평강의 삶은 없습니다. 사랑은 항상 훈련되어야 합니다. 항상 기억하시기 바랍니다. 자유가 훈련되어야 하는 것처럼, 참사랑도 항상 훈련되어야 참사랑을 표현할 수 있는 것입니다. 훈련되지 않는 사랑, 훈련되지 않은 자유, 그것은 허상이요 위선입니다. 사랑은 감정이나 느낌이 아닙니다. 어느 대상에게 깊이 빠지는 것도 아닙니다. 이것은 스스로 속는 것입니다. 임시석일 뿐입니다. 참사랑은 능동적인 의지입니다. 적극적인 참여입니다.

사랑으로 종노릇하는 영적 자유인

이웃 사랑이라는 것을 생각해 보시기 바랍니다. 이것이 느낀다고 되는 일입니까? 불쌍히 여긴다고 사랑하는 것입니까? 아닙니다. 적극적인 의지로 그 대상의 삶과 고통에 참여해야 이웃 사랑이라고 말할 수 있습니다. 그래서 성경은 말씀합니다. “너희에게 주어진 자유로 오직 사랑으로 종노릇 하라.” 이것이 하나님의 뜻이요, 하나님의 자녀에게 주신 율법의 정신입니다. 그리고 더 구체적으로 오늘 성경은 이렇게 진술합니다. "온 율법은 네 이웃 사랑하기를 네 자신같이 하라 하신 한 말씀에서 이루어졌나니." 십계명의 정신과 하나님의 뜻, 구약성경의 모든 율법을 한마디로 요약해 줍니다. "네 이웃을 네 몸과 같이 사랑하라." 깊이 생각해야 합니다. "네 이웃을 네 몸과 같이 사랑하라"는 말씀에서처럼 이웃 사랑은 적극적인 의지로, 의지적 행위로 이루어집니다. 그저 불쌍히 여기고, 생각만 한다고 되는 일이 아닙니다. 한 달에 한 번 얼마씩을 주고, 때때로 구제헌금을 조금 한다고 되는 말씀이 아닌 것을 우리는 너무나 잘 알고 있습니다. 끼리끼리가 아닙니다. 내 취향대로, 내가 원하는 그룹에게 선한 일을 하는 것을 말하는 것도 아닙니다. 성경은 명백하게 선언합니다. 고통을 당하는 자, 소외받고 도움이 절실히 필요한 자, 그들을 사랑하라는 것입니다.

특별히 "네 자신 같이 하라" 말씀합니다. 적극적인 하나님의 뜻이요, 율법입니다. 이게 무슨 말씀입니까? 하나님은 인간의 본성을 잘 아십니다. 우리는 죽기 전까지 이기적인 사랑, 자아실현에 끌려갑니다. 그와 같이 사랑하라는 것입니다. 나만을 생각하는 이기적인 모습처럼 그렇게 이웃을 사랑하라는 것입니다. 인간은 자기 유익에 끌려갑니다. 죽을 때까지 그것과 싸워야 합니다. 그런데 그와 같이 이웃의 유익을 보장하고 지지하라는 것입니다. "네 이웃을 네 몸과 같이 사랑하라." 성도 여러분, 감당할 수 있는 말입니까? 내게 가능한 말입니까? 하나님의 기준은 내 자유로 서로 사랑으로 종노릇 하라는 것입니다. 이것을 가감하지 마시기 바랍니다. 어떻게 구제하고, 봉사하고, 선행하라는 것입니까? 네 이웃을 네 자신과 같이 하라는 것이 하나님의 뜻입니다.

성도 여러분, 사실 우리에게 불가능한 말씀입니다. 이 말씀은 율법입니다. 하나님의 뜻입니다. 그런데 이것을 지키는 척하면서 실제로 지켰다고 생각하고, 자기의 의로 구원받았다고 생각하고, 내 선행과 공로로 더 나은 사람이 되어 구원을 완성한다고 생각하면, 이는 종교인일 뿐입니다. 거듭난 사람은 율법 앞에 항상 회개합니다. 세상이 무엇이라고 하든지 나는 나를 잘 알고 있기에, 서로 사랑으로 종노릇하라는 이 말씀을 못 지키기에 항상 회개해야 합니다. 그리고 회개와 동시에 죄 사함의 은총과 새롭게 되는 용기는 오직 복음뿐임을 기억해야 합니다. 십자가의 복음뿐입니다.

누가복음 10장에 보면 선한 사마리아인에 대한 사건을 예수님께서 말씀하십니다. 그 내용은 이렇습니다. 한 율법 교사가 자기를 옳게 보이려고 예수님을 시험하여 묻습니다. 그는 세상에서 존경받고, 성경을 연구하고, 성경을 가르치는 나름대로 의로운 사람입니다. 먼저 "어떻게 영생을 얻습니까?"라고 묻고, 이어서 두 번째 질문을 합니다. "내 이웃이 누구입니까?" 자기는 이웃 사랑을 잘하고 있는 사람이요, 도덕적인 의로운 사람이라고 생각하면서 물은 것입니다. 그를 두고 예수님이 한 사건을 말씀하십니다. 예루살렘에서 여리고 성으로 가는 도중에 한 사람이 강도를 만나서 죽게 되었는데, 대제사장이 그를 보고 그냥 지나갔습니다. 이런 사람이 일반적입니다. 강도 만나서 죽게 된 사람을 돌보느라 지체하면 자신도 강도를 만날 수 있습니다. 그 밤에 자기도 죽을 수 있습니다. 그러니까 도덕적인 자유라는 개념을 내세워 슬그머니 피해 가는 것이 정상입니다. 더욱이 보는 사람도 없습니다. 이어서 한 레위인도 슬쩍 지나갔습니다. 이것을 읽을 때, 나도 거기에 있다고 생각하셔야 합니다. 그런데 이름 모를 선한 사마리아인이 위험을 무릅쓰고 아무도 보지 않는데 보살펴 주고 치료해 줍니다. 그걸로 부족하니 안전한 곳에 데리고 가서 주막 주인한테 돈을 주며 끝까지 보살펴 주라고 말합니다. 보통 사람이 아닙니다. 성경은 이 사람이 사랑으로 종노릇하는 사람이요, 영적 자유인이라고 말씀합니다.

어떻게 해야 이런 삶을 선택하고, 적극적인 사랑의 사람으로 오늘을 살아갈 수 있습니까? 내가 이제부터 공부해서, 이제부터 정말 회개해서, 이제부터 열심히 교육받으며 많은 프로그램과 교회 활동을 해서 되는 일이 아닙니다. 내 힘과 능력으로는 절대 안 됩니다. 불가능합니다. 그것이 가능하다고 생각하면 위선자일 뿐입니다. 오직 십자가의 복음과 하나님의 은혜와 사랑의 능력으로만 가능한 것입니다. 오직 믿음으로 가능한 것입니다. 내가 십사가의 은혜를 깨닫고, 그 크신 은혜가 내게 임해야 합니다. 나 같은 죄인에게 하나님의 은혜가 넘쳐흘러야, 하나님의 은혜의 충만함 가운데 있어야 이런 삶을 지향하게 됩니다. 하나님의 크신 사랑이 내게 임하고, 예수님께서 십자가에 죽으신 사건이 내게 주시는 하나님의 말씀이 될 때, 오직 믿음으로 서로 사랑으로 종노릇하는 삶을 지향하게 되는 것입니다. 그것이 성도의 변화입니다. 이것은 오직 믿음으로 됩니다. 온전한 믿음으로 믿음의 생각에 이끌려 오늘을 살아갈 때, 그 순간 사랑의 수고가 나타납니다. 사랑의 결과가 나타나고, 사랑의 열매가 나타나는 것입니다. 그리고 율법이 성취됩니다.

십자가의 대가를 치르고 주신 자유

성도 여러분, 온 마음을 다하여 하나님을 사랑하고, 이웃을 내 몸과 같이 사랑할 때만 영적 자유인입니다. 무엇인가 보상을 받기 위해 이웃 사랑을 하는 것이 아닙니다. 남에게 보이려고, 칭찬받으려고, 구원을 완성시키고 더 의로운 사람이 되려고, 더 큰 복을 받으려고 하는 것이 절대 아닙니다. 그것은 율법주의입니다. 기복신앙입니다. 이러한 것이 기독교 안에 뿌리 깊은 죄입니다. 회개도 안 합니다. 그럼에도 영적 자유인으로의 인생을 지향하는 자발적인 심령이 내게 자유의지로 주어졌습니다. 깨끗한 의지를, 자유의지를 하나님께서 회복시켜 주셨습니다. 영생을 주시고, 이 자유를 주셨습니다. 그 지혜와 능력과 은혜와 사랑을 알기에 그러한 사람이 되기를 소망하게 됩니다. 단번에 이런 삶이 이루어지지는 않습니다. 어림도 없는 이야기입니다. 회개와 믿음으로, 수많은 사건을 통해서 훈련되어 참 믿음의 사람은 결국 구원의 완성을 이루게 됩니다. 완전한 상태로 이런 삶을 지속할 수는 없지만, 항상 회개하고 오직 하나님의 은총을 구할 때 은혜에 대한 믿음의 방향으로 나아갑니다. 참 자유가 무엇인지 알고, 참사랑이 무엇인 줄 알며, 그 방향으로 능동적인 자유인의 승리하는 인생을 살게 되는 것입니다.

오래전에 있었던 사건입니다. 한 인류학자가 아프리카의 어느 부족을 방문했습니다. 그리고 아이들에게 놀이를 제안했습니다. 그곳에는 없는 아주 맛있는 딸기를 한 바구니 가지고 가서 저 앞에 있는 큰 나무 밑에 놓고 말합니다. “누구든지 빨리 뛰어가서 먼저 나무에 도착하는 사람에게 저 맛있는 딸기를 다 주마. 그 사람이 다 먹어도 된다.” 아이들이 “와”하고 뛰어가는데, 서로 약속한 듯이 손에 손을 잡고 뛰는 것입니다. 그러더니 함께 가서 앉아 딸기를 맛있게 먹고 즐거워하는 것입니다. 인류학자는 도대체 이해가 안 가서 다시 말했습니다. “얘들아, 내가 말했잖아. 뛰어가서 제일 먼저 도착한 사람에게 모든 걸 다 주겠다고. 그런데 너희들은 어떻게 해서 같이 뛰어가서, 같이 먹니?” 그때 아이들의 입에서 “우분투”라는 말이 나왔습니다. “우분투, 우분투, 우분투” 하더랍니다. 그리고 한 아이가 덧붙여 말했습니다. “다른 사람들이 먹지 못해 슬픈데, 어떻게 나만 먹고 기분이 좋을 수 있어요?” ‘우분투’는 이

곳 원주민 언어로 '함께 있기에 내가 있다'라는 뜻입니다. 깊이 생각해 보시기 바랍니다.

예수님께서 요한복음 8장 32절에서 말씀하십니다. "진리가 너희를 자유롭게 하리라." 가장 유명한 진리이며, 가장 무시당하는 진리입니다. "진리가 너희를 자유롭게 하리라." 오직 진리 안에서만 우리는 자유를 누릴 수 있습니다. 비로소 자유의 의미와 가치와 책임을 깨닫고, 자유인의 삶을 지향하며, 자유인이 되어가는 것입니다. 오직 진리 안에서입니다. 복음 진리 안에서 믿음으로 되는 삶입니다. 오직 믿음으로 그리스도와 연합하여 그리스도를 본받고 따르는 삶을 지향함으로, 성령의 역사로 변화된 인생을 말합니다. 성도 여러분, 그리스도께서 주신 자유를 옛사람의 본성에 끌려 내 꿈이 이루어지고, 내 자아가 실현되고, 내 마음대로 하는 데 사용한다면 회개하셔야 합니다. 그 자유는 소중한 자유요, 십자가의 대가를 치르고 우리에게 주신 자유입니다. 이제 그 자유로 사랑을 선택해야 합니다. 아니, 선택할 수밖에 없습니다. 왜 그렇습니까? 하나님이 나를 이처럼 사랑하시기 때문입니다. 내가 회개하기 이전에 온전한 하나님의 사람이 되지 못했음에도 불구하고, 그 모든 것을 다 아시고도 이처럼 사랑하시어 그 복음을 믿는 자에게 영생을 주시고, 참 자유인이 되게 하셨습니다. 그 사랑을 아는 사람은 사랑할 수밖에 없습니다. 이웃을 용서하지 못한다고 말한다면, 하나님의 용서를 아직 깨닫지 못한 것입니다. 나 같은 죄인을 하나님께서 용서하셨습니다. 그 복음에 집중하고 그 메시지에 끌려갈 때, 그 은혜가 충만할 때, 나는 자발적인 심령으로 원수까지 사랑하며 용서하는 사람으로 변해 갑니다.

성도 여러분, 하나님의 은혜와 사랑이 십자가 안에 충만히 계시되었습니다. 다른 어떤 말씀도 아닙니다. 오직 십자가 진리 안에 충만히 나타나 있습니다. 그 진리를 깨닫고 믿음으로 고백할 때, 그 은혜가 내 안에서 왕 노릇 합니다. 내가 열심히 나를 부인하는 것으로는, 난 잘할 것이고 잘살 것이라는 다짐으로는 나도 모르는 사이에 죄의 종이 되고 맙니다. 자유를 잃어버립니다. 오직 하나님의 은혜가 내 안에서 왕 노릇 하고, 하나님의 사랑이 내게 왕 노릇 할 때만 우리는 믿음으로 하나님의 말씀을 따르며, 자발적인 심령으로 하나님께 찬양하며, 하나님의 사람으로 승리할 수 있는 것입니다. 그러기에 그리스도인은 날마다 진리의 성령께 삶을 의탁하고 순종해야 합니다. 성령의 도움 없이는 어제는 되었어도, 오늘은 되지 못합니다. 성령께서 내게 힘을 주시고, 능력을 주시고, 하나님의 은혜와 사랑이 내 안에 왕 노릇 하도록 믿음을 주셔야 우리는 이 어두운 세상에 소금과 빛의 사명을 감당하며, 하나님의 자녀답게 영적 자유인으로 승리하게 되는 것입니다.

† 기도

창조주이시며 거룩하신 하나님 아버지. 영적 무지와 무감각 속에 죄의 종으로, 세상의 종으로 살아가는 미천한 죄인이지만, 오직 하나님의 은혜의 부르심 속에 은혜의 복음을 믿음으로 이제는 영적 눈을 뜨고, 마음의 눈을 떠서 신령한 세계를 바라보며, 영적 자유의 가치와 의미를 아는 자로 비로소 주와 동행하며, 하나님께 영광 돌리는 자유인으로 살게 하여 주심을 진심으로 감사드립니다. 그러나 아직도 온전한 믿음의 능력과 지혜를 깨닫지 못하고, 십자가의 복음에 집중하지 못하여 이기적인 마음과 탐욕과 정욕에 이끌려 살며, 소중한 자유를 남용하고 왜곡하여 또다시 옛사람의 본성에 이끌리어 추상적인 신앙생활을 하며, 세속화된 신앙생활을 하는 죄인을 용서하여 주옵소서. 진리의 성령이시여, 하나님의 자녀와 함께하시며, 항상 영의 생각으로 충만하여 주의 은혜가 왕 노릇 하며, 하나님의 사랑이 내 안에 왕 노릇 하여 자기를 부인하고, 주와 동행하며, 참으로 자유로운 권세 있는 자유인의 인생을 살아갈 수 있도록 지켜 주옵소서.

주 예수 그리스도의 이름으로 간절히 기도드리옵나이다. 아멘.

14.
성령을 따라 행하라

내가 이르노니 너희는 성령을 따라 행하라 그리하면 육체의 욕심을 이루지 아니하리라 육체의 소욕은 성령을 거스르고 성령은 육체를 거스르나니 이 둘이 서로 대적함으로 너희가 원하는 것을 하지 못하게 하려 함이니라 너희가 만일 성령의 인도하시는 바가 되면 율법 아래에 있지 아니하리라_**갈라디아서 5:16-18**

14.

성령을 따라 행하라

『탐욕의 복음을 버려라』라는 유명한 책에 나오는 내용을 소개합니다. 시카고 루터 신학교 교수인 조셉 시틀러 목사님이 시카고의 한 병원에서 일하고 있는 여자 성도와 이야기를 나누게 되었습니다. 그 성도는 목사님께 이렇게 말했습니다. "전 매일 아침 출근길에 성령님께 기도합니다. 주차할 공간을 준비해 달라고요. 그러면 성령님은 언제나 그렇게 해 주십니다." 이 이야기를 들은 목사님은 매우 궁금했습니다. '인생에서 만나게 되는 엄청난 상실과 비극 앞에서 그저 주차 공간을 예비하시는 성령님이 이 성도를 정말로 지탱해 주실 수 있는 것인가? 하나님과 예수님은 도대체 우리와 어떤 관계인가?' 잠시 생각한 목사님은 여인에게 이렇게 물었습니다. "아픈 아이를 응급실로 데려가기 위해 병원으로 차를 몰고 가는 엄마가 성령님이 당신을 위해 예비하신 그 주차 공간에 당신이 주차하고 있는 동안, 주차 자리를 찾지 못해 애타고 있으면 어떻게 될까요?" 그러자 그녀는 이렇게 대답했답니다. "그렇다면, 그건 그 아이 엄마가 기도를 세게 하지 않은 것입니다." 이 이야기는 대표적인 잘못된 신앙생활의 하나의 예입니다. 성도 여러분, 나는 얼마나 성령 하나님께 삶을 의탁하고 순종하며 오늘을 살아갑니까? 깊이 생각해야 합니다.

로마서 8장 9절의 말씀입니다. "누구든지 그리스도의 영이 없으면 그리스도의 사람이 아니라." 그리스도의 영, 즉 성령께서 내 안에 계시지 않으면, 성령을 받지 못하면 한낱 종교인이지 구원받은 그리스도인이 아닙니다. 로마서 8장 14절은 말씀합니다. "하나님의 영으로 인도함을 받는 사람은 곧 하나님의 아들이라." 날마다 성령의 인도하심을 받는 자가 하나님의 자녀임을 명백히 선포합니다. 그리고 로마서 8장 26절은 말씀합니다. "성령도 우리의 연약함을 도우시나니." 우리의 연약함을 아시고, 연약함을 하나님의 말씀으로 채워 주의 길로 인도하십니다. 로마서 8장은 전체가 '성령'장이라고 일컬어집니다. 항상 가까이 묵상하며 성령께 순종하는 삶을 살아가야 할 것입니다.

성령 하나님에 대한 바른 이해

성도 여러분, 성령님은 하나님이십니다. 삼위일체 하나님 중 한 분이십니다. 그래서 성령 하나님은 항상 주도적으로, 주권적으로 역사하십니다. 이것이 하나님의 뜻입니다. 다시 말해서 성령 하나님이 내 소원을 들어주시고, 만사형통하게 하시고, 자아성취하게 하시고, 주차 자리를 주시는 것으로 남용해서는 안 됩니다. 성령 충만함을 갈망하고 기도하십니까? 매우 중요한 신앙생활의 요소입니다. 그러나 항상 생각하시기 바랍니다. 하나님께서 누구를 성령 충만케 하실지, 하나님께서 성령 충만케 하시는 사람은 어떤 인생을 살아갈지를 말입니다. 하나님께서 성령 충만케 하시는 사람은 항상 예수 그리스도와 믿음으로 연합하여 그리스도를 본받으며 따르는 삶을 통하여 결국 하나님께 순종하게 하십니다. 그 외의 것은 다 하나님의 뜻이 아닙니다. 성령 충만하여 내 소원을 이루고, 우리나라가 부강하여 만사형통하고, 부와 건강과 성공을 얻는 이 모든 것은 우상숭배와 같은 추상적인 종교생활일 뿐입니다. 성령님은 항상 하나님의 말씀과 함께 역사하십니다. 이것이 성경 전체의 메시지입니다. 그래서 하나님의 말씀을 먼저 깨닫게 하십니다. 그리고 깨달은 말씀을 삶에 적용하게 하십니다. 그리고 그 말씀에 순종하게 하십니다. 그러니까 성령의 역사, 성령 충만을 말하는데 하나님의 말씀, 하나님의 진리와 무관하다면 그것은 사탄의 역사입니다. 성령님을 남용하고 왜곡하는 것입니다.

특별히 하나님의 복음과 함께 성령님은 역사하십니다. 이것이 우선순위입니다. 오직 복음과 성령의 역사로 말미암아 믿음으로 거듭난 하나님의 자녀가 만들어집니다. 오직 복음과 성령의 역사로 말미암아 교회가 태동됩니다. 교회가 하나님의 교회로, 그리스도의 몸 된 교회로 든든히 서 갑니다. 인간의 열심과 노력과 공로로 되는 것이 아니라, 오직 복음과 성령의 역사에 대한 믿음으로 이러한 놀라운 역사의 증인이 되는 것입니다. 그리고 성령의 역사는 항상 영적인 것입니다. 이성적인 것이 아닙니다. 이성적으로는 성령의 역사를 판단할 수 없습니다. 또한 성령의 역사는 항상 인격적입니다. 비인격적으로 역사하는 것이 아닙니다. 왜냐하면, 성령은 보혜사 성령이시요, 약속의 성령이시요, 진리의 성령이시라고 성경은 선언합니다. 그러므로 내가 아무것도 하지 않는데, 기도도 하지 않고, 믿음도 없고, 복음을 묵상하지도 않는데 저절로 역사해서 무엇인가 해 주시는 것이 성령의 역사라고 착각하지 말아야 합니다. 그런 일은 없습니다. 또한 성령의 역사를 마술적으로나 기계론적으로 생각하면 안 됩니다. 40일 금식 기도하고, 100일 산기도 했더니 성령의 역사로 말미암아 무엇이 이루어졌고 응답받았다고 하는 것은 다 헛소리입니다. 하나님의 말씀과 아무 상관이 없는 이야기입니다. 마찬가지로 물리적인 기적이 일어나는 것도 아닙니다. 특별히 성령 충만은 방언과 무관한 것입니다. 특정 교단에서 자꾸 방언과 성령 충만을 동일시하는데, 그것은 무서운 죄입니다. 성령 충만은 항상 성령의 열매를 맺게 하십니다. 갈라디아서 5장 22절과 23절에 유명한 성령의 열매 아홉 가지가 기록되어 있습니다. 이와 같은 성령의 열매를 맺는 사람으로 변화되는 것입니다. 환경과 주변의 변화와 같은 것들은 생각하지 마시기 바랍니다. 이것은 사탄의 유혹입니다.

결혼한 지 얼마 안 된 한 남자가 오랜만에 친구를 만나 이런 대화를 나눕니다. "결혼을 하고 나의 여성관이 완전히 바뀌었어." "그게 무슨 말이야?" "결혼 전에는 세상의 모든 여자가 천사인 줄 알았거든." "그런데?" "결혼해 보니 그중 한 명은 분명히 천사가 아니더라고." 성도 여러분, 세상 교육과 나의 결단으로 조금씩 뜯어고치면서 변하는 것 같지만, 그런 차원으로는 하나님의 자녀가 되지 못합니다. 하나님의 사람답게 살지 못합니다. 오직 성령의 역사를 통해서만 우리는 변화됩니다. 성령이 도와주시고, 인도해 주시고, 나를 붙잡아 주셔야만 하나님의 사람으로 승리합니다. 성령의 역사는 항상 하나님의 관점으로 생각하고, 보고, 분별하고, 판단하고, 결단하도록 우리를 변화시킵니다. 이전에는 하나님의 관점을 알지도 못했습니다. 무시했습니다. 세상의 관점으로, 나의 지식과 경험으로, 이성적 판단으로 살았습니다. 그런데 이제는 성령의 역사로 그것이 깨진 것입니다. 그리고 새로운 것으로 채워집니다. 하나님의 말씀인 진리와 복음으로 채워지며, 새로운 관점으로 오늘을 살게 됩니다. 이것을 항상 기억해야 할 것입니다.

성령을 따르는 삶

오늘 우리에게 주시는 귀한 말씀이 16절에 이렇게 기록됩니다. "내가 이르노니 너희는 성령을 따라 행하라 그리하면 육체의 욕심을 이루지 아니하리라." "성령을 따라서 행하라. Live by the Spirit." 삶의 일부분이 아니라 삶 전체로 성령을 따라 행하고, 성령으로 살라고 말씀합니다. 이것이 하나님의 뜻이요, 그리스도인의 인생입니다. 성도 여러분, 나는 성령을 따라 행하고 있습니까? 깊이 생각해야 할 것입니다. 성령의 존재와 역사는 추상적인 것이나 심리적인 것이 아닙니다. 하나님이 살아 계시다면 성령의 역사는 명백한 것입니다. 예수 그리스도와의 사건이 모두 진실이라면, 성령의 존재와 역사는 사실입니다. 특별히 십자가와 부활이 참으로 사실이라면, 성령 충만한 역사는 실제적인 것입니다. 성령 충만한 역사로 예수님께서 십자가를 지시고 부활하셨습니다. 성경은 그것을 증언합니다. 거듭남의 역사, 순교의 역사, 복음의 증인 됨, 하나님의 교회가 세워지는 것, 이 모든 것이 성령의 역사임을 깨닫게 하십니다.

성도 여러분, 영적 자유인으로 그리스도와 동행하며, 날마다 승리하는 인생을 살기 원하십니까? 오직 사랑으로 서로 종노릇하며, 하나님의 뜻에 순종하며, 승리하기를 기도하십니까? 그리스도의 형상을 이루어 나가며, 복음의 증인으로 오직 하나님께 영광 돌리는 권세 있는 삶을 살기를 원하십니까? 내 힘과 능력과 결단으로 안 됩니다. 이 질문의 답은 오직 성령 하나님이십니다. 이것이 성경의 선포입니다. 어떻게 우리가 세상에 소금과 빛의 인생을 살아갈 수 있습니까? 나 같은 무능력하고 미천한 죄인이 어떻게 소금과 빛이 되는 것입니까? 어떻게 세상에서 구별된 담대한 인생을 사도들처럼, 초대교회 그리스도인처럼 살아갈 수 있는 것입니까? 어떻게 다른 복음이 무엇인지를 분별하며, "아니다"라고 선언하면서 오직 그리스도의 계시를 따라 십자가의 복음을 선포하며 살아갈 수 있는 것입니까? 이 질문의 답도 오직 성령 하나님뿐입니다. 그것을 분명히 기억해야 합니다.

'성령'장인 로마서 8장을 보면, 5절 이하에 인류의 두 가지 유형이 나타납니다. 이것은 성경 전체의 메시지와 동일합니다. 하나는 육신을 따르는 자이고, 또 하나는 영을 따르는 자라고 성경은 선언합니다. 정말 그렇습니다. 육신을 따르는 자는 육신의 생각에 이끌려 살아가는 사람을 말하고, 영을 따르는 자는 영의 생각에 이끌려 따라가는 사람을 의미합니다. 둘 중 하나입니다. 하나님의 관점으로 복음 안에서는 둘 중 하나입니다. 중간 지대는 없습니다. 나는 누구입니까? 영을 따라가는 사람입니까, 아니면 육신을 따라가는 사람입니까? 성경에서 육신의 생각은 하나님과 원수가 되었다고 선포합니다. 하나님의 진노와 심판에 대한 명료한 사건이 노아의 홍수입니다. 소돔과 고모라 사건도 있습니다. 성경을 자세히 읽어 보면, 인류가 육체뿐이고 육신의 생각으로 가득 차서 하나님을 경외하지 않고 하나님께 불순종했다고 기록합니다. 그래서 심판받습니다. 성경은 말씀합니다. "육신의 생각은 사망이다." 육신의 생각 자체가 사망이라는 말씀입니다. 육신의 생각으로 살아가는 사람은 이미 영적으로 죽은 존재입니다. 결국은 사망이요, 심판이요, 지옥입니다. 불신자는 물론, 세상 모든 사람은 육신의 생각에 이끌려 살아갑니다. 그래서 하나님의 진노와 심판이 임합니다. 그래서 하나님께서 예수 그리스도를 이 땅에 보내신 것입니다. 구원하시기 위해서, 새 생명을 주시기 위해서 은혜를 베푸신 것입니다. 그러므로 하나님의 자녀는 항상 전도와 선교에 열심을 냅니다. 항상 복음의 증인으로 살아갑니다. 그들이 믿든 안 믿든, 내가 부족하든 아니든 복음을 전파하게 됩니다.

그리고 영을 따른다는 것은 성령의 생각에 이끌려 살아간다는 것을 의미합니다. 왜 그렇습니까? 이것은 노력한다고 되는 일이 아니라, 내 안에 영생이 주어졌음을 믿어야 하기 때문입니다. 새로운 생명은 영을 따르는 것을 갈망합니다. 반면에 옛 생명은 육신을 따르는 것을 갈망합니다. 그리고 내 안에 성령님께서 계시어 나를 주의 길로 인도하시고 또한 내가 주의 복음을 믿음으로 성령의 역사로 말미암아 거듭난 하나님의 자녀가 되었기에 영을 따르는 것입니다. 영의 생각에 이끌리지 않으면 그 사람은 아직 복음의 비밀을 알지 못하고, 잘못된 신앙생활을 하는 것입니다. 그래서 영을 따르는 사람은 이제 분명히 알고 고백합니다. "나는 죽었다가 살아났도다. 죄와 허물로 죽었다가, 하나님의 은혜와 십자가의 사랑으로 다시 살아났다. 옛사람이 새사람 되었다." 이렇게 고백하게 됩니다.

오늘 본문에 두 가지 유형의 삶을 사는 사람에 대해서 말씀합니다. 성령을 따라 행하는 사람이 있는가 하면, 그렇지 않은 사람이 있습니다. 그들은 육체의 욕심을 따라 행하는 자들입니다. 이 '욕심'이라는 것은 욕구(desire)를 말합니다. 내 마음이 끌려가는, 바로 그 무엇입니다. 성령을 따르느냐 따르지 않느냐, 영의 생각에 이끌리느냐 육신의 생각에 이끌리느냐 둘 중 하나입니다. 성도 여러분, 나는 누구입니까? 나는 매일매일 어떤 존재로 살아갑니까? 항상 질문하고, 진리 안에서 답해야 합니다. 그리스도인의 인생은 차원이 다릅니다. 예수 믿기 전보다 더 복잡해졌습니다. 성령을 모를 때는, 영의 생각을 모를 때는, 예수 그리스도를 모를 때는 육신의 생각 안에서 헤맸습니다. 그런데 이제는 더 큰 영의 생각에 이끌리어 갈등을 느낍니다. 항상 그리스도인은, 성령의 사람은 그 안에서 육신의 생각과 영의 생각이 갈등을 일으킵니다. 분쟁합니다. 그리고 투쟁합니다. 그리고 결단합니다.

하나님의 뜻에 순종하도록 이끄시는 성령

갈라디아서 5장은 특별히 그리스도인의 자유에 대한 선언입니다. 예수님께서 우리를 자유롭게 하시려고 자유를 주셨다는 말씀으로 시작해서, 13절에 가서는 하나님께서 자유롭게 하려고 우리를 부르셨으므로 오직 사랑으로 서로 종노릇하라고 말씀합니다. 그리고 오늘 본문에서는 성령을 따라 행하라고 말씀하십니다. 다시 말해서 자유의지를 주셨는데, 이 자유의지가 어디로 향하고 있느냐는 것입니다. 안타깝게도 자유의지가 죄의 종이 되면서, 사람들은 아예 자유의지 없이 살아갑니다. 하나님의 형상을 잃어버렸기 때문입니다. 그런데 하나님의 형상을 회복한 자유의지, 그것은 선택의 자유를 말합니다. 그러므로 무엇을 선택하며 살아가는지 항상 물어야 합니다. 하나님의 자녀는, 성령의 사람은 항상 영을 따라 영의 생각에 이끌리어 예수 그리스도를 선택하며 오늘을 살아갑니다. 그렇지 않으면 잘못된 인생을 살아가는 것입니다. 위대한 사도 바울은 로마서 7장에서 이렇게 선언합니다. "나는 육신에 속하여 죄 아래에 팔렸도다." 아무나 이런 고백을 하는 것이 아닙니다. 성령 충만해야 비로소 깨닫고 고백합니다. 내가 분명 선을 행하고 싶은데, 원하는 바는 있는데, 이것을 행하지 못합니다. 왜 그렇습니까? 육신의 생각에 끌려가는 것입니다. 이미 자유의지가 죽어버렸습니다. 죄의 종으로 전락했습니다. 그리고 로마서 7장 15절의 상황에 처합니다. "내가 행하는 것을 내가 알지 못하노니 곧 내가 원하는 것은 행하지 아니하고 도리어 미워하는 것을 행함이라." 위대한 사도 바울이 이 정도인데, 우리는 어떻겠습니까? 성도 여러분, 나는 그리스도께서 주신 자유의지로 어떤 삶의 방식을, 어떤 삶의 유형을 선택하고 살아갑니까? 성령을 따라 행하는 사람입니까? 아니면 다른 방식, 다른 유형으로 살아가는 사람입니까? 육신의 생각에 이끌리어, 이성적 판단에 이끌리어 오늘을 살아갑니까?

오직 믿음으로 산다는 것은 성령을 따라 행하는 것을 말합니다. 성령의 역사를 믿음으로 내가 하나님의 자녀가 된 것입니다. 그 믿음은 나로 하여금 믿음의 생각에, 영의 생각에 이끌리어 오늘을 살게 합니다. 거기서 우리는 진정한 자유인이 됩니다. 매일매일 내게 주신 자유의지로 성령님을 선택하고, 성령을 따라 행하는 자로 살아가야 합니다. 그런데 사탄의 역사가 항상 방해합니다. 성령의 역사가 있다면 사탄의 역사가 존재하는 것입니다. 성령은 있고, 사탄은 없다는 것은 불신앙입니다. 예수님도 수없이 반복해서 말씀하시는데, 다시 생각하시기 바랍니다. 사탄의 존재와 역사는 항상 존재합니다. 사탄은 성령을 따라 살아가는 것, 영의 생각에 이끌려 살아가는 것을 방해합니다. 우리에게 준 자유의지를 죄의 종으로 굴복시켜서 육신의 생각에 끌려가게 하는 것입니다. 자유의지를 내 마음대로 행하는 것이라고 생각하지만, 영적으로 잘 생각해 보시기 바랍니다. 아닙니다. 이미 하나님께서 주신 하나님의 형상을 따르는 자유의지는 하나님을 선택하게 되어 있습니다. 불순종함으로 하나님 외에 다른 것을 선택하니 사탄의 종이 되고, 사탄의 권세 아래서 육신의 생각에 끌려가게 되는 것입니다. 그래서 로마서 7장 23절과 24절에 사도 바울은 탄식합니다. "내 지체 속에서 한 다른 법이 내 마음의 법과 싸워 내 지체 속에 있는 죄의 법으로 나를 사로잡는 것을 보는도다 오호라 나는 곤고한 사람이로다 이 사망의 몸에서 누가 나를 건져내랴." 오직 예수 그리스도뿐입니다. 이것이 복음의 선포입니다.

오늘 본문 17절에도 구체적으로 이렇게 기록합니다. "육체의 소욕은 성령을 거스르고 성령은 육체를 거스르나니 이 둘이 서로 대적함으로 너희가 원하는 것을 하지 못하게 하려 함이라." 육신의 생각과 영의 생각은 서로 대적하는 것입니다. 결코 타협할 수가 없습니다. 그러한 영적 싸움이 내 안에서 이루어집니다. 그리고 아주 명확한 메시지를 전합니다. "너희가 원하는 것을 하지 못하게 하려 함이라." 자유의지라는 것은 결국 육신의 생각에 먹히거나, 영의 생각에 먹히거나 하는 것입니다. 어떻게 보면 자유가 없습니다. 내가 하는 것이라고 말할 수 없습니다. 왜 그렇습니까? 육신의 생각이 나를 사로잡으면 죄를 짓게 만들고, 어떤 때에 성령의 감화와 감동이 나를 사로잡으면 자유의지가 하나님을 택하고 그리로 끌려가는 것이기 때문입니다.

골로새서 3장 5절은 말씀합니다. “탐심은 우상숭배니라.” 세상에서 누가 탐심을 우상숭배라고 하겠습니까? 죄라고 말 안 합니다. 도덕적 차원에서, 이성적 차원에서 전혀 죄가 안 됩니다. 마음으로 하는 생각인데 누가 알 수 있겠느냐고 말합니다. 그런데 하나님은 그 중심을 아십니다. 성령님은 아십니다. 육신의 생각은 우상숭배입니다. 그래서 육신의 생각은 곧 사망이라고 성경은 말씀합니다. 성도 여러분, 어떻게 이 육신의 생각을 깨뜨릴 수 있습니까? 어떻게 내 자유의지가 육신의 선택을 깨뜨리고, 담대하게 성령을 따르도록 변화될 수 있는 것입니까? 오직 성령 하나님만이 하실 수 있습니다. 아무리 신학 공부를 많이 하고, 선교활동을 하고, 남을 위해 헌신한들 인간의 의지와 노력과 열심과 공로로는 어림도 없습니다. 교묘해질 뿐이고, 위선자가 될 뿐입니다. 오직 성령께서 나를 도와주시고, 우리 안에 함께하셔야만 우리는 영을 따라 승리하는 인생을 살아갈 수 있습니다. 성도 여러분, 성령 하나님은 우리로 하여금 항상 하나님과 하나님의 뜻에 순종하고 그 뜻이 이루어지도록 역사합니다. 그 외에는 다 지워버리십니다.

그리고 하나님의 뜻에 순종함으로 우리 안에 성령의 열매를 맺게 하십니다.

성령의 열매로 분별함

오늘 본문 다음 22절과 23절에는 그 유명한 성령의 열매를 기록합니다. 그것을 원문에 가까운 성경으로 보면, 아홉 가지를 다 기억하셔도 좋겠지만 핵심은 하나입니다. “But the fruit of the Spirit is ….” 동사가 단수입니다. 복수가 아닙니다. 복수면 아홉 개가 맞겠지만, 단수라는 것이 핵심입니다. 즉 Love, 사랑이 핵심입니다. 사랑 안에서 서로 종노릇하는 것입니다. ‘네 이웃을 네 몸과 같이 사랑하라’는 것입니다. 이것이 율법의 전체라는 말씀을 이루기 위해서 성령은 우리 안에 역사하십니다. 내가 할 수 없는 것, 불가능한 것을 가능케 하시는 분이 성령 하나님이십니다. 그러므로 내가 성령 받은 사람인지, 성령께 이끌리는 사람인지를 아는 시금석이자 분별의 기준은 무엇입니까? 뜨겁게 열심히 기도하고, 산기도 가고, 봉사 많이 하는 것이 아닙니다. 성령의 열매를 보시기 바랍니다. 정말 사랑의 열매를 거두고 있는지가, 희락과 화평과 오래 참음과 자비와 양선과 충성과 온유와 절제의 삶이 나타나고 있는지가, 그 삶을 지향하고 있는지가 성령의 사람이냐 아니냐를 분별하는 시금석입니다. 성령의 역사는 항상 영의 생각에 이끌려 살아가게 합니다. 이성적 판단이 아니요, 세상의 관점도 아닙니다. 또한 성령은 항상 하나님의 관점으로 생각하고, 보고, 판단하게 하십니다. 그래서 그리스도를 아는 지식의 충만함에 이르게 하셔서 세상이 볼 수 없는 것을 보고, 누릴 수 없는 것을 누리며, 권세 있는 인생을 살게 하십니다. 결국 예수님의 인생처럼 하나님의 나라와 의를 먼저 구하는 사람으로 변화시키는 것입니다.

한 수도원에서 있었던 일입니다. 나이 많은 수도사가 정원에서 땅을 고르고 있었습니다. 그때 젊은 새로운 수도사가 다가왔습니다. 경험 많은 노 수도사가 젊은 수도사에게 이렇게 말했습니다. “여보게, 이리 와서 단단한 흙 위에 물을 좀 부어 보게나.” 그 말에 물을 열심히 부었지만, 흙이 너무 단단해서 물이 다 흘러 옆으로 새어 나가는 것이었습니다. 그때 이 노 수도사가 옆에 있는 망치를 가지고 흙을 깨뜨리고, 부수고, 다시 모아 놓고 말합니다. “다시 한 번 물을 부어 보게.” 그러자 이번에는 물이 흙 사이로 스며들기 시작했습니다. 그때 노 수도사가 이렇게 말했습니다. "이제야 흙 속에 물이 잘 스며드는구먼. 여기에 씨가 뿌려진다면 꽃을 피우고, 열매를 맺게 되겠지. 우리들 역시 이렇게 깨어져야 하나님께서 거기에 물을 주시고, 그럴 때 씨가 떨어지고, 꽃이 피고, 열매를 맺을 수 있는 것이야. 우리 수도사들은 이것을 '깨어짐의 영성'이라고 얘기한다네." 성도 여러분, 성령께 삶을 의탁할 때 항상 내 안에 경험되는 것은 두 가지입니다. 먼저 깨어지는 것입니다. 자아가 깨어지고, 육신의 생각이 부서지고, 세상 관점이 무너지고, 헛된 소원이 깨어집니다. 그럴 때 새로운 것으로 충만히 채워 주십니다. 하나님의 복음으로 채워 주시고, 복음 진리로 채워 주시고, 영의 세계로 채워 주시고, 영의 은사로 채워 주시고, 하나님의 관점으로 충만히 채워 주십니다. 그때에 우리는 승리할 수 있는 것입니다. 그리스도인의 인생은 이러한 영적 차원에서 생각해 보면 이성적 인생이 아닙니다. 그렇게 분별되지 않습니다. 영적 차원에서만 이해됩니다. 그러므로 그리스도인의 인생은, 하나님 자녀의 인생은 초자연적인 것입니다. 그리고 기적입니다. 왜 그렇습니까? 성령 하나님이 우리 안에 계시고, 우리를 새롭게 변화시키시기 때문입니다. 이 고백과 간증, 기쁨이 있고서야 날마다 주를 찬양하며, 하나님의 은혜에 응답하는 바른 인생을 살아갈 수 있습니다.

성도 여러분, 계속 반복해서 말씀드리지만, 성령의 역사 없이는, 성령의 도우심과 인도하심이 없이는 어느 누구도 하나님의 자녀답게 살지 못합니다. 육신의 생각을 깨뜨릴 수가 없습니다. 자아를 깨뜨릴 수가 없습니다. 이성적 판단을 깨뜨릴 수가 없습니다. 세상의 관점을 깨뜨릴 수가 없습니다. 사탄의 역사를 깨뜨릴 수가 없습니다. 오직 성령께서 나를 인도하시고 도와주셔야만 우리는 믿음으로 승리하며, 성령을 따라 권세 있는 구별된 인생을 살아가게 됩니다. 예수님께서 요한복음 3장 6절에서 말씀하십니다 "육으로 난 것은 육이요 영으로 난 것은 영이니." 하나님의 판단입니다. 하나님의 형상을 잃어버리고 죄의 종이 된 자는 육신의 생각에 이끌려 시간이 지날수록 육체뿐인 인생이 되어 갑니다. 그러나 하나님의 자녀는 영으로 난 자입니다. 이제는 성령의 존재를 알고, 성령께 순종하며, 영의 생각을 따르며, 새로운 세계를 바라보며, 오늘을 살아 승리하게 되는 것입니다. 그래서 거듭난 그리스도인은 항상 성령께 삶을 의탁하고, 순종함을 간절히 기도해야 합니다. 그리고 내 안에 성령의 열매가 맺혀지며, 그리스도의 흔적을 나타내며, 복음을 증언하며, 하나님께 영광 돌리는 승리의 삶을 살아가야 할 것입니다.

✝ 기도

창조주이시며 거룩하신 하나님 아버지. 하나님 앞에 죄의 종이요, 세상의 종으로 무지무각한 미천한 죄인이건만, 그 사실을 모른 채 자행자지하는 이 세상과 불신자의 삶을 불쌍히 여겨 주옵소서. 이러한 상태에 있는 미천한 죄인이 오직 하나님의 부르심 가운데 믿음으로 하나님의 자녀 되며, 영적 자유인이 되어 이제야 비로소 자발적인 심령으로 예수 그리스도를 나의 주로 고백하며, 주를 따르며, 주를 본받으며, 주와 동행하는 삶을 통하여 하나님께 영광 돌리는 순종의 삶을 살게 하여 주심을 진심으로 감사드립니다. 이 모든 것이 복음의 은혜요, 성령의 역사임을 다시금 고백하며, 체험하며, 날마다 내 안에서 자아가 깨어지고, 육신의 생각이 깨어지고, 세상적인 관점이 깨어진 것을 체험하며, 회개와 믿음으로 새로운 것으로, 신령한 것으로, 주의 복음으로 날마다 채워 주시는 하나님께 찬양하며, 감사하며, 기뻐하며, 오직 하나님께 영광 돌리는 승리의 삶을 살도록 지켜 주옵소서.

주 예수 그리스도의 이름으로 간절히 기도드리옵나이다. 아멘.

15.
너 자신을 살피라

형제들아 사람이 만일 무슨 범죄한 일이 드러나거든 신령한 너희는 온유한 심령으로 그러한 자를 바로잡고 너 자신을 살펴보아 너도 시험을 받을까 두려워하라 너희가 짐을 서로 지라 그리하여 그리스도의 법을 성취하라 만일 누가 아무 것도 되지 못하고 된 줄로 생각하면 스스로 속임이라 각각 자기의 일을 살피라 그리하면 자랑할 것이 자기에게는 있어도 남에게는 있지 아니하리니 각각 자기의 짐을 질 것이라_**갈라디아서 6:1-5**

15.

너 자신을 살피라

유명한 근대 철학자 중 한 명인 마르틴 부버가 그의 저서 『나와 너』에서 현대인의 만남을 세 가지로 진단합니다. 첫째, '그것과 그것'의 만남입니다. 오늘날 사람들은 마치 물건처럼 서로가 서로를 이용하고 차버립니다. 남편과 아내의 만남에서도 마찬가지입니다. 생명이 없는 무인격적인 만남으로 전락하고 말았습니다. 둘째, '나와 그것'의 만남입니다. 상대방이 나를 물건처럼 이용해도 나는 상대방을 끝까지 인격으로 대할 때, '나와 그것'의 만남이 성립됩니다. 셋째, '나와 너'의 만남입니다. 아무리 '나와 그것'의 만남이 훌륭하다 할지라도, '나와 너'의 만남으로 발전해야 한다고 강조합니다. 그는 "나는 너를 인격으로, 그리고 당신도 나를 인격으로 대해야 한다"고 강조하면서 이렇게 선언합니다. "내가 당신을 인격으로 믿어 주고, 당신이 나를 인격으로 믿어 주어도 우리들 사이에는 언제나 그 인격적 만남이 깨질 수 있는 긴장이 있을 수 있다. 그렇기 때문에 나와 너 둘 사이는 언제나 인간의 만남을 중매하는 하나의 촉매자가 필요하다." 그리고 부버는 그 촉매자를 바로 '영원한 너', 예수 그리스도라고 선언합니다. 깊이 생각해 보시기 바랍니다.

먼저 자신을 살피라

성도 여러분, 창조주 하나님께서는 인간을 창조하실 때, 다른 대상과 인격적 관계를 맺도록 하나님의 뜻을 정하시고 인간을 창조하셨습니다. 이것이 창조의 질서입니다. 먼저는 하나님과의 관계요, 두 번째는 이웃과의 관계입니다. 그래서 삶의 의미, 인생의 기쁨과 행복을 이러한 관계 속에서만 느끼고,

발견하고, 체험하며 이룰 수 있습니다. 인간은 어느 누구도 혼자서 살 수 없습니다. 독립적인 삶을 지향하려고 하지만, 불가능한 것입니다. 또한 나만의 행복은 절대 이루어지지 않습니다. 구원도, 믿음도 혼자만의 힘으로는 불가능합니다. 그래서 하나님께서 최초의 기록된 말씀인 십계명을 인간에게 주셨습니다. 그 십계명은 간단합니다. 열 가지 계명입니다. 그리고 그 계명은 하나님과 이웃과의 관계를 설정합니다. 그것이 창조주 하나님의 뜻입니다. "온 마음을 다하여 하나님을 사랑하고 네 이웃을 네 몸과 같이 사랑하라." 이런 관계를 이룰 때 인간은 비로소 만족과 기쁨과 행복을 경험하고 누릴 수 있습니다. 그러나 불행하게도 그와 같은 관계가 깨졌습니다. 하나님을 경외하지 않고, 십계명을 하나님의 말씀으로 받아들이지 않으며, 하나님을 믿는다고 하면서도 무율법주의로 십계명 없는 인생을 살아가려고 합니다. 불순종하는 것입니다. 그 결과로 인격적 관계가 깨졌습니다. 그리고 비인격적인 만남의 관계가 확대되었습니다. 그것이 죄로, 이처럼 스스로 죄의 종이 되었습니다. 인격적 관계가 깨짐으로 인간은 불행과 비극적인 삶을 살아갈 수밖에 없는 존재가 된 것입니다.

영국의 위대한 정치가로 알려진 처칠은 그림을 그리는 취미를 가지고 있었습니다. 어느 날 영국 여왕이 처칠에게 물었습니다. “처칠 경은 어째서 풍경화만 그리십니까?” 그러자 그는 빙그레 웃으면서 이렇게 대답했습니다. “자연을 그리면 실물과 달라도 사람처럼 항의를 하지 않기 때문입니다.” 하나님의 형상을 잃어버린 인간은 남을 비난하고, 정죄하고, 판단하고, 불평과 원망 속에서 살아가는 존재가 되어버렸습니다. 비인격적인 관계 속에서 비인간화되면서 무엇이 행복인지 모르고, 바른 인생의 의미가 무엇인지를 모르는 상태로 전락하고 말았습니다.

성도 여러분, 예수님께서 십자가를 지시기 전날 밤에 만찬을 베푸시며 제자들의 발을 씻어 주시면서 유언과 같은 단 한 마디의 계명을 우리에게 주셨습니다. 그것이 요한복음 13장 34절과 35절의 말씀입니다. “새 계명을 너희에게 주노니 서로 사랑하라 내가 너희를 사랑한 것 같이 너희도 서로 사랑하라 너희가 서로 사랑하면 이로써 모든 사람이 너희가 내 제자인 줄 알리라.” 조금 해석해 보면 이런 말씀입니다. ‘너희가 나를 믿고 나를 구주로 영접하였느냐? 십자가의 사랑을 믿느냐? 그 사랑을 받은 사람은 세상에서 그 사랑의 증인으로, 이웃을 사랑하는 사람으로 인격적 관계를 맺으며 살아가는 것이 당연하다.' 그런 인격적 만남과 인격적 관계에서 서로 사랑함으로 비로소 불신자들도 우리가 하나님의 자녀인 줄을 알게 되리라고 하십니다. 그리스도의 제자요, 하나님의 거듭난 백성임을 알게 된다는 것입니다. 그것이 새 계명입니다. 성도 여러분, 나는 이 계명에 순종하며, 서로 사랑하며 복음의 증인으로 내가 누구인지를 세상 가운데 알리면서 하나님의 자녀답게 살아가고 있습니까? 깊이 생각해야 합니다.

오늘 성경에 "너 자신을 알라. 너 자신을 살피라"는 말씀이 기록되어 있습니다. 의미상으로는 이 짧은 성경 구절에 세 번이나 반복됩니다. "니 자신을 살피라. 각각 자기의 일을 살피라. 각각 자기의 짐을 질 것이라." 이 말씀은 갈라디아서 1장에서부터 5장까지 주어진 위대한 복음, 그리스도의 계시에 대한 실천입니다. 하나님의 복음에 대한 적용으로 우리에게 주신 말씀입니다. 성도 여러분, 내가 하나님의 복음을 듣고 믿을 때, 정말 영광의 복음이 내 가슴에 새겨질 때 먼저 행하는 일이 있습니다. 그것은 나 자신을 살피는 것입니다. 내가 과거에는 어땠고, 오늘은 어떻고, 내일은 어떨 것인가를 살피는 것입니다. 그게 항상 먼저입니다. 그것이 성령의 역사입니다. 그런데 성령의 역사가 없으면 주관적으로 은혜 받은 말씀을, 이것이야말로 귀한 말씀이라고 생각할지는 모르지만, 꼭 그 말씀에 비춰서 다른 사람을 생각합니다. '저 사람이 들어야 하는데' 또는 '저 사람은 왜 이렇게 살지'라고 생각하며 남을 비난하고 정죄하게 됩니다. 성도 여러분, 나는 하나님의 말씀, 특별히 복음을 들을 때 나 자신을 먼저 살피는 사람입니까? 그것을 돌아봐야 합니다. 나는 십계명을 하나님의 말씀으로 받아들이며, 하나님을 사랑하며, 이웃을 사랑하는 사람으로 살아갑니까? 아니면, 무율법주의로 매일매일 살아갑니까? 그것을 살펴야 합니다. 나는 성령을 받은 사람으로 성령으로 살고, 성령께 순종하며 살아가는 사람입니까? 아니면, 이성적 판단에 이끌려, 나의 경험에 이끌려 세상의 관점으로 살아가며, 성령을 망각하는 사람으로 살아갑니까? 그것을 숙고해야 합니다. 나는 영적인 사람으로 하나님께 순종하며 살아갑니까? 아니면, 세상의 종으로 옛사람의 본성에 이끌려 하나님께 불순종하며 오늘을 살아갑니까? 그것을 따져 봐야 합니다. 나는 복음의 증인으로 진실로 십자가의 복음을 증언하며, 십자가의 길을 기뻐하며, 십자가의 길을 묵상하며 살아갑니까? 아니면, 십자가의 길을 외면하고 다른 방식의 삶을 살아갑니까? 그것을 물어야 합니다. 나는 십자가 안에 나타난 하나님의 은혜와 사랑을 정말 믿고, 기뻐하며, 감사하며 오늘을 살아갑니까? 아니면, 육신의 생각에 이끌려 비난하고, 다투며, 정죄하며, 원망과 불평과 근심 중에 살아갑니까? 매일매일 살펴야 합니다.

자신을 살피는 기준들

그래서 성경은 말씀합니다. "너 자신을 살피라." 나 자신을 먼저 살펴야 합니다. 그러지 못하면 부지불식간에 내가 누구인지 모르고, 어떤 인생을 살아가는지 모르는 상태에서 죄의 종으로 진락합니다. 옛사람의 본성에 이끌려 살아갑니다. 자꾸 다른 사람과 비교하면서 열등감에 빠지기도 하고 우울감에 사로잡히기도 하며, 잘못된 인생을 살아가게 됩니다. 성령의 사람이자 거듭난 그리스도인은 항상 복음 진리 안에서 자신을 살펴야 합니다. 복음 진리는 추상적인 것이 아닙니다. 하나님의 지혜와 능력이며, 사건으로 나타납니다. 그래서 항상 하나님의 말씀 앞에서 먼저 나 자신을 살피며 살아가야 합니다. 오늘 본문 3절은 이렇게 기록합니다. "만일 누가 아무 것도 되지 못하고 된 줄로 생각하면 스스로 속임이라." 스스로 속고 사는 사람이 너무나 많습니다. 온 인류가 그렇지만, 특별히 교인 중에도 상당합니다. 자신은 구원받은 그리스도인이고 세례 받은 하나님의 자녀라고 말합니다. 거듭난 그리스도인이며, 천국 백성이라고 확신합니다. 하지만 세상 속에서는 도대체 누구로 살아가는지를 모릅니다. 정체성을 잃어버렸습니다. 인생의 목적이 잘못되었습니다. 잘못된 신앙생활을 합니다. 이 사람은 스스로 속고 사는 인생입니다. 왜냐하면, 복음 진리인 하나님의 말씀은 추상적인 것이 아니기 때문입니다. 예수님의 성육신 사건, 십자가와 부활 사건, 승천 사건처럼 실제 사건으로 임합니다. 그런데 복음을 믿는 하나님의 자녀라고 하면서도 아무런 변화가 없다면, 말씀 앞에서 나 자신을 먼저 살피지 못한다면, 그것은 잘못된 신앙생활을 하는 것입니다. 오늘 말씀대로 스스로 속는 자입니다.

오늘날 세상 가운데서 그리스도인답게 살지 않으면서 그리스도인이라 명명하는 사람들이 얼마나 많습니까? 변화된 인생이 전혀 나타나지 않습니다. 이것은 스스로 속고 사는 것입니다. 왜 이렇게 된 것입니까? 하나님을 알고, 예수님을 알고, 성령님을 알고, 복음 진리를 아는데, 자신을 살펴보지 않기 때문입니다. 자신을 먼저 살펴야 하는데, 살피지 못한 것입니다. 참으로 불쌍한 영혼입니다. 성도 여러분, 복음을 믿는 하나님의 자녀로 세상을 살아갈 때, 구별된 인생을 살아가야 합니다. 그래서 성경은 너 자신을 먼저 살피라고 말씀합니다. 그리고 세 가지 지침을 줍니다. 어떤 기준에 의해 살펴야 하는지, 오늘 성경에 세 가지 말씀이 기록되어 있습니다.

첫 번째가 "신령한 너희는"입니다. "신령한 너희는"이라는 말은 "성령을 받은 너희는"이라는 말씀입니다. 불신앙의 사람들이 아닙니다. 형식적인 종교인도 아닙니다. 거듭난 그리스도인을 말씀합니다. 우리는 항상 나는 성령을 받은 사람이고, 성령의 인치심을 받은 사람이라고 생각합니다. 성경은 누구든지 그리스도의 영을 받지 못하면 그리스도인이 아니라고 말씀합니다. 무릇 하나님의 영으로 인도함을 받은 사람이 하나님의 자녀입니다. 그러므로 항상 우리는 나 자신을 살펴야 합니다. 나는 성령을 받은 사람인지, 성령을 따라 행하는 사람인지 묻지 않고 살피지 않으면 세상의 유혹에 빠지고 맙니다. 그리스도인은 육신의 생각에 이끌려 이기적인 탐심과 자기 유익을 좇아 살아가는 사람이 아닙니다. 성령께 순종할 때, 우리는 영의 생각에 이끌리어 육신의 생각을 끊어버리게 됩니다.

성도 여러분, 성령 하나님은 우리의 마음을 변화시키십니다. 사랑의 마음으로, 용서의 마음으로, 은혜의 마음으로, 긍휼의 마음으로 우리를 변화시키십니다. 그 만남을 통하여 새 사람이 됩니다. 그리고 성령 하나님은 연약한 자를 도우십니다. 우리는 항상 연약합니다. 복음을 알고 하나님의 뜻대로 살기를 결단하지만, 한 시간만 지나 보면 압니다. 생각도 하지 않고 살아갑니다. 사건 앞에 붙잡힐 뿐입니다. 보이는 것에 끌려가게 됩니다. 그때마다 성령께서 우리를 도우시어 하나님의 자녀답게 인도하십니다. 유혹에 빠지지 않도록 우리를 변화시키십니다. 성경은 이것을 "온유한 심령으로"라고 표현합니다. 온유한 마음을 갖게 됩니다. 영적인 마음을 갖게 되는 것입니다. 그리고 우리는 승리할 수 있습니다. 온유한 마음을 가지면 다툼과 정죄와 비난과 불평과 원망이 사라집니다. 내 안에서 먼저 이러한 것들이 제거됩니다. 그리고 사랑과 용서와 이해의 마음으로 이웃을 대하게 됩니다. 이것이 변화된 삶입니다.

세상과 구별된 성령의 사람

특별히 오늘 성경에 보면, 특정한 상황이 주어집니다. "사람이 만일 무슨 범죄한 일이 드러나거든." 어떤 사람이 무슨 죄를 지었는지 모르겠지만, 적어도 하나님의 자녀답게 살지 못한 일이 벌어졌습니다. 그것도 교회 안에서 벌어진 상황입니다. 성도 여러분, 교회는 항상 완전하면서도 불완전합니다. 완전하다는 것은 삼위일체 하나님의 존재와 역사가 있기에 완전한 것입니다. 그래서 하나님의 전이요, 그리스도의 몸입니다. 불완전하다는 것은 사람들이 죄인이요, 거룩한 면모를 찾아볼 수도 없기 때문입니다. 은혜가 필요해서 교회로 온 사람들입니다. 비로소 죄를 깨달은 사람들입니다. 또 다양한 사람이 모였습니다. 항상 불완전합니다. 그 불완전한 성도가 완전한 삼위일체 하나님과 교제할 때, 비로소 하나님의 자녀답게 변해가는 것이 교회입니다. 그렇기에 수많은 일들이 벌어집니다. 때로 세상보다 더 못한 일이 벌어지기도 합니다. 그럴 때 신령한 하나님의 자녀가 이러한 일에 어떻게 대처하느냐 하는 것이 중요합니다. 누구나 잘못할 수 있지만, 그 문제를 어떻게 해결하느냐 하는 것입니다. 구별되어야 합니다. 만일 범죄 사건이 벌어지면 보통은 비난하고 정죄합니다. 그런데 그리스도인으로서의 정체성을 가진 성령의 사람은 세상 사람과 구별됩니다. 변화된 사람으로 권면하며 바로잡기에 힘씁니다. 그 사건에 대해 이해하고자 하고, 다른 사람들이 한 일을 마치 자신이 그런 일을 벌인 것처럼 생각하며 이해하려고 합니다. 상황 전체를 충분히 모르기에 그렇습니다.

그런데 성령의 역사가 없으면, 육신의 생각에 이끌리게 되면 굉장한 일이 터졌다며 과장하고 확대합니다. 큰일 났다며 마구 소문을 냅니다. 이것은 사탄의 역사입니다. 이성적 판단을 넘어, 영의 생각은 사랑의 마음을 갖게 되는 것입니다. 용서의 마음을 갖게 되는 것입니다. 연약하기 때문에 무언가 잘못된 것에 빠졌다고 이해하기 시작합니다. 거기서 인격적인 만남과 관계가 이루어집니다. 이것이 성령의 역사입니다. 나는 누군가의 불미스러운 일을 알았을 때 확대하고 소문내는 사람입니까? 아니면, 축소하고 이해하며, 그와 함께 기도하는 사람입니까? 그것을 항상 살펴야 할 것입니다.

어느 교회에서 있었던 일이랍니다. 주일예배 시간에 어머니가 어린 아들을 데리고 예배에 참석했습니다. 그런데 점심시간 이후라서 사람들이 자꾸 꾸벅꾸벅 졸고 있는 것입니다. 모두가 조는 건 아니지만, 설교 말씀과 예배에 집중하지 못한 사람들이 보입니다. 그러니 어린아이의 입장에서는 자꾸 그게 눈에 들어옵니다. 엄마한테 소곤소곤 말했습니다. “저 할아버지 졸고 있고, 저 아줌마도 졸고 있고, 저 형도 졸고 있어요.” 이곳저곳 계속 쳐다보면서 이런 말을 계속 합니다. 엄마가 듣다가 이렇게 말했답니다. "얘야, 좀 가만히 있어라. 차라리 너도 자라." 도대체 비난하고 정죄해서 무슨 유익이 있는 것입니까? 이웃을 사랑하지 않기 때문에 그러는 것입니다. 비인격적으로 대하기 때문입니다. 인격적으로, 사랑의 마음으로 대한다면 그런 일은 없습니다. 그래서 너 자신을 항상 살피라고 말씀합니다.

두 번째로 성경은 말씀합니다. "너희가 짐을 서로 지라." 어떤 사람이 곤란한 상황에 처했을 때, 비인격적 관계로 무관심하고 냉담하게 대하지 말라는 말씀입니다. 성도의 교제를 귀히 여기고, 가서 옆에 있어 주고, 함께하면서 인격적 만남 속에 기도하라는 말씀입니다. 그건 네 일이니 네가 알아서 하라는 식이 아니라 또 자기 유익에 비추어서 판단하는 것이 아니라, 내가 그 일을 당한 것처럼 교회에 덕을 세우며, 그를 위로하면서 서로 짐을 지라고 말씀합니다.

성도 여러분, 교회는 은혜의 공동체입니다. 제가 이렇게 정의해 드리는 이유는 은혜 아니면 살아갈 수 없다는 걸 고백하는 사람들이 성도이기 때문입니다. 오직 하나님의 은혜로 말미암아 믿음으로 하나님의 자녀가 되었고, 이미 받은 은혜가 너무나 커서 세상이 알 수 없는 기쁨으로 찬양을 하며, 하나님께서 쌓아 두신 미래적 은혜에 대한 기도와 갈망으로 오늘을 살아갑니다. 은혜 아니면 설명이 안 되는 공동체가 교회이기 때문입니다. 성도들의 모임과 교제가 있는 곳이 교회입니다. 그래서 함께 기도하며, 서로 도우며 오늘을 살아가게 됩니다. 무관심이 아니라, 함께하는 것입니다. 그래서 성경은 말씀합니다. “서로 짐을 지라.” “네 몸과 같이 이웃을 사랑하라.” 역지사지로 생각하라는 것입니다. 내가 그런 공경에 빠졌을 때를 생각해 보시기 바랍니다. 엄밀하게 따지면, 비록 그런 죄를 짓지는 않았지만, 언제나 그런 죄를 지을 가능성이 열려 있다는 것을 인정하는 것입니다. 그런 죄는 내게 없지만, 드러나지 않은 은밀한 다른 죄가 있다는 것을 아는 것입니다. 그러기에 믿음으로 성도의 교제를 하며 서로 짐을 지라고 성경은 말씀합니다.

그리고 세 번째가 “그리스도의 법을 성취하라”입니다. 성도 여러분, 나는 그리스도의 법을 성취하는 사람입니까? 그것을 살피며 살아가야 합니다. 그리스도의 법이란 무엇입니까? 그것은 새 계명입니다. 법이라는 것은 the law, 계명입니다. 이것은 복음이 아닙니다. 사람이 행해야 하고 의무로 주어진 것은 모두 율법입니다. 하나님이 행하시는 것이 은혜입니다.

"서로 사랑하라. 내가 너희를 사랑한 것 같이 너희도 서로 사랑하라"는 말씀에서 "내가 너희를 사랑한 것"은 은혜입니다. 그러나 그 은혜를 받아들이고, 은혜의 증인으로 사는 것은 율법입니다. 즉 "서로 사랑하라"는 그리스도의 법, 율법을 이루고자 하는 것입니다. 무율법주의가 아닙니다. 그래서 우리는 항상 서로 사랑하며 오늘을 살아가는지 자신을 살펴야 할 것입니다.

성령의 열매를 맺는 사람

십자가 안에 아가페 사랑, 초월적인 은혜의 사랑이 나타났습니다. 내가 죄인 되었을 때, 하나님과 원수 되었을 때 하나님께서 아들을 보내셔서 십자가에 죽게 하심으로 우리의 죄를 대속하셨습니다. 우리는 그것을 믿습니다. 그래서 어떻게 보면 사랑할 가치도 없지만, 그러나 사랑합니다. 용서할 수 없는 사람들이지만, 그러나 내가 용서함을 받았기에 또 받고 있기에 용서하는 것입니다. 그것이 영의 생각에 이끌린 사람입니다. 성령의 사람입니다. 주께서 주신 자유의지로 육체의 기회를 삼거나 육신의 생각에 끌려 살지 않고, 이제는 영의 생각에 이끌려 그리스도의 법을 성취하는 목적으로 오늘을 살아가는 사람입니다. 불가능이 가능으로 우리 삶에 나타나기 시작합니다. 오직 예수 그리스도 안에서 성령을 통하여 믿음으로 가능한 일입니다. 성도 여러분, 나는 이러한 목적이 있는 인생을 향하여 가고 있습니까? 자신을 살펴야 할 것입니다.

20세기 설교의 황태자라 불리는 하나님의 사람 찰스 스펄전 목사님에게 뉴먼 홀이라는 유명한 영국 목회자 친구가 있었습니다. 어느 날, 그분이 스펄전 목사님을 찾아왔습니다. 그 이유는 어떤 목회자가 뉴먼 홀 목사님에 대해서 조롱하는 신문 기사를 기고했는데, 이게 신문에 실리면서 명예가 크게 실추되는 일이 벌어졌기 때문입니다. 그래서 자신을 조롱하는 신문 기사를 능가하는 내용의 앙갚음조가 가득한 독설로 편지를 썼고, 그리고 이것을 신문에 낼까 말까 고민하면서 친구 스펄전 목사를 찾아온 것입니다. 스펄전 목사님은 그 편지를 읽고 나서 이렇게 말했답니다. "아주 논리적이야. 잘 썼어요. 그렇지만 중요한 한 가지가 빠져 있네. 마지막 서명하기 전에 자네 이름 앞에 '예수 그리스도의 사람, 예수 그리스도로부터 온 사람 뉴먼 홀'이라고 적어야지." 그 말에 잠시 침묵이 흐르고, 서로의 눈을 가만히 쳐다보는 시간이 있었습니다. 그 후에 뉴면 홀 목사님은 그 편지를 찢어버렸습니다. 성도 여러분, 정말 내가 예수 그리스도의 사람이고 성령의 사람이라고 고백하며, 하나님의 백성이라고 생각한다면 변화된 인생을 살아갑니다. 그래서 항상 복음 안에서, 예수 그리스도 안에서 내가 누구인지를, 어떤 인생을 살아가는지를 살피며 살아가라고 성경은 말씀하는 것입니다.

예수님께서 산상수훈, 마태복음 7장 5절에서 이렇게 말씀하십니다. "외식하는 자여 먼저 네 눈 속에서 들보를 빼어라 그 후에야 밝히 보고 형제의 눈 속에서 티를 빼리라." 내 눈의 들보를 빼어야 하나님의 자녀답게 살아갈 수 있습니다. 그런데 내 눈의 들보는 보지 못하고 타인을 정죄하고 비난하는 것은 하나님 앞에서 위선자가 되는 것입니다. 잘못된 신앙생활을 하는 것입니다. 가장 나쁜 것은 도무지 이웃을 사랑하는 마음이 없는 것입니다. 그가 죄인입니다. 그러기에 하나님의 자녀는 항상 예수 그리스도 안에서 매일매일 자신을 살펴야 합니다. 나는 정말 예수 그리스도의 사람인지, 예수 그리스도의 복음을 믿는 사람인지, 예수 그리스도의 법을 성취하며 살아가는 사람인지, 예수 그리스도와 함께하는 인생을 살아가는 사람인지를 살펴야 할 것입니다. 또한 성령을 통하여 살펴야 할 것입니다. 나는 정말 성령을 받은 사람인지, 성령을 따라 행하는 사람인지, 영의 생각에 이끌리어 성령의 열매를 맺으며 살아가고 있는 사람인지 항상 자신을 살펴야 합니다. 그리고 하나님 앞에서 자신을 살펴야 합니다. 나는 정말 하나님을 경외하는 자로 오늘을 살아가는지, 하나님의 말씀에 순종하며 오늘을 살아가는지 자신을 살펴야 승리할 수 있습니다. 이성적 판단이 아닙니다. 다른 사람들과 비교하라는 말이 아닙니다. 오직 삼위일체 하나님 앞에서, 복음 진리 안에서 내가 누구이며, 어떤 인생의 목적을 갖고 오늘을 살아가는지 깊이 성찰하며 자신을 살필 때 비로소 승리의 삶을 살며, 권세 있는 인생을 살게 될 것입니다.

✝ 기도

창조주이시며 거룩하신 하나님 아버지. 영적으로 무지무각한 상태에서 하나님께 불순종하며, 비인격적 관계의 만남 속에 비인간화된 삶을 살아가는 미천한 죄인을 오직 하나님의 은혜로 믿음으로 말미암아 하나님의 자녀 되어 이제는 영의 눈을 떠서 사랑의 사람으로, 용서의 사람으로, 긍휼의 사람으로 하나님께 영광 돌리는 인생을 살게 하여 주심을 진심으로 감사드립니다. 그러나 깨어 기도하지 못하고, 복음 안에서 자신이 누구인지를, 어떤 인생인지를 살펴보지 못하여 맹목적인 신앙생활을 하며, 그리스도의 이름을 욕되게 하고, 하나님의 영광을 가리며, 서로 비난하고 정죄하며, 원망과 불평과 근심 중에 살아가는 불신앙의 삶을 고백하오니 용서하여 주옵소서. 진리의 성령이시여, 항상 영의 생각에 이끌려 깨어 기도하게 하시고, 성령을 따라 행함으로 십자가의 복음 안에서 내가 누구인지를 찾으며, 어떤 인생을 살아가는지를 살펴 주와 동행하며, 권세 있는 삶을 살며, 하나님의 이름을 영화롭게 하는 승리의 삶을 살도록 항상 지켜 주옵소서.

주 예수 그리스도의 이름으로 간절히 기도드리옵나이다. 아멘.

16.
오직 주 예수의 십자가

그러나 내게는 우리 주 예수 그리스도의 십자가 외에 결코 자랑할 것이 없으니 그리스도로 말미암아 세상이 나를 대하여 십자가에 못 박히고 내가 또한 세상을 대하여 그러하니라 할례나 무할례가 아무 것도 아니로되 오직 새로 지으심을 받는 것만이 중요하니라 무릇 이 규례를 행하는 자에게와 하나님의 이스라엘에게 평강과 긍휼이 있을지어다 이 후로는 누구든지 나를 괴롭게 하지 말라 내가 내 몸에 예수의 흔적을 지니고 있노라 형제들아 우리 주 예수 그리스도의 은혜가 너희 심령에 있을지어다 아멘_
갈라디아서 6:14-18

16.

오직 주 예수의 십자가

가구를 판매하는 한 남자에게 친구가 찾아왔습니다. 이 친구는 남자를 교회로 인도하기 위해 무던히 애를 쓰고 있는 중이었습니다. 예수님의 죽음이 속죄의 사역을 어떻게 완성했는지 자세히 설명하기 시작했습니다. 그 말을 듣던 남자는 이렇게 말했습니다. "도저히 이해할 수 없단 말이야. 단지 예수 그리스도의 한 번의 죽음으로 내 죄뿐만 아니라 인간의 모든 죄가 사라졌다니 믿을 수가 없어." 그 말을 듣던 친구는 머릿속에 어떤 영감이 떠올랐습니다. 그리고 옆에 있던 대패를 들고는 가구점에서 가장 아름다운 프랑스풍의 탁자 표면을 대패질하는 시늉을 했습니다. 그러자 가구 상인인 친구가 깜짝 놀라 소스라치며 나무랐습니다. “아니, 무슨 짓을 하는가? 자네는 이게 완성된 것인 줄 모르나? 그렇게 대패질하다가는 완전히 망쳐버린단 말이야.” 그러자 친구가 웃으며 이렇게 대답했습니다. “나는 단지 자네에게 그리스도의 대속하심을 보여주려고 한 것뿐이야. 그리스도께서 자네를 위해 생명까지도 주셨으니, 그것으로 다 이루어진 거야. 그런데 자네가 자꾸 거기에다가 무엇인가를 덧붙이려고 하면 오히려 망쳐놓을 뿐일세. 그냥 있는 그대로를 받아들이게. 자네를 위해 예수 그리스도가 자신의 생명을 희생하셨다는 사실을 말일세. 그러면 자네는 자유로워질 걸세.” 깊이 생각해 보시기 바랍니다.

구호와 상징이 되어버린 십자가

성도 여러분, 십자가의 복음은 완전한 하나님의 은혜요 진리입니다. 이 사실을 항상 기억해야 합니다. 주 예수의 십자가 사역은 완전한 것입니다. 십자가 복음의 완전성을 항상 기억하고, 기뻐하며 붙잡고 지켜 나가야 합니다. 그래서 예수님께서 십자가에 피 흘려 죽으시면서 말씀하셨습니다. “다 이루었다. It is finished.” 기독교의 구원은 오직 십자가의 복음을 믿음으로 성취되는 것입니다. 어떤 선행과 율법을 지키는 것으로, 새로운 전통과 관습과 제도를 만들어 지키는 것으로 되지 않습니다. 그러므로 십자가의 복음을 가감해서는 절대로 안 됩니다. 그런 행위는 완전함을 왜곡하고 파괴하는 것입니다. 그런 행위는 복음을 변질시키고 무너뜨리는 무서운 죄입니다. 그럼에도 불구하고 역사 안에서 이런 일이 초대교회부터 지금까지 계속되었습니다. 아마도 그리스도께서 다시 오시는 날까지 계속될 것입니다. 항상 복음은 파괴되고 변질되었습니다. 그런 현실 속에 우리가 살고 있습니다. 잘 생각해 보면, 세상이 그런 게 아니라, 교회와 기독교가 그런 것입니다. 그래서 이 시대는 십자가의 복음이 실종되었다고 말할 수 있습니다. 십자가의 복음이 이제는 구호요 상징이 되어버렸습니다.

우리가 하나님의 자녀로 사는 동안 타 종교에도 구원이 있느냐는 질문을 한 번쯤 받아보셨을 것입니다. 저도 받을 때마다 명쾌하게 없다고 말합니다. 그러면 다시 질문합니다. 어떻게 그렇게 확신할 수 있느냐고 되묻습니다. 이런 질문의 답은 오직 십자가의 복음뿐입니다. 주 예수의 십자가가 완전하기에 다른 길은 없습니다. 예수 그리스도 외에 다른 구원자는 없습니다. 그래서 저는 이렇게 대답합니다. "나는 그것을 믿기에 확신을 가지고 말할 수 있습니다." 우리 모두 그러한 믿음으로 살아가야 합니다. 그럼에도 불구하고 교회와 기독교 안에서도 타 종교에 구원이 있다고 적당히 인정하는 풍조가 널리 퍼져 있습니다. 그러면서 종교 간의 대화를 통해서 여러 가지 연합 활동을 하는데, 이는 잘못된 신앙에서 비롯된 것입니다. 또 어떤 사람은 점잖게 침묵합니다. 침묵하면 중간은 가니 그렇게 하는 것인데, 이것이 더 나쁩니다. 순교자가 침묵하면 박해받지도, 순교 당하지도 않습니다.

성도 여러분, 교회와 기독교는 주 예수의 십자가에서 시작하여 주 예수의 십자가로 끝납니다. 주일마다 예배드리며 하나님의 말씀을 기대하지만, 핵심은 주 예수 그리스도의 십자가의 복음입니다. 다른 말로 위로받으려고 하거나 십자가 외에 다른 것으로 문제가 해결되는 것을 상상하지 마시기 바랍니다. 그것이 유혹입니다. 그러므로 거듭난 그리스도인은 주 예수의 십자가와 자신을 항상 동일시하며 오늘을 살아갑니다. 그 신앙고백이 갈라디아서 2장 20절의 선언입니다. "내가 그리스도와 함께 십자가에 못 박혔나니. I have been crucified with Christ." 이제는 내 안에 그리스도께서 사시는 것입니다. 예수 그리스도의 십자가에서 죽고, 그리고 사는 것입니다. 항상 죽고, 사는 것입니다. 예수 그리스도 안에서 내가 누군지 알고, 하나님께서 나에게 어떠한 역사를 행하였는지를 발견하는 것입니다. 예수 그리스도의 십자가 안에서 옛사람은 죽고 새 사람은 태어납니다. 항상 그렇습니다. 육신의 생각은 죽고, 영의 생각이 나를 끌어가는 것입니다. 오직 십자가의 복음 안에서만 가능합니다.

온전한 믿음을 갖기 원하십니까? 여기에 관한 많은 설교와 책들을 보지만, 핵심에서 빗나갔습니다. 핵심은 예수 그리스도의 십자가입니다. 그것뿐입니다. 온전한 믿음은 십자가의 복음에서 시작하여 십자가의 복음에서 완성됩니다. 그 십자가의 복음을 믿음으로 구원이 시작되었습니다. 선행을 하고, 전도와 구제를 많이 한다고 되는 것이 아닙니다. 열심히 봉사하고 사역해 보면 알겠지만, 그런 과정에서 자아가 더 커집니다. 자기 의가 은근히 나를 괴롭힙니다. 오직 십자가 복음 안에서만 하나님의 의가 나를 감동시킵니다. 성령께서는 우리 안에 계시어 항상 우리를 예수 그리스도께로 인도하시며, 예수 그리스도 안에서 십자가를 주목하게 하십니다. 십자가에 집중하도록 우리를 변화시키십니다. 이것을 항상 기억해야 합니다.

예수 그리스도의 십자가에 나타난 복음

요즘 보면 많은 간증자들이 책을 쓰고, 자주 방송에도 나와 이야기합니다. 간증자들 중에서도 특히 연예인들이 대표적으로 많은 영향을 끼치는데, 간증하는 것들을 유튜브에 올리니 많은 사람이 봅니다. 그래서 제가 궁금해서 한번 쭉 살펴보았습니다. 그런데 마음이 참 불편했습니다. 이 분이 과연 예수 믿는 사람인지, 오직 하나님께 영광이라고 말하지만 정말 그런 것인지 의구심이 들었습니다. 주로 하는 말이 질병에서 고침을 받았고, 실패에서 성공을 얻었고, 억눌림에서 자아 성취를 했다는 내용으로 무엇인가 잘되었다는 것들입니다. 그래서 하나님께 영광이라 말하고, 참으로 하나님께 감사함을 말하는데, 그 속에 예수 그리스도의 십자가와 십자가의 피가 전혀 없습니다. 그것은 잘못된 신앙입니다. 거꾸로 생각해 보시기 바랍니다. 계속 병들고 실패하면 예수님을 믿겠습니까? 성도 여러분, 온전한 믿음은 예수님의 십자가에서 시작하여 십자가로 끝나는 것입니다. 이것을 잊어서는 안 됩니다. 성령 충만을 갈망하며 기도하고, 열심히 전도하지만, 십자가의 피와 십자가의 복음이 사라졌습니다. 십자가의 길을 외면했습니다. 그렇다면 그것은 바른 신앙생활이 아닙니다.

성경으로 돌아가야 합니다. 성경 전체는 항상 예수 그리스도를 증언합니다. 그리고 예수 그리스도는 자신의 십자가를 바라보라고 말씀합니다. 성경 전체의 핵심은 예수님의 십자가입니다. 이것이 메시지입니다. 이것이 복음입니다. 그래서 항상 갈라디아서를 가까이하며 읽고, 묵상하며 살아가야 합니다. 저 역시도 오랜 기간, 15년 넘게 갈라디아서를 의도적으로 일주일에 한 번 이상을 봅니다. 왜 그렇습니까? 성경 전체에서 갈라디아서만이 오직 십자가의 복음, 주 예수의 십자가를 명확하게 선포하고 있기 때문입니다. 그것이 갈라디아서의 기록 목적입니다. 갈라디아서를 통해 십자가를 명확하게 발견한 대표적인 인물이 종교개혁자 마르틴 루터입니다. 하나님께서 그를 쓰시어 종교개혁을 이루고, 오늘날 개신교가 있게 하셨습니다. 청년 마르틴 루터가 복음 안에서 하나님의 의를 발견합니다. 그리고 그가 집중한 것이 갈라디아서입니다. 그래서 종교개혁 초창기에 갈라디아서 주석을 씁니다. 6백 페이지 정도나 됩니다. 그리고 말년에, 하나님의 부름을 받기 전에 다시 한 번 갈라디아서 주석을 쓰게 됩니다. 왜 그렇습니까? 아직도 복음을 전하지 않기 때문입니다. 복음을 말하지만, 복음이 구호가 되고 또다시 다른 복음을 전하고 있기 때문입니다. 여기에 의분을 느끼며 갈라디아서 주석을 또 한 번 씁니다. 그것도 한 7백 페이지나 됩니다. 그는 평생 갈라디아서를 통해서 주신 십자가의 복음에 끌려서 십자가의 신학에 집중한 것입니다.

전 세계에서 가장 중요한 책은 성경입니다. 그리고 저는 두 번째로 중요한 책은 루터의 갈라디아서 주석이라고 생각합니다. 종교개혁 이후로 베스트셀러가 무엇이냐고 물으면 많은 그리스도인이 존 번연 목사님의 『천로역정』을 꼽습니다. 저도 아주 어렸을 때 읽어 보았습니다. 그런데 갈라디아서는 많은 사람들이 보지 않습니다. 왜 그렇습니까? 십자가의 복음에서 멀어져 있기 때문입니다. 존 번연 목사님이 갈라디아서를 깊이 묵상하고, 특히 루터의 갈라디아서 주석을 읽고 영감을 받아 저술한 책이 바로 『천로역정』입니다. 하지만 이 책은 보면서, 십자가의 복음과는 거리가 멀어지고 갈라디아서를 묵상하지 않는다면, 분명히 잘못된 것입니다. 하나님의 사람 마르틴 루터는 말합니다. "십자가와 고난 없이 사람의 마음에서 하나님을 생각하는 것은 불가능하다." 깊이 생각해 보시기 바랍니다.

유일한 자랑인 예수 그리스도의 십자가

오늘 성경말씀은 갈라디아서의 최종 결론입니다. 특별히 14절 말씀을 항상 묵상하며 살아가시기 바랍니다. "그러나 내게는 우리 주 예수 그리스도의 십자가 외에 결코 자랑할 것이 없느니라." 이것이 사도 바울의 신앙고백이며 선언입니다. 모든 거듭난 그리스도인의 고백이며 선언이 되어야 합니다. 오늘 우리에게 주시는 하나님의 말씀입니다. 성도 여러분, 주 성령께서 이 말씀이, 이 고귀한 자랑이 내 자랑이 되며, 내게 사건으로 나타나도록 우리를 변화시킵니다. 그래서 종교개혁자들은 모두 십자가의 복음을 전파하고, 십자가의 신학에 집중했던 것입니다. 한번 생각해 보시기 바랍니다. 우리가 예수 믿기 전에 무엇을 자랑했습니까? 불신자들의 자랑은 무엇입니까? 너무나 명백합니다. 자신의 선행과 업적과 재산과 권력입니다. 외모와 학력과 집안 배경입니다. 명예와 건강과 행복과 소원성취일 것입니다. 그런데 이런 자랑들은 결국 다 소멸되고 마는 것입니다. 그것을 위해 한평생 애쓰고 모든 은사를 쏟아 붓지만, 소멸될 것이라는 말입니다. 역사가 말해 주고, 성경이 말씀하고, 인생을 살아보면 그런 줄 알게 됩니다. 불행한 인생입니다. 그래서 항상 그 자랑 중에 슬픔이 있고, 근심이 있고, 두려움이 있고, 절망이 있고, 허물을 경험하게 됩니다. 그러나 거듭난 그리스도인은 변화되었습니다. 이러한 것들이 이제 자랑거리가 되지 않는다는 것을 압니다. 오직 주 예수의 십자가를 자랑하며 오늘을 살아갑니다. 이것이 그리스도인의 승리입니다. 변화된 인생입니다. 부와 건강과 자아성취와 성공이 좋지만, 결코 자랑거리가 못 됩니다. 그럼에도 불구하고 예수 그리스도의 이름으로 자신을 형통하게 하고, 자아성취를 이루게 하고, 부와 성공을 주고, 명예를 주는 세상 것을 자랑하면, 그 사람은 예수님을 모독하는 것이요, 욕되게 하는 자입니다. 결코 그 사람은 거듭난 그리스도인일 수 없습니다.

이 본문을 기록한 사도 바울은 빌립보서 3장에 보면 자신의 이생의 자랑들을 열거한 다음에 한마디로 말합니다. "이 모든 자랑을 배설물로 여겼다." 오물로 여겼다는 것입니다. 그러면서 그 이유를 말합니다. "그리스도를 얻고 그 안에서 발견되려 함이라." 예수 그리스도의 복음 안에서 그리스도를 만나고 보니, 그리고 그리스도의 사람으로 최후 승리를 하고자 하니 그런 것들이 오히려 장애물이 되더라는 것입니다. 결코 자랑이 아니었음을 말합니다. 성도 여러분, 오직 십자가의 복음만이 우리를 이렇게 변화시킵니다. 마르틴 루터는 이 본문을 놓고 깊이 묵상합니다. 그리고 왜 우리는 십자가의 복음만을 자랑해야 하는지 질문하면서 스스로 두 가지 답을 내립니다. 첫 번째 이유는 완전한 은혜와 진리는 십자가의 복음이기 때문입니다. 잘 생각해 보시기 바랍니다. 복음서에 보면, 예수님께서 이 땅에 오셔서 많은 사건과 기적을 행하시고, 많은 고귀한 말씀을 주셨습니다. 물론 옳은 말씀이지만 부분적인 진리로, 완전한 진리는 예수 그리스도의 십자가 안에 있습니다. 그 모든 사건과 말씀은 예수 그리스도의 십자가를 향하고 있습니다. 이런 위대한 분이, 이적을 나타내는 분이, 신적 능력을 가진 분이, 고귀한 말씀을 전파하시는 분이 십자가에 죽으셨습니다. 오직 십자가만이 완전한 은혜와 진리임을 우리에게 선포해 줍니다. 그래서 십자가만을 자랑하게 되는 것입니다.

두 번째 이유는 예수님께서 십자가에서 피 흘려 죽으셨기 때문입니다. 배척을 받기도 하셨지만, 십자가에 죽으시기 전까지는 이적을 나타내시고 많은 군중이 예수님을 따랐습니다.

우리를 사랑한다고 말씀하셨지만, 십자가를 지시기 전까지는 아직 피 흘려 죽으시지 않으신 것입니다. 그래서 여기에 나타난 것은 부분적인 진리입니다. 오직 십자가에 피 흘려 죽으심으로 하나님의 구속의 사역이 완성되었습니다. 그 대속의 피로 말미암아 하나님과 인간 사이에, 인간과 인간 사이에 화목제물이 되신 것입니다. 모든 인류의 죄를, 나의 죄를 대속하시게 된 것입니다. 그래서 구세주요, 구주이십니다. 이것이 하나님의 지혜의 능력이요, 구원에 이르는 방식입니다. 성도 여러분, 이것을 우리는 복음이라고 합니다. 이것을 은혜라고 합니다. 그 핵심이 십자가의 복음입니다. 그래서 거듭난 그리스도인은 오직 십자가의 복음만을 증언하며 오늘을 살아갑니다.

성도 여러분, 성경 안에서 실제적으로 왜 우리는 십자가만을 자랑해야 하는지 다시 한 번 생각해 보시기 바랍니다. 먼저, 십자가에 죄 사함이 있기 때문입니다. 죄 사함을 받는 길, 죄의 문제를 해결하는 길은 오직 십자가의 복음밖에 없습니다. 십자가의 복음을 떼어놓으면 아무리 내가 의롭게 살고, 내가 희생을 한다고 하더라도 죄는 여전히 있습니다. 그러나 예수님의 십자가 사역으로, 오직 믿음으로 죄의 사함을 받았습니다. 그러기에 오직 십자가입니다. 또한 십자가로 나 같은 죄인이 하나님의 은혜를 선물로 받아 믿음으로 의롭다 칭함을 받기 때문입니다. 의롭게 되는 것은 오직 십자가의 은혜입니다. 내가 교회 생활을 열심히 해서 율법을 지키고, 이웃을 사랑한다고 되는 일이 아닙니다. 또한 하나님으로부터 신령한 복을 받습니다. 그 복을 누립니다. 오직 십자가 사건으로 말미암은 것입니다. 마음에 변화가 일어났습니다. 마음의 중심에서 소원이 변했습니다. 십자가의 은혜로 된 것입니다. 또한 하나님과 바른 관계를 맺고, 주와 동행하는 삶이 시작되었습니다. 아무리 보아도 나는 죄인이고 부족한데, 이러한 놀라운 인생을 살게 됩니다. 십자가의 은혜입니다. 복음서에 나타난 예수님의 기적이나 말씀 때문이 아닙니다. 십자가의 역사로 가능한 것입니다.

더욱이 성령을 선물로 받았습니다. 주 성령을 선물로 받았습니다. 오직 십자가의 사건으로 비롯된 것입니다. 나 같은 죄인이 하나님의 자녀가 되고, 천국 백성이 되며, 천국의 상속자가 되었습니다. 오직 십자가의 복음을 믿음으로 된 것입니다. 그리고 영생을 선물로 받고, 부활의 증인으로 하나님께 영광 돌리는 삶을 살게 됩니다. 오직 십자가의 복음 안에서 가능한 것입니다. 수많은 하나님의 은혜의 선물들이 십자가 안에서,

주 예수의 십자가 안에서 우리에게 주어지는 것입니다. 예수님의 십자가 사건이 없었다면, 이 놀라운 하나님의 은혜들은 다 추상적인 것이 됩니다. 허상입니다. 그 모든 것들이 하나님의 은혜로 십자가 안에서 우리에게 약속되었습니다. 이것을 항상 기억해야 합니다.

자랑은 오직 예수님의 십자가

오직 예수님의 십자가를 자랑하며 살아갈 때, 우리 안에 체험되는 놀라운 변화들이 나타납니다. 나는 주 예수를 믿는다며 찬송하고 눈물을 흘리지만, 간증을 하지만, 도대체 근거가 무엇입니까? 그로 인해 나타나는 변화들이 무엇입니까? 오늘 성경에 적어도 세 가지를 우리에게 명료하게 알려 주고 있습니다. 자신을 살펴보며 나는 십자가의 사람으로 십자가의 복음을 증거하며 오늘을 살고 있는지 항상 분별해야 할 것입니다. 14절 후미에 이렇게 기록합니다. “그리스도로 말미암아 세상이 나를 대하여 십자가에 못 박히고 내가 또한 세상을 대하여 그러하니라.” 먼저는 ‘세상’에 대한 변화가 시작됩니다. 참으로 놀랍습니다. 항상 세상 중심의 삶을 살며 세상 것들을 사랑했는데, 십자가의 복음을 믿음으로 거듭나고 보니 세상을 더 이상 사랑하지 않습니다. 세상 것들을 사랑하지 않습니다. 세상 것들을 자랑하지 않습니다. 세상의 정체를 알았습니다. 세상은 어둠이요, 죄의 권세 아래 있고, 사탄의 역사 아래 있는 것을 알았습니다. 세상에 살지만, 세상에 속한 자가 아니라는 것을 깨달았습니다. 전인격적인 인식의 변화가 생겼습니다. 이제는 천국을 갈망하며, 천국 복음을 증언하며, 천국을 준비하는 인생을 살아갑니다. 천국 시민임을 확신하며 오늘을 살아가게 됩니다.

그러나 불신자들은 어떻습니까? 예수 믿기 전에 우리의 모습이 어떠했습니까? 세상뿐입니다. 죽으면 다 끝나는 것입니다. 세상이 전부입니다. 눈에 보이는 것이 전부입니다. 그러니 그것을 자랑할 수밖에 없습니다. 세상 것들의 자랑 속에서 슬퍼하고, 기뻐하고, 행복했다가 원망하는 것입니다. 그 자랑이 있으면 좀 우쭐하고 행복해합니다. 괜찮은 인생을 살았다고 생각하다가, 그게 확 무너지고 없어지면 그냥 슬퍼하고, 비난하고, 절망하며 죽는 것입니다. 그것을 허탄한 인생이라고 말합니다. 하지만 거듭난 그리스도인은 그런 세상으로부터 초연하게 됩니다. 세상에 속하지 않으니, 세상으로부터 초월하게 됩니다. 그러한 믿음으로 오늘을 살아갑니다. 그래서 세상으로부터 때로 비난과 칭찬을 받아도 별로 의미가 없습니다. 세상에서 성공하고 실패한들 크게 의미를 두지 않습니다. 조금 마음이 불편한 것이지, 십자가의 복음만 생각하면 아무것도 아닌 것입니다. 다시 말해서, 오늘 성경말씀대로 예수님의 십자가에 세상을 못박아버렸습니다. 그것이 십자가의 복음을 믿는 온전한 믿음입니다. 십자가와 세상 사이에 중간 지역은 없습니다. 예수 그리스도의 십자가냐 세상이냐, 둘 중 하나입니다.

그리고 두 번째가 '나'입니다. 나에 대한 인식이 변화됩니다. 갈라디아서 2장 20절입니다. "내가 그리스도와 함께 십자가에 못 박혔나니." 자기 부인이 이루어집니다. 예수님께서 말씀하셨습니다. "너희가 내 제자가 되려면 자기를 부인하고 나를 따르라." 너희가 하나님의 자녀가 되려거든 자기를 부인하고 나를 따르라고 하십니다. 자기 부인이 이루어집니다. 그런데 자기 부인이 이루어지지 않으므로 계속 자아에 끌려가면서 속는 것입니다. 속으면 안 됩니다. 자신에게도 속지 마시기 바랍니다. 분별해야 합니다. 오직 십자가의 복음 안에서만 나라는 존재가 누구인지를 깨닫게 됩니다. 율법을 지키고, 선행을 하고, 금식기도를 한다고 나 자신을 다스릴 수 있는 것이 아닙니다.

저명한 철학자 소크라테스에게 자신의 토지와 재물을 자랑하는 한 제자가 있었답니다. 이래서는 안 되겠다는 생각에 교훈을 줘야겠다는 마음으로 제자를 불렀습니다. 그리고 지도를 꺼내 놓고 물었습니다. "여보게, 이 지도 안에 그리스가 어디 있는가?" 그러자 제자가 조그마한 반도 하나를 가리키며, "여기 있습니다. 스승님" 하고 대답했습니다. "그럼 아테네가 어디 있는가?" 물었더니, 제자가 막 찾다가 "여기 조그만 점입니다. 이게 아테네입니다" 하고 답했습니다. 다시 물었습니다. "그럼 자네 재물과 돈은 다 어디 있는가?" 찾을 수가 없었습니다. 제자는 아무 말도 못했습니다. 그 후로는 다시는 땅과 재물 자랑을 안 하더랍니다.

성도 여러분, 정말 자랑할 것이 있을 때 하나님 앞에서 생각해 보시기 바랍니다. 무엇을 자랑하겠다는 것입니까? 십자가의 복음 앞에서 생각해 보시기 바랍니다. 그런 자랑이나 하고 다니면 되겠습니까? 항상 복음 안에서 다시 생각할 때, 나라는 존재는 작아지고 없어지게 됩니다. 한번 생각해 보시기 바랍니다. 세상의 모든 문제, 내가 경험했고 겪고 있는 모든 문제의 근본적인 원인이 무엇입니까? 세상과 나입니다. 둘 중 더 위험한 것은 나입니다. 세상은 원래 그런 것입니다. 내가 항상 문제인 것입니다. 왜 내가 이웃 사랑을 못하고, 하나님을 전심으로 사랑하지 못합니까? 나 때문입니다. 자아 때문입니다. 자아를 더 사랑하니, 이웃과 하나님은 항상 두 번째입니다. 우선순위가 되지 못합니다. 하나님께서 일찍이 아시고, 선악과 사건의 문제를 제시하셨습니다. 하나님께서 천지를 창조하시고, 아담과 하와를 창조하셨습니다. 그리고 그들에게 모든 것을 주셨습니다. 다만 선악과 하나를 따먹지 말라고 하셨는데, 그것을 왜 따먹은 것입니까? 우리가 항상 그것을 묻습니다. 선악과를 왜 먹어서 우리를 이 모양 이 꼴로 만드느냐고 묻습니다. 왜 따먹은 것입니까? 왜 불순종하고, 죄를 짓고, 사탄의 유혹에 빠진 것입니까? 자아 때문입니다. 하나님과 같이 되려고 한 것입니다. 이것이 자아성취이고, 자아가 우상인 것입니다. 이 자아가 종교입니다. 깊이 생각해 보시기 바랍니다. 성경은 우리에게 말씀해줍니다. 이 세상에서 가장 오래된 종교, 가장 오래된 우상은 자아입니다. 이 자아가 살아 꿈틀대는 한, 하나님은 뒷전인 것입니다. 항상 내가 먼저입니다. 주께서 말씀하십니다. "자기를 부인하고 나를 따르라."

십자가에 못 박힌 그리스도인

오늘 성경은 자아를, 나를 십자가에 못 박아야 한다고 말씀합니다. 그 고백이 예수 믿는다는 것입니다. 예수를 주로 영접한 것입니다. 십자가의 복음을 믿음으로 거듭난 하나님의 자녀가 된다는 의미입니다. 그리고 예수님의 흔적을 가졌다고 말씀합니다. 오늘 본문 17절은 이렇게 말씀합니다. "내가 내 몸에 예수의 흔적을 지니고 있노라." 이는 사도 바울뿐만 아니라, 모든 거듭난 하나님의 자녀들의 고백입니다. 여기서 흔적이라는 것은 라틴어로 '도장을 찍었다'는 것입니다. 도장을 찍어서 표시를 했다는 것입니다.

성도 여러분, 나는 예수님의 흔적을 체험하며 그 흔적을 갖고 살아갑니까? 성경 안에서 몇 가지를 살펴봅시다. 먼저는 고난입니다. 고난과 고통입니다. 왜 그렇습니까? 예수님을 전하며 복음의 증인으로 살았으므로 항상 박해와 비난과 정죄를 받습니다. 성경은 그런 이야기로 가득합니다. 사도 바울도 그랬습니다. 당장 나가서 타 종교에 구원이 없다고 말한다면, 타 종교인들이 나를 박해할 것입니다. 핍박할 것입니다. 시대 상황에 따라서는 죽일 것입니다. 그게 예수 그리스도의 흔적입니다. 침묵하고 타 종교에도 구원이 있다고 말하면 박해당하겠습니까? 그런 사람은 십자가와 거리가 먼 사람입니다. 더욱이 그 박해와 정죄가 세상으로부터는 별로 없습니다. 사실 초대교회도 그렇고, 오늘날의 문제는 교회와 기독교 안에 있습니다. 다른 복음에 끌려가고, 자아성취에 끌려가고, 번영의 복음에 '아멘'하고 있으니, 누군가 오직 십자가의 복음 외에 다른 복음이 없다고 하면 박해하고, 정죄하고, 죽이려고 듭니다. 그래서 사도 바울이 갈라디아교회로부터 박해받은 것입니다. 종교개혁자들이 로마가톨릭으로부터 죽임을 당하고, 살해 위협을 당했던 것입니다. 성도 여러분, 예수 그리스도의 이름으로 비난받고 박해받은 적이 있습니까? 그것이 예수님의 흔적입니다. 또 다른 흔적은 성령의 열매입니다. 십자가의 복음을 믿음으로, 온전히 믿음으로 내 안에 성령의 열매가 이루어집니다. 서로 사랑하며 사랑의 열매가 나타나게 되는 것입니다.

그리고 또 하나는 그리스도의 형상이 이루어집니다. 이미 믿음으로 시작된 하나님의 놀라운 뜻이 우리 안에 나타나 비로소 그리스도의 형상을 이루며, 그리스도를 본받고 따르는 삶을 살며, 말과 행동이 주 안에 있어 그리스도의 영광을 나타내기 시작하는 것입니다. 또한 육신의 생각을 버리고, 영의 생각에 이끌려 영 주도적인 인생을 살게 됩니다. 십자가의 복음은 항상 우리를 그렇게 만들어 갑니다. 예수님이 그렇게 사셨습니다. 육신을 입고 오셨지만 육신의 생각을 버리시고, 영의 생각에 이끌려 승리하셨습니다. 항상 하나님의 관점과 하나님의 판단으로 생각하고, 그 말씀에 순종함으로 승리한 것입니다. 그것이 예수님의 흔적입니다. 그리고 예수님의 몸 된 교회에서 책임 있는 성원이 됩니다. 교회를 사랑하고, 교회 중심의 삶을 살아갑니다. 하나님의 교회는 눈에 보이는 것이 아닙니다. 본질은 삼위일체 하나님의 존재와 역사가 있는 것입니다. 그 안에서 내가 하나님의 말씀을 듣고, 그 말씀으로 깨어지고, 이제 새로운 인생을 살아가는 것입니다. 그 고백이 있는 곳이 하나님의 교회입니다. 비록 거듭나지 못한 사람도 많고 항상 문제를 일으키는 사람도 있지만, 이러한 것들에 신경쓰지 마시기 바랍니다. 이런 것은 하나님께 맡기고, 나는 하나님의 교회에 책임 있는 자로 정말 교회 중심의 인생을 살아가는지를 물어야 할 것입니다. 그것이 그리스도의 흔적입니다.

하나님의 사람 에이든 윌슨 토저 목사님이 쓰신 『철저한 십자가』라는 유명한 고전이 있습니다. 그 책에 나오는 이야기를 소개합니다. 한 젊은이가 십자가에 못 박힌 삶을 가르친다는 나이 지긋한 성도를 찾아갔습니다. 젊은이가 물었습니다. “어르신, 십자가에 못 박힌다는 것은 대체 무엇을 의미합니까?” 노인은 깊이 생각하더니, 이렇게 대답해 주었습니다. “그것은 세 가지를 가질 수 없다는 것을 의미한다네. 첫째, 십자가에 못 박힌 사람은 한쪽 방향 밖에는 볼 수 없다는 것이라네. 땅을 보지 않고, 하늘을 보게 돼 있어. 세상을 보지 않고, 오직 하나님만을 보며 살아가게 된다는 말이라네. 둘째, 십자가에 달린 사람은 자신이 있던 곳으로 다시 돌아갈 수 없다는 것이야. 옛사람에 이끌려, 육신의 생각에 이끌려 다시는 그렇게 살지 못하는 것이야. 이제는 새 사람의 본성으로 은혜와 진리 안에서 영의 생각에 이끌리어 오늘을 살아가게 됨을 말하지. 셋째, 십자가에 못 박힌 사람이 절대 가질 수 없는 것은 자기 자신의 계획이라네. 아무리 계획을 세워 보게. 하나님의 뜻이 아니면 그게 되겠나? 결국 하나님의 뜻에 합한 계획을 가지고 오늘을 살아가는 중에 구하지 아니한 복도 누리며, 하나님께 영광 돌리는 인생을 살아가게 되는 것이야.”

하나님의 사람 사도 바울은 고린도전서 2장 2절에서 위대한 신앙고백과 결단을 합니다. “내가 너희 중에서 예수 그리스도와 그가 십자가에 못 박히신 것 외에는 아무 것도 알지 아니하기로 작정하였음이라." 지금 이 시기는 위대한 사도로 많은 사역을 할 때입니다. 그러나 그는 다시 성령 충만하여 깊이 십자가의 복음을 묵상함으로 결단합니다. "주 예수의 십자가 외에는 알지 아니하기로 결단하노라." 매일매일 그 결단으로 승리할 수 있는 것입니다. 성도 여러분, 십자가의 복음에 충성된 사람은 하나님께서 나머지를 다 책임져 주십니다. 십자가의 복음은 완전한 하나님의 해결책입니다. 세상과 나에 대한 해결책입니다. 십자가의 복음은 완전한 하나님의 은혜와 진리입니다. 하나님의 뜻이 계시되어 있습니다. 하나님이 누구신지, 무슨 일을 하셨는지 성경을 뒤적거리지 마시기 바랍니다. 이제 십자가에 집중하시기 바랍니다. 그 안에 가장 명백하게 하나님이 계시되어 있습니다. 예수님이 누구시고, 무슨 일을 하셨는지 자꾸 뒤적뒤적 뒤지지 마시기 바랍니다. 예수 그리스도의 십자가를 깊이 묵상하시기 바랍니다. 거기에 완전하게 계시되어 있습니다. 구원이란 무엇인지, 어떻게 해야 구원을 받는지가 완전하게 십자가 안에 나타나 있습니다. 그래서 거듭난 그리스도인은 항상 주 예수의 십자가를 자랑하며, 기뻐하며, 증언하며 오늘을 살아갑니다. 여기에 그리스도인의 승리가 약속되어 있는 것입니다.

† 기도

창조주이시며 거룩하신 하나님 아버지. 오직 주 예수의 십자가 복음을 믿음으로 하나님의 자녀 되었지만, 어느덧 주 예수의 십자가를 외면하며, 십자가의 복음을 깊이 묵상하지 아니하며, 그 복음의 증인으로 살지 아니하며, 그 복음에 충성하지 아니하며, 또다시 육신의 생각에 이끌리어 세상의 종으로 살아가는 죄인을 용서하여 주옵소서. 오직 십자가 안에 하나님의 은혜와 진리가 완전하게 계시되어 있건만, 이제는 십자가를 추상화하며, 십자가의 진리를 지루하게 생각하며, 복음의 능력을 외면하며, 자신의 힘과 능력으로 사는 것처럼 착각하며, 허탄한 인생을 반복하는 죄인을 용서하여 주옵소서. 진리의 성령이시여, 믿는 자 안에 계시어 날마다 성령 충만함을 받아 영의 생각에 이끌리어 주 예수의 십자가에 집중하며, 그 안에 나타난 하나님의 약속을 기뻐하며, 믿음으로 받은 신령한 복을 누리며, 이 어두운 세상에 빛과 소금의 자녀로 날마다 승리하는 인생을 살도록 지켜 주옵소서.

주 예수 그리스도의 이름으로 간절히 기도드리옵나이다. 아멘.